智能媒体传播系列丛书

智媒时代的社会化创意

邬盛根　杨烨炘◎著

復旦大學出版社

编委会

总 主 编　严三九
副总主编　牛盼强

编委会名单

主　　任　胡正荣
副 主 任　严三九　李本乾　张涛甫
委　　员　王晴川　牛盼强　王　虎　李喜根　刘幼琍　杨海军
　　　　　任瑞娟　易前良　包国强　何会文　蒋宁平

总　序

近年来，以 ChatGPT 为代表的通用人工智能快速发展应用，与已有的人工智能、大数据、物联网、区块链等技术彼此依存、协同，推动边界消融、组织重塑、轨道重换，新的时空秩序正在重建，一个新的数字文明时代正在来临。传媒是最早应用人工智能技术的领域之一，传媒业务中的事实核查、信息采集、生产和算法分发等环节大量采用人工智能技术，推动媒体向人机合一、自我进化的方向发展，以人工智能技术为基石、以人机协作为特征、以提升信息生产和传播效率为核心的智能传播生态成为未来媒体运行的核心引擎。在更广泛的社会领域，智能媒体与信息社会各行各业产生互动融合，大数据、云计算、物联网、人工智能等新技术应用相互关联、融合互动，逐渐形成强大的媒介社会生态，智能媒体以一定的社会角色介入社会与人的生活，人与人、人与物之间形成更紧密的关系。

人工智能带来的不仅是技术的创新，同时也为社会关系演变、文化发展以及传播格局变革带来新的动力，促进传播权力、社会关系和社会资源的再分配。作为一种传播现象，人工智能带来传播权力的转移和下沉。数据的全面崛起蕴含着巨大的传播能量，不断催生出新的信息生产方式与交换方式，以及新的社交场景和社交方式。传媒行业的价值逻辑得到重构，由场景中心转变为以价值构造为中心，内在价值不断被"白箱化"，价值主体不断多元化。传媒的行业边界不断消融，媒体的角色由内容生产者转变为公共数据的运营者以及信息生产的引导者、组织者和协调者，通过大数据驱动和信息精准匹配，参与社会不同行业和领域的生产，拓展了社会资源配置的方式，形成开放、共享的信息传播新模式。

与此同时，随着信息传播不断向复杂网络演化，传播生态越来越丰富，信息传播的现代性张力越来越强，各种矛盾也日益凸显。首先，它表现为信息的扩展与收缩之间的冲突。面对传播的无限"扩张"和信息泛滥，算法技术也在推动垂直领域不断发展，专业分工不断精细化，传播精准度不断提升，信息传播呈现"收缩"态势。其次，它表现为信息的供需矛盾。信息分发机制尚做不到高匹配度的精准分发，由此产生信息冗余和供需错位，用户面对海量的信息容易产生选择焦虑。再次，它表现为人机矛盾。智能时代"人—人"传播向"人—机—人"传播演变，新型社会关系使人类面临被智能生产所替代的主体焦虑感和交往的空虚感。最后，它表现为信息传播的现代性张力带来的时空矛盾。信息传播的碎片化、非线性和虚拟"在场"性，与线性的、现场感的实在时空相交叠，现实空间和虚拟空间界限不断模糊，造成人的时空情境混乱。

面对智能传播激发传媒行业新的价值涌现和逻辑重构，以及信息传播的现代性张力带来的各种矛盾，亟须一种新的传播范式和理论体系加以回应，以新理念、新模式、新路径推动新闻传播学科的高质量发展。基于此，上海大学新闻传播学院策划出版了这套"智能媒体传播系列丛书"，旨在聚焦新问题、新模式、新发展，从智能传播参与社会治理、智能媒体的社会责任、智能信息供给、数字人经济、智能传播创意等不同维度，构建智能时代的新闻传播理论与实践研究新景观。总的来说，本套丛书的特点主要有如下四点。

一是服务国家和地方经济发展重大战略需求，探讨智能传播如何形成与超大城市治理相匹配的信息传播力、舆论引导力和社会服务力。通过系统的理论探索和实践总结，从不同维度探索了智能媒体参与社会治理的机制，为推动超大城市社会治理模式创新，打造人机协同的智能社会结构系统,构建符合智能时代特点的社会关系、文化价值观和治理体系提供了依据。

二是强调技术的发展应当以人为尺度,系统阐释了智能传播应当强化用户中心的发展理念,尤其面对"人工智能原生代",包括智能辅助人、生理增强人等数字化人类带来的新挑战。通过前沿探索和理论总结,构建起包括传播真相、保护隐私、规范数字劳动、促进社会包容和多元发展等在内的智能媒体总体社会责任观,保证人类自身在智能传播生态的中心地位,维护人类尊严和自主性。

三是系统研究了智能时代的信息消费变化与供需矛盾。从公共性、垄断势力、外部性、信息不对称等方面分析智能传播生态中的供给公共性不足、市场结构两极化、算法的技术垄断、新闻供给中的外部性损益与补偿等问题,拓宽了智能传播生产关系的研究视野,丰富了传媒产业在智能媒体新闻生产、传播、效益、风险与规制等方面的理论研究。

四是理论研究与智能媒体业界实践紧密结合。秉持"新发展理念"和经济高质量发展内涵,以技术创新驱动媒体转型和深度融合发展,以"新质生产力"推动主流媒体供给侧改革,探讨如何在数字人经济、智能媒体创意生产等领域着力提高全要素生产率,实现传媒经济平衡发展、协调发展、可持续发展,以此构建学界业界紧密的命运共同体,将中国智能媒体产业高质量发展与新闻传播学科体系、学术体系、话语体系创新紧密结合。

本丛书付梓之际,正值上海大学新闻传播学院成立五周年。作为国内唯一的一所双共建新闻传播学院(上海大学与上海市委宣传部共建、与中国社会科学院新闻与传播研究所共建),五年间,上海大学新闻传播学院积极发挥双共建优势,服务国家和上海市战略发展的重大需求,紧扣智能传播的核心定位,着力构建与智能传播发展需求相适应的学科体系和人才培养体系,连续立项、出版了系列高水平科研成果。2022年,学院又在保持原有学科特色与优势的基础上,对专业设置进行了创新性变革，成立智能传播系和智能视听系，与多家知名智能媒体企业深度合作，参与全球人工智能媒体传播研究院的建设，创新智能传播专业人才培养的产学研合作体系。

参加本丛书编写工作的老师都是上海大学新闻传播学院的学术骨干教师，他们有国家社会科学重大项目首席专家，有国家社会科学重点项目、一般项目负责人，大多具有传媒行业的工作经验，在相关研究领域具有丰富的科研经验和研究成果。

智能传播实践一经出现就快速发展，对于新闻传播学科体系和人才自主培养体系，以及媒介社会的一体化建构，都将产生广泛而深远的影响。很多理论问题属于前沿性研究，因此，本丛书中的一些观点还有待深入探讨。也许，随着技术更迭和产业变革，我们的思考和编写会出现一些不足，这些都需要后续研究的跟进和完善，也恳请广大读者不吝指正。但不管怎样，传媒业的中国式现代化发展，要求将"智能"二字镌刻在自身的基因里，"智能"是媒介内容生产的直接动力，也是催生传媒产业发展和升级的重要机遇。上海大学新闻传播学院希望能与大家一起努力，为智能时代的中国传媒产业发展、学科建设和人才培养创新，贡献智慧和力量。

本丛书从策划、实施到定稿、出版，得到复旦大学出版社王联合编审，责任编辑朱枫、张鑫的鼎力支持和帮助，在此我谨代表编委会衷心致谢。

是为序。

严三九

2023年11月20日于上海

目　录

第一章　社会需要的才是创意 ………………………………… 1
　一、以艺术名义的社会创意实践……………………………… 7
　二、人文主义的广告创意……………………………………… 23
　三、社会责任动机下的"创意发起"………………………… 25

第二章　智媒时代的大问题成就大创意 ……………………… 39
　一、创意车间生产与大师思维之别…………………………… 41
　二、社会化创意的实践简报…………………………………… 55

第三章　社会化创意的理想主义 ……………………………… 111
　一、创意从诗与远方说起……………………………………… 113
　二、不得不说的利益博弈……………………………………… 120
　三、左手人文，右手科技……………………………………… 126
　四、数字时代的创意门槛……………………………………… 133
　五、创意灯塔能闪耀多久？…………………………………… 146
　六、资本、创意的冲突与均衡………………………………… 154

第四章　智媒时代社会化创意的十问十答 …………………… 163
　一、4A与创意热店的"创意革命"？ ……………………… 165
　二、"4A升级版"的创意热店，创意到底是什么？ ……… 169

三、创意需要超越商业吗？社会化创意是特定时代和
　　　　环境的产物？⋯⋯⋯⋯⋯⋯⋯⋯⋯⋯⋯⋯⋯⋯⋯⋯ 181
　　四、智能科技革命是指科技来革创意的命吗？⋯⋯⋯⋯ 185
　　五、社会化创意，头部品牌企业的选择⋯⋯⋯⋯⋯⋯⋯ 189
　　六、社会化创意方法论的有与无⋯⋯⋯⋯⋯⋯⋯⋯⋯⋯ 194
　　七、社会化创意的可持续性之问⋯⋯⋯⋯⋯⋯⋯⋯⋯⋯ 201
　　八、社会化创意功能价值的理性解读⋯⋯⋯⋯⋯⋯⋯⋯ 205
　　九、创意热店的未来出路会是升级版的 4A 吗？⋯⋯⋯ 209
　　十、热情、学习、使命感，创意新人缺吗？!⋯⋯⋯⋯ 215

第五章　社会化创意的方法论⋯⋯⋯⋯⋯⋯⋯⋯⋯⋯⋯⋯⋯ 219
　　一、企业社会责任⋯⋯⋯⋯⋯⋯⋯⋯⋯⋯⋯⋯⋯⋯⋯⋯ 222
　　二、品牌形象论⋯⋯⋯⋯⋯⋯⋯⋯⋯⋯⋯⋯⋯⋯⋯⋯⋯ 237
　　三、接受美学⋯⋯⋯⋯⋯⋯⋯⋯⋯⋯⋯⋯⋯⋯⋯⋯⋯⋯ 243
　　四、公共关系⋯⋯⋯⋯⋯⋯⋯⋯⋯⋯⋯⋯⋯⋯⋯⋯⋯⋯ 250
　　五、说服理论⋯⋯⋯⋯⋯⋯⋯⋯⋯⋯⋯⋯⋯⋯⋯⋯⋯⋯ 265
　　六、对话理论⋯⋯⋯⋯⋯⋯⋯⋯⋯⋯⋯⋯⋯⋯⋯⋯⋯⋯ 272
　　七、权变理论⋯⋯⋯⋯⋯⋯⋯⋯⋯⋯⋯⋯⋯⋯⋯⋯⋯⋯ 280
　　八、危机传播⋯⋯⋯⋯⋯⋯⋯⋯⋯⋯⋯⋯⋯⋯⋯⋯⋯⋯ 284
　　九、公共信任⋯⋯⋯⋯⋯⋯⋯⋯⋯⋯⋯⋯⋯⋯⋯⋯⋯⋯ 290
　　十、框架理论⋯⋯⋯⋯⋯⋯⋯⋯⋯⋯⋯⋯⋯⋯⋯⋯⋯⋯ 293
　　十一、媒介事件⋯⋯⋯⋯⋯⋯⋯⋯⋯⋯⋯⋯⋯⋯⋯⋯⋯ 299
　　十二、政治传播⋯⋯⋯⋯⋯⋯⋯⋯⋯⋯⋯⋯⋯⋯⋯⋯⋯ 305

第六章　社会化创意的实践论⋯⋯⋯⋯⋯⋯⋯⋯⋯⋯⋯⋯⋯ 311
　　一、沈翔（Peter Shen），生米组成执行合伙人/
　　　　首席创意官⋯⋯⋯⋯⋯⋯⋯⋯⋯⋯⋯⋯⋯⋯⋯⋯⋯ 314
　　二、周子阳，导演、编剧⋯⋯⋯⋯⋯⋯⋯⋯⋯⋯⋯⋯⋯ 319

三、徐卫兵，广告圈里的电影人、电影圈的广告人 …………… 327

四、苏冰，知名跨界策展人、艺术家 ………………………… 337

五、廖波峰（廖工），平面设计师 …………………………… 340

六、傅纪康（KANG），"14天孤岛"项目发起人 …………… 347

七、李丹，创意热店 Heaven&Hell 创始人 ………………… 352

八、周丽君（Alice Chou），中国台湾/电通 MB 创意长 …… 360

九、龙杰琦，TOPic&Loong 资深创意长工 ………………… 374

十、刁勇，艺术家策展人 ……………………………………… 382

十一、陈丽云（Wendy Chan），爱德曼（Edelman）中国区
　　　首席创意官 ……………………………………………… 385

十二、李三水，W 创始人 ……………………………………… 390

后记 ………………………………………………………… *399*

第一章

社会需要的才是创意

创意是什么？是新奇？是突破现有规则？还是对传统的叛逆？创意，似乎不能如此一言以蔽之。其实创意，一直都是一个内涵丰富的"百搭"词汇。设想一下，和你脑海中所能想到的，或是现在眼前看见的任何一个词或一东西联系在一起，都会产生一定的意义，或产生超乎你想象或是期待的、新奇的、特异的意外东西。现实中"创意"这个词似乎可以和世间的一切连接在一起。那么，当"创意"和"社会"这个词联系在一起会产生什么呢？创意社会？社会创意？还是按照本书名的叫法，暂定为社会化创意（Social creativity）。

什么是社会化创意？目前，国内外学者对于社会化创意概念的直接表述与研究较少，而对其相近概念——社会化营销、社会化媒体等讨论较多，且其中牵涉较多属于社会化创意的相关内涵延伸。社会化创意是对创意的发展和演变，其根本溯源在于创意。

对于广告社会化创意，国外学者的研究主要集中于社会化媒体（Social media）这一媒介的运用和对使用社会化媒体进行创意营销。美国学者谢恩·鲍曼（Shayne Bowman）和克里斯·威利斯（Chris Willis）认为，在自媒体中，用户能通过分享观点来与全球数字信息体系产生交互，其革命性意义在于使信息传播的方式由一对多的单向大众传播转变为个体间的互动传播。这一观点是对数字时代受众地位提升的高度概括，广告创意也应该借鉴这一传播特点，在传播过程中应与受众产生互动和联系。[①] 从科技与社会化创意运用的角度，2020年，学者英宰沙（Young-JaeCha）等基于社会认同理论，将社会化创意看作人机对比下弥补人类创意独特性丧失的较好

[①] "How audiences are shaping the future of news and information," https://www.yumpu.com/en/document/view/6342400/we-media-how-audiences-are-shaping-the-future-of-news-and-information，accessed October 11，2024.

手段。①

奇坎迪瓦（Chikandiwa）等则从社会化营销的角度，认为传统媒体的单向传播造成了企业和受众间互动性的缺失，反而成为营销传播的阻碍。社会化媒体的双向互动是社会化媒体营销的优势所在。社会化媒体能够让个体也可以从信息的接收者变成信息的传播源头。道尔蒂（Dsugherty）等学者也明确地将数字时代下用户自主发布、分享的 UGC（User Generated Content，用户原创内容）视为消费者进行广告营销互动和参与的显著特征。②

当然，也有学者在研究数字化和社会化媒体的同时，将视角转向对社会发展与公共利益、公共表达等方面的影响或贡献，以社会创造力的激发为研究方向。例如，2019 年，托马斯·哈拉尔德塞德（Thomas Haraldseid）就通过对挪威北部一个沿海城镇的实体案例进行研究，强调了社会互动、共享目标、社区参与、领导支持以及应对挑战在激发社会创造力中的重要性。③

综上所述，国外学者的研究方向多集中在政策动员、商业营销、品牌建设和媒介使用等方面，更多是基于营销理论而非传播理论进行对社会化创意的应用研究。

国内学者对社会化创意的直接关注研究较少，多数集中在广告理论研究学者当中。我国大部分学者一致认为，广告创意需要随着媒体环境的发展而转型，并承担起数字时代下的时代和社会价值传播使命。武汉大学张金海教授早在 2009 年就已经提出：在数字背景下，广告营销与创意都需要向数字传播转型，"从传播的末端走向高端"，广告创意的发展趋势是为企业提供数字化整合服务，更是为消费者提

---

① See Young-Jae Cha, Sojung Baek, Grace Ahn, et al. "Compensating for the loss of human distinctiveness: The use of social creativity under Human – Machine comparisons," *Computers in Human Behavior*, 2020, 103(C).
② 邓乔茜、王丞、周志民：《社会化媒体营销研究述评》，《外国经济与管理》2015 年第 37 卷第 1 期。
③ Haraldseid Thomas. "Exploring social creativity in place-making: A case study from a coastal town in Northern Norway," *Norsk Geografisk Tidsskrift*, 2019, 73(5): 1-16.

供智能化的人性化广告信息。① 针对科技与行业的情况，复旦大学黄瑚教授从媒介技术论的视角出发，论证了"数字时代广告创意与媒介技术的共生关系"，提出技术在从根本上解构了数字时代下广告创意的同时，促进了广告创意人的能力觉醒。② 针对社会化创意，国内学者多是以具体的广告创意实践案例展开研究，结合短视频和微电影等传播手段进行。例如，在研究社会化创意的具体事例、效果和策略时，丁太岩和王贵森以霸王集团为例③，刘莎莎和兰光超以 B 站（bilibili 视频平台）为例④，刘冬璐和姜瑞以《上新了·故宫》为例⑤，谢择月和倪茹芬以三只松鼠品牌建设为例等。⑥ 赵世勇和陶军提出，社会化创意是以用户思维为主导来塑造符合用户审美的品牌人格，通过营销互动参与和沟通来使创意认知降维，在降低社会化创意参与门槛的同时，明确社会道德，触发人们共情。在社会化创意的指导下，广告不仅是为实现企业商业目标，更是进一步挖掘社会问题与时代需求，从而让创意具有更深层次的社会意义。⑦ 而张殿元则是将广告中的人文价值提到广告创意研究的重要地位，他认为，人文广告不仅有商业价值，还有家风礼仪、法律制度、思维观念、社会组织、生活方式等，这些不仅能够帮助取得较好的有共鸣的传播效果，更能够助推社会文化、价值等的构建。⑧ 刘敏多在总结广告理论和广告史研究后提出："广告是为实现政治、经济或社会效益而采取的较为高

---

① 张金海：《从营销传播的末端走向高端》，《广告人》2009 年第 8 期。
② 皇甫晓涛、黄瑚：《警惕、抗拒与共生：广告创意人与媒介技术的关系变迁》，《东南学术》2021 年第 2 期。
③ 丁太岩、王贵森：《浅析社会化创意下品牌精细化营销策略——以霸王集团为例》，《传播力研究》2019 年第 3 期。
④ 刘莎莎、兰光超：《探析社会化视频传播策略——以哔哩哔哩为例》，《传媒论坛》2020 年第 3 期。
⑤ 刘冬璐、姜瑞：《社会化创意下传统文化类节目的品牌传播新样态研究——以〈上新了·故宫〉为例》，《采写编》2019 年第 5 期。
⑥ 谢择月、倪茹芬：《社会化创意下三只松鼠品牌故事营销策略研究》，《视听》2019 年第 2 期。
⑦ 赵世勇、陶军：《社会化创意下的体验营销初探》，《中外企业家》2020 年第 7 期。
⑧ 张殿元、张殿宫：《人文、技术和规制：认知网络传播媒介的三个维度》，《中国地质大学学报》（社会科学版）2018 年第 5 期。

效的信息交流模式。"① 他始终把社会效益作为广告的目的落脚点，提出要立足当下知识分散，千人千面的数字时代背景环境，创造出符合受众认知与喜好的广告创意作品，进一步承担起广告传播文化价值的任务。同时，李名亮在研究智能广告文献后提出，目前大量国内学者一致认为人工智能广告在创意的人文沟通上仍有欠缺，达不到真正的人类情商高度，更做不到通过当下社会的文化审美和信仰达成情感共鸣，尤其需要符合数字时代的社会文化环境和价值特征。②

也有学者关注数字时代的社会化创意的传播伦理发展态势，由技术引起的伦理问题要通过技术的完善来解决，借助多种技术力量完善社会化创意，能让广告更好地承担起相应的责任，以促进广告行业的良性运转。③ 社会化媒体发展至今，早已融入广大人民的日常生活。一些学者根据社会化媒体在趋势层面上的去中心化新形式和在技术层面对在线互动的支持两方面的主要特征，提出受众地位的上升是社会化媒体普及的主要结果。清华大学彭兰教授认为，社会化媒体传播最具突出的特征之一便是"以人为媒"，用户的关系网络构成了信息传播的网络，人也同时成为信息流通的主要媒介和内容流动的关键节点。④ 大部分学者都认可，通过社会化媒体进行创意或营销，能够实现去中心性和去时空性的互动，让数字时代的创意、传播与营销一体化——营销在传播的过程中完成，营销与传播在与人的互动中融合并行。

2016年2月19日，在党的新闻舆论工作座谈会上，习近平总书记明确指出"广告宣传也要讲导向"。这是党的十八大以来新一届领导集体第一次针对广告宣传作出的阐述，凸显了广告创意的浓郁文化内涵与意识形态性。⑤ 在数字时代，现实的营销、传播创意活动与社会和

---

① 刘敏多：《广告界定与中国奴隶社会广告的再思考》，《广告大观》（理论版）2013年第6期。
② 李名亮：《智能广告信息伦理风险与核心议题研究》，《新闻与传播评论》2020年第1期。
③ 李梦娇：《广告传播伦理问题在数字时代的嬗变》，《青年记者》2020年第5期。
④ 彭兰：《数字新闻业中的人-机关系》，《社会科学文摘》2022年第2期。
⑤ 丁俊杰、刘祥：《广告宣传也要讲导向》，《中国广播》2017年第4期。

人的关系互动交织在一起,不可分割,与社会议题相关的创意必须有社会责任意识和舆情导向意识,这里就不仅仅关乎创作主体个体的市场定位、审美水平和专业能力等因素,以及需要来自业界的演讲表达、实践呼吁与自觉回应,更需要相关业界和学者一起明确相关概念界限与意义的建构。陈宏军曾指出,学界对广告进行研究时,应考虑社会这个大系统,以从人—社会—广告的模式和角度来进行系统的思考。[①]

社会化创意这个概念的提出正是在这种背景下产生的,严格意义上讲,这个概念并不是一个规范的学术概念,或者讲,一个"大"字夹在社会与创意的中间,即强调社会系统的"大"、关注创意问题的"宏观",以及创意本身实践影响受众的"普及性"等,同时,也是尽可能地回避、区别于目前已有的社会创意、社会化营销、社会化媒体等概念定义和学术讨论范畴,试图积极观照和回应当下业界如火如荼、反响良好的社会创意案例和实践瓶颈问题。因此,我们认为,不去纠结社会化创意这个概念在学术层面的清晰界定,或是给出一种答案的解读,而是循着"摸着石头过河"的思路,诚邀各位同仁一起开启问道之门,毅然决然地投身于社会化创意的经典作品和当下鲜活的社会实践。

一、以艺术名义的社会创意实践

我们都知道好的创意要有社会洞察,但在讨论社会化创意这个概念之前,先来了解下面的几个新闻传播事件或是广告传播经典案例,以此打开我们有关社会化创意的话题与讨论。

(一)博伊斯:"给卡塞尔的 7 000 棵橡树"

一位艺术家怎么影响整个社会?这需要他拥有强烈的人文主义艺术情怀和社会责任感,并勇于解决这个关切人类生存和发展的宏大社

---

① 陈宏军:《对广告学学科性质的系统思考》,《淮南师范学院学报》2006 年第 6 期。

会问题,哪怕付出自己的毕生努力和全部的智慧才华。约瑟夫·博伊斯(Joseph Beuys,1921—1986,见图 1-1)就是这样一位杰出代表,他是 20 世纪最重要、最具传奇色彩、最受欢迎,但也是最具争议、最神秘的艺术家之一。渔夫背心和帽子是他的标志性行头,油脂和毛毡是他偏爱的创作材料。"人人都是艺术家"——是博伊斯著名的口号,他认为每个人作为社会的一份子,都有改变自己和世界的创造能力。

图 1-1　约瑟夫·博伊斯

约瑟夫·博伊斯在"雕塑"课程中意识到雕塑背后的作者(人)的心灵与社会中的"物"都是可以雕塑的,不在于客观世界的重建,而是主观世界也就是人心灵的重建,是比客观世界更为重要的世界的重建关键。于是,他提出了"社会雕塑"的观念,在扩大"雕塑"的概念的同时也扩大了艺术的责任:要将承担宗教般的任务与为人类提供美的原始感官享受相结合,成为一种具有教育、交流和传播功能的工具;艺术应该具有社会性或公共性,艺术面前人人平等,不应该只拘泥于"艺术家"和"博物馆",更要平等地为社会上每个人所用;号召每个人都行动起来,从精神上和行为上进行自我完善,成为自己心灵的雕塑者、艺术家,最终真正完成"社会雕塑"这一观念艺术。

约瑟夫·博伊斯在 1982 年第七届卡塞尔文献展上发起的"给卡塞尔的 7 000 棵橡树"（见图 1-2、1-3、1-4），成为一个展现艺术转化力量的前鉴性样本。在这个有趣的公共艺术项目中，博伊斯将 7 000 块玄武岩石柱堆砌于弗里德里希艺术馆前的广场上，摆成巨型三角形，并在三角形的尖端种下第一棵橡树，他宣称这些玄武石柱将不移走，除非往后在卡塞尔每种下一棵橡树，然后在树旁立一个玄武石柱。他号召市民在五年内遍寻卡塞尔城市的每个角落并种植树木，而每种一棵，便可以由广场移除一块石柱立于树旁（见图 1-5）。刚开始这个计划引发了公众的不解、愤怒甚至是抵抗。但是随着树木的增加，公众也慢慢开始接受并参与这个作品，树与石的组合也就自然而然成为整个市容的一部分（见图 1-6）。1986 年博伊斯逝世，最终没能看到这件作品的完成。1987 年，第八届卡塞尔文献展开幕期间，博氏之子代替已故的父亲在第一棵橡树旁并列栽下了第 7 000 棵，为这一史无前例的公众艺术实验标记上阶段性的句号（见图 1-7）。

从第一棵橡树种下，到最后一块石头的成功转移，整个活动整整持续了 5 年之久，本身已远远超出了一个艺术视野下环保项目的范畴。在市民、社团、捐赠者、城市管理部门等不同方面的持续沟通中，大大小小、品种不一的橡树、椴树、梧桐、白蜡逐渐占据卡塞尔街头，成为博氏"社会雕塑"概念的成功实践样品。自 1982 年迄今，卡塞尔市已经种植超过 2 万棵的树木。

博伊斯将植树视为一种象征性开始的标记，其最终目的在于引导公众积极参与群体艺术创作的议程，并由此思考个体、社会、日程行为以及整个生态系统间的关系。这部被称为"社会雕塑"的作品对公众产生了前所未有的影响。"给卡塞尔的 7 000 棵橡树"不只是一项美化城市的环保计划，它更是寄望于推动一种"人类生存空间"的美化与改造，在此意义上，"给卡塞尔的 7 000 棵橡树"具有世界人类学高度上的审美伦理，具有以艺术来拯救和重建世界的崇高意义。

图 1-2 约瑟夫·博伊斯本人在项目现场

图 1-3 弗里德希艺术馆前的 7 000 块玄武岩石柱

图 1-4 "给卡塞尔的 7 000 棵橡树"堆砌过程

图 1-5 约瑟夫·博伊斯对于市民的号召

图 1-6　卡塞尔城中的橡树与石柱

图 1-7　博氏之子种下第 7 000 棵橡树

（二）敢于打破规则："1984"

这是给整个广告业带来地震的经典社会化创意案例。作为一支商业广告，它难得地对整个社会产生了很积极的意义。这个作品名叫"1984"，是时任苹果 CEO（Chief Executive Officer，首席执行官）的乔布斯发起的最知名的广告战役之一。

1984 年的 PC（Personal Computer，个人计算机）世界，还是 IBM 一家独大的世界。当时 IBM 的 PC 系统在世界范围内没有任何对手，是垄断性质的龙头老大。虽然 1984 年 1 月苹果公司就推出了第一台"麦金塔"即 Macintosh 个人电脑（见图 1-8），并首次实现了将图形用户界面广泛应用到个人电脑上。这项技术对后世的设计

图 1-8　"麦金塔"个人电脑

师、艺术家等图形工作者来说是意义深远的一次革命，但当时的麦金塔电脑无论从设计、硬件与软件匹配等方面技术都还远未成熟，在市场上这样突破性质的个人电脑也无法从 IBM 一家独大的环境中分得一杯羹。而彼时的苹果公司正走在销量滑坡的危险道路上，对于新品的推出，苹果公司董事会亦认为这样小众的产品不要说成为市场的主流，甚至能被一部分人接受都是一项挑战。

这时候，乔布斯请来了今日已经荣升神级导演殿堂的雷德利·斯科特（Ridley Scott），使用乔治·奥维尔（George Orwell）代表作"1984"中的设定作为创意主题，拍摄了一部具有巨大颠覆性的 60 秒电视广告（见图 1-9），在 1984 年 1 月 22 日的美国"超级碗"[①] 橄榄球赛休息时段播出。这支广告片的播出，不仅拯救了当时岌岌可危的苹果公司，使其逆风翻盘风行至今，还造成了美国全国范围的一场社会事件，成为广告史上最具突破性与影响力的事件之一。

这支短短 60 秒的广告片，塑造了一个集权、专制的 PC 世界，人们没有个性，千篇一律，整齐划一地听着屏幕上的"老大哥"对"何为 PC"侃侃而谈。而一位身着白衣与鲜艳短裤的少女手执铁锤奔跑入场，挥舞铁锤打碎了荧幕，宣告着"苹果麦金塔的新时代已经到来，人类的命运即将改变"。人们头一次在商业广告中自始至终没有看到产品的出现。即使在今天，绝大部分广告还需要反复强调产品的形象和功能，而 1984 年出现这样完全没有产品现身的广告片，还是在"超级碗"这样的顶级热门时段，一时间其效果不亚于在平静的水面投下了"炸弹"。

而回到广告播出前的苹果公司内部，看完样片的董事会成员全部吓呆了。这部深具文艺气质的广告片在当时看来充满着邪恶的攻击性，屏幕中的精神控制者"老大哥"，直指当时在 PC 界如日中天的 IBM，而身穿亮橘色短裤的女子就象征着苹果的 Macintosh。这个身

---

① "超级碗"之于美国是相当于春晚之于中国的一年一度的电视转播盛事，"超级碗"中插广告也是美国全年度收视最高的电视广告。

图 1-9 广告片 "1984"

披鲜亮色彩的女子代表着自由、创意以及变革,拥有图形界面系统的她与思想陈旧、一成不变的 IBM 形成了鲜明的对比。苹果董事会对这种赤裸裸地影射 IBM 为"老大哥"、却拒不宣传新产品的叛逆行为坚决反对,险些将此广告扼杀在摇篮中,最终在乔布斯的坚持中由他自掏腰包播出,随即引发了全民海啸般的讨论。之后,全美三大电视网与50余个地方电视台都重播了这支广告,而上百家报纸杂志对这一现象级作品进行了评论与赞赏(见图1-10)。1984年4月底,新上市的Mac电脑销售额便突破了1.56亿美元,一举挽救了苹果公司。

图1-10 某杂志对"1984"的评论

作为一支仅有60秒的广告片,"1984"让苹果建立了成功的反传统、代表技术与美学革新的形象,时至今日IBM早已风光不再,而苹果公司依然是顶级数码科技与革新技术的代表。可以说,正是这样一支成为社会事件的广告,引领并创造了一个反对陈旧、拥抱创新的全新时代,成为靠创意改变世界的划时代作品。乔布斯这样形容广告创意的力量:"我们只用了 15、30 或者 60 秒,就重建了苹果曾在 90 年代丢失了的勇于反传统、勇于打破规则的形象。"

(三)敢于打破偏见:"真美行动"

第三个社会化创意案例则是早在 2004 年就改变了对女性美单一看法、影响了整个世界的多芬"真美行动"(见图 1-11)。

图 1-11 多芬"真美行动"

在 21 世纪初的一项关于美的全球女性调查中(见图 1-12),结果显示全世界范围内仅有 2% 的女性愿意用"美丽"来形容自己,可见全球所有的女性都对容貌有着普遍的不自信。而 73% 的女性确认美丽就意味着"变瘦",女性普遍对自己的单眼皮、皮下脂肪较厚等各种身体状态表现出负面评价。美丽对于很多普通女性而言是无法企及的理想形象,这成为女性极度缺乏安全感和不自信的来源。

其实直至今日,大部分人对于女性美的评判标准依然沿袭着狭隘与单一的偏见,大量的女性依旧在追求时装模特的瘦削身材和女明星的娇丽容颜,以为这样才能称之为美,人们也普遍认为正常的衰老与脂肪是丑陋的,选取不符合这种单一审美观念的时装模特仍然需要面临巨大的舆论争议。详情可参见当维密邀请了在世

图 1-12　21 世纪初关于美的全球女性调查

俗定义下"不那么美丽"的杨天真作为代言人所引发的巨大讨论和质疑。

而护肤品品牌多芬一直是一个强调女性天生便美丽的品牌,他们的品牌理念认为,每个女性都值得为自己的自然而独一无二的美而自信,并为自己感到骄傲。早在 2004 年,多芬就为了宣扬这个理念,发起了"真美行动",请到了一位在伦敦的养老院中安享晚年的 96 岁女性艾瑞尼·辛克莱(Irene Sinclair)作为他们的护肤品代言人,并将她的巨幅平面广告投放在纽约时代广场的 21 米长广告牌上(见图 1-13)。在当时"美女当道"的化妆品与护肤品市场上,这样惊世骇俗的一张面孔的出现，无疑引起了轰动。

　　画面中的辛克莱女士袒露着上身布满皱纹的肌肤，面露亲和而自信的微笑。多芬在广告中提出一道选择题，让大家去定义这位女士究竟是人老珠黄，还是容光焕发（见图1-14）？

图 1-13　真美行动在纽约时代　　　图 1-14　辛克莱女士与广告中的
　　　　　广场的广告牌　　　　　　　　　　　选择题

　　看到广告的美国民众纷纷讨论、参与投票。辛克莱女士本人也坦言在这一生中从未被人夸过漂亮，但随着年华老去，她开始平静接受自己的容貌，认为年龄带来的一切令她越来越美。她也希望通过出演广告，告诉人们老年人能做的还有很多，他们并不会因为老去而不美、过时。在对十万美国民众的调查中，认为她人老珠黄的仅有一万余人，而八万多人都认为她虽然满面风霜，但依然自信而富有魅力，这种状态也感染了无数看到广告的普通女性。

　　多芬后续也推出了更多样的审美选择题（见图1-15），让大家重新审视美的定义。在这些选择题中，不论是满头白发、稍显丰腴、满面雀斑，还是没有丰满胸部、长着单眼皮的女性都可以充满自信和美感地展露微笑，而看到她们灿烂的笑容，所有人都会认为她们很美，她们身上的并不是缺陷，而是独一无二的特点。

图 1-15　多芬更多样的审美选择题

通过颠覆两极化的思维方式和单一化的社会审美，让大家重新思考美丽、获得自信，这些广告让所有不自信的女性都更愿意看到自己美丽的一面，开始接纳自己原本认为是缺点的地方，从而潜移默化地改变了人们的心态，改变了曾经以审美施加暴力的社会环境。回看多芬在2004年的举措，其观念不可谓不先进、不超前。而也因此，品牌销售额提升了700%，在全球范围获得了6.3亿的观众，可以说是一个非常伟大的广告运动和社会改变。

时至今日，"真美行动"的影响还在持续发酵和深入，对审美观念的探讨依然是社会热点话题。通过一个广告创意渗透社会的各个阶层和角落,塑造并改善着人们的思维观念,让女性更加独立而自信,这为一个男女平权的民主社会打下了基础。

或许这些经典社会艺术创意案例面世推广时,并没有社会化创意这个概念存在,但不难发现,这些成功的经典案例都有着如下三个共同的基本特性。

1. 人文主义情怀

在不同的时代,人们所处的历史背景、社会氛围和人类问题也都不尽相同,社会化创意应该准确洞察社会当下问题、这一时代人群的内心欲望需求,找到品牌与社会和消费者之间的内在沟通点。要做到这一点,就需要创意与社会发生关联和互动。这种关联让社会化创意不仅旗帜鲜明地推销着品牌理念,还目的明确地推销着社会观念和人文精神。这样能够在促进销售的同时,带来一点点有温度的社会关怀,从而加强品牌和消费者的情感纽带。用公益性的方法做商业和用商业的方式做公益,二者并不矛盾。许多社会公益性质的案例也是由商业品牌发起的,好的社会化创意许多都能做到二者兼顾,这样既能实现企业盈利的可持续发展状态,也可以实现商业助力公益的良性循环,同时也使以往相对封闭和排他的公益事业通过商业化方式的运作,更多走进公众视野,加强公众心中与社会公益的距离。长远来看,兼顾商业与公益的社会化创意更容易实现短期利益与长期利益共赢的局面,创造双重价值。好的商业广告通常不会出现强硬的促销手段,无论何时强硬都不会打动人心,消费者反而会用行为投票、不去购买强推的商品。因此,推销商品只是目的,而我们在手段上要体现出足够的尊重,足够的对社会的关怀,在创意中融入人文情怀,让消费者体会到作为普通社会一员被品牌关照的温度,从而自发产生对品牌的好感,这样的产品才会得到市场的认可,并获得良好的延续。

2. 改变、颠覆甚至超越现状

社会化创意本质上是通过创新观念的输出,引发人们的思考,改变人们的行为。社会的改变，关键不在于客观世界的改变，更是主观世界的改变，即人类心灵的重建。不论是商业性还是公益性的社会化创意，都以人文主义精神去影响人们的思维方式与感悟，进而改变人们的生活方式以及消费文化和行为举止，通过广大的"人"在不同阶层的改变来完成对整个社会的重塑，最终改变整个世界。至于改变世界的程度，不论是小小的"今天不说话"，还是影响世界的"冰桶挑战""地球一小时"，或是在其他更为广阔、更为深层的社会领域的创意，都是给予这个世界的一点微光，都具有同等的价值。努力通过社会化创意的方法去帮助客户构建伟大品牌，通过社会化创意输出观念和价值，让普通的商业品牌升级为有使命感的、有领袖气质的、对社会有深远影响的伟大品牌，承担企业社会责任，让世界变得更加美好。

互联网时代，各行各业都在被改变着。作为一个创意人、设计师、艺术家，互联网与创意发生关联的方式更是一个值得大家去思考的议题。新技术让创意变得更有吸引力，大数据让创意变得更有科学性。这是个新旧媒体相互混合的时代，任何创意都需要有一定跨界的传播能力，有人说，"无法在互联网上发酵的创意一定是平庸的创意"，让创意把传统广告、线下活动、公关、品牌定位、产品创新、数字营销、促销机制等全部营销环节通过一个大创意进行整合，让创意跨越一切沟通平台，变成一个以技术与创意双轮驱动的跨媒体整合营销时代，才能更好地运用互联网思维去提升作品创意的价值。

3. 充满争议和话题性

或许是社会问题的复杂性，让我们面对这个信息泛滥的世界，每天接收着层出不穷的奇闻怪事。因此，社会化创意的竞争对手不只局限在相同行业中，各大互联网平台上的信息流都具有竞争力。媒体每天都在寻找适合传播的新闻，而充满争议和话题、能够迅速吸引眼球的社会化创意很容易成为内容供应商。换句话说，如果我们的一个创意没有传播力和新闻性的话，这个创意就不会被人看到，就变成你一个人或者少数几个人的创意，就失去了传播价值，对社会也就失去了推进作用。因此，我们不能再用创作广告的心态去创作，而是要用创作"头条新闻"的心态去创作艺术品或者进行创意，创造新闻和事件的传播性，同理，创作广告也要输出广告品牌价值观，改变社会和消费者，创造和引领新文明新潮流。因此，在做创意时，可以试着和完全不熟知的或者全新的领域产生联动，比如广告与电影、艺术与科技的跨界，一些看似不搭的跨界可能打破创意的界限，从而达到意想不到的效果。

如果想让创意或品牌焕发出全新的生命力，抑或让消费者产生全新的认知，广告创意人就需要跳出广告思维，在广告之外更大的领域发挥作用，如经济增长、文化建设、生活方式、公益环保、社会转型等各领域发挥创意，扮演推动者的角色，为世界带来积极的影响。

二、人文主义的广告创意

或许关于社会化创意的源头，我们很难去考证与界定，但如果非要追溯，社会化创意一定是源自人心、人性，源自我们人类文化文明的多样性和包容性，也就是说，人文主义是社会化创意的逻辑起点。梳理人类社会历史上经历的、引发社会和媒体广泛关注的多个社会大事件或社会化创意的成功案例，我们发现，人文情怀并旨在改变世界的广告是被称为社会化创意的广告所共有的特性。

广告创意的人文主义价值是什么？——改变思想。

思想才是世界上最有力的武器，人类社会是主观能动的，我们的思维决定行动，我们对社会的看法完全能够左右社会的发展，而作为一个能够改变人类思想方式的宣传手段，广告创意必须加上诸多的"限定词"。任何事物都有双面性，过度追求广告的商业价值容易在竞争中对消费者的价值观造成负面引导，进而对人类社会带来极大危害。而人文主义，正可以阻止这一切，将广告引入健康、良性有序的发展轨道。人文主义是指社会价值取向倾向于对人性的关怀，注重强调维护人性尊严，提倡人与人之间的宽容、无暴力，主张自由平等和自我价值体现的一种哲学思潮与世界观。所谓人文主义广告，就是要求广告传播应该恪守见利思义、义利兼顾的价值取向，但它并不排斥广告的商业性，却反对唯销售是图，主张让广告成为有道德的商业，把人放在第一位，而不是把生意放在第一位。人文主义广告要求把功利原则与公正原则、效益与道德统一起来，既要注重经济效益，又要重视社会责任，广告人在追求利益最大化的同时，也必须讲求社会道德。①

从1994年开始，李奥贝纳（Leo Burnett）就建立了GPC（Global Product Committee，全球创意作品评审委员会）评估系统，GPC每年四次对全世界各地的94个办公室在90天的时间里所有的作品，包括电视广告、平面广告、交互式广告、事件营销等各种形式在内的广告创意进行评选。② GPC的评分标准分为十个等级，分别是：1—破坏性；2—没有创意；3—视而不见；4—我不明白这个品牌代表什么；5—我了解该品牌的目的；6—一个聪明的想法；7—一个人文主义的行动；8—改变人们思考和感受的方式；9—改变人们生活的方式；10—改变整个世界。③ 经由GPC评选出来的7及以上的优秀创意作品，无一例外地都在表象背后体现出人性化的创意精神。GPC评估系统推进了李奥贝纳创意水平的发展，在2010年的戛纳广告节上收获了53座狮子奖。这就是人文主义广告的力量。

李奥贝纳全球首席创意官马克·图塞尔（Mark Tutssel）认为："广告公司首先要了解品牌本身，要能够回答品牌独特的卖点在哪里、定位是什么，在此基础上，再了解品牌在人们生活中扮演的角色。要抓住受众的注意力，就需要'闯入'受众的生活，给他们带去具有人性、有益的、能够丰富生活、带来幸福感的各种广告。广告并不是纯

---

① 杨烨炘：《走向2110年的人文主义广告》，《中国广告》2010年第9期。
② 蒋海瑛：《FOR PEOPLE, FOR CHANGE——李奥贝纳环球广告全球首席创意官Mark Tutssel谈创意》，《广告大观》（综合版）2008年第6期。
③ 曲丹丹：《抒情性的广告创意空间略谈》，《包装世界》2012年第3期。

粹的科学，所以，不能像生产罐头一样制造出冷冰冰的产品。做广告成功的秘诀就是要对人性有很深的了解，这是任何一个创意都必不可少的。虽然可以根据很多数据，对人的行为模式进行分析，帮助我们更深入地了解人性，但最终还需要加入自己的理解和个人的创意。"①

从上述角度看，人文主义广告可以被称得上是社会化创意的前身，因为社会化创意本身就是对现有广告商业动机和行为的一种反思，二者能够成功的秘诀是共通的，那就是了解人性，尊重人性，并永怀人文情怀。

三、社会责任动机下的"创意发起"

古往今来，不管是一个人或者是一个品牌企业，想要拥有长久不衰的影响力，就不可能与社会、与消费者之间仅仅维持一种单纯的利益关系或物质关系，社会责任担当也同样重要。全世界80%的企业的寿命都短于5年，原因在于纯以营利为目的，过度追求盈利，没有正确的企业价值观，不愿为社会提供应有的服务和责任，不顾企业员工生活的改善，不懂得乐善好施等。一个长盛不衰、基业永青的公司总是扎根于一套永恒的核心价值观，为超越经济利益的追求而生存，并能以社会责任的内在驱动力量不断地推动企业变革前行。社会责任动机下的"创意发起"就是通过创意去解决社会问题，让创意渗透社会的每一个角落，参与社会，并塑造社会，以创意手段促进社会进步。② 创意不会凭空产生，社会创意可以由个人、企业、政府或组织发起，其中大多数的发起人，有着各自的立场、责任和主张。

（一）个人的发起与影响

一个人，怎么可以影响到整个社会？前文所介绍的约瑟夫·博伊

---

① 人物专访：《科技改变了我们的游戏规则——专访李奥贝纳全球执行创意总监 Mark Tutssel》，《中国广告》2008年第7期。
② 陈洁洁、杨烨炘：《我成功了50%》，《现代广告》2021年第19期。

斯在1982年第七届卡塞尔文献展上发起的"给卡塞尔的7 000棵橡树"给了我们一个艺术改变自己和世界的标志性样本。社会雕塑概念的成功实践，引导公众积极参与群体艺术创作的议程，一项美化与改造城市的环保计划得以实现，博伊斯以公共艺术创作推动了一座城和整个世界的价值重建。张瑞敏是这样一位改变企业命运和社会思想观念的优秀企业家。他是海尔品牌的缔造者、海尔集团的创始人。"没有成功的企业，只有时代的企业。"这是张瑞敏常挂在嘴边的一句话。时代的潮流奔涌不息，1999年，海尔家电迈出了国门，投资3 000万美元在美国南卡罗来纳州建立了海尔美国工业园，海尔开始成为一家世界级的企业，成为制造业时代的传奇，张瑞敏仅用了15年，这不得不说起张瑞敏创业初期的"海尔大锤"。

1984年，35岁的张瑞敏担任青岛电冰箱总厂厂长，那个时候厂里只有600人，工厂濒临倒闭。在张瑞敏来之前，厂长已经调走了三个。工厂负债累累，累计亏损147万元，好几个月发不出工资。工人们十分懈怠，随意旷工。张瑞敏到任后，迎接他的是53份请调报告。为了整顿生产秩序，他推出了13条规章制度——青岛电冰箱总厂劳动纪律管理规定。对于张瑞敏来讲，不管有多么好的设备，多么好的资产，都不可能增值，唯一可以增值的就是人。如果把人的素质提高了，企业就可以增值。要创世界名牌就必须抓质量管理，但当时海尔生产的电冰箱质量一直很不稳定。虽然张瑞敏一再向工人们强调遵守质量管理对于企业发展的重要性，但工人们蔑视规则，不遵章守纪的陋习并没有完全改变。① 海尔从德国引进先进生产设备，所有的人都认为只要设备来了，生产肯定会很好，产品也会很好。1985年，张瑞敏收到一封用户来信，信里说厂里电冰箱的质量有问题。张瑞敏检查仓库后发现仓库里400多台冰箱竟然有76台不合格。

张瑞敏立即召集全体员工到仓库现场开会，为了不再生产出质量

---

① 肖进、张瑞敏：《"砸"出品牌管理经》，《中国林业产业》2010年第4期。

不合格的冰箱，他带领员工一锤一锤砸毁了所有质量有缺陷的冰箱，也砸毁了工人们"差不多、能凑合"的旧观念，也正是这一砸，将重视质量、重视细节的观念深深印在了每个海尔人的心中（见图1-16）。

图1-16　一声令下76台冰箱被砸成废铁

这柄真正砸醒了海尔人的质量意识的大锤也被摆在了展览厅里（见图1-17），让每一个新员工参观时都牢牢记住它的故事，也记住对质量的承诺。1999年9月28日，张瑞敏在上海《财富》论坛也再度提起海尔如今开拓国际市场离不开当初那把大锤的影响。企业管理的最大挑战便是提前预见负面的发展方向，及时更正员工的思想观念。质量是一个企业要走品牌战略发展道路的生存之本。海尔的全面质量管理，推广的不是数理统计方法，而是提倡"优秀的产品是优秀的员工干出来的"，从转变员工的质量观念入手，实现品牌经营。1988年12月，海尔获中国电冰箱史上的第一枚质量金牌，从此奠定了海尔冰箱在中国电冰箱行业的领军地位。2009年3月27日，海尔集团张瑞敏1985年砸毁76台不合格冰箱用的大锤被中国国家博物馆正式收藏为国家文物，文物收藏编号为"国博收藏092号"，这把砸毁不合格冰箱的"海尔大锤"虽然不会说话，但是它鲜活地反映了在那个时代里中国企业、中国企业家抓质量的历史，为后来的企业、行业树立了典范，是一个划时代的文物。自1984年创业以来，张瑞敏终于把海尔集团从一个濒临倒闭、资不抵债的集体所有制小厂发展成为物联网时代引领世界的生态型企业集团，旗下海尔智家更是荣居世界500强。

图 1-17　海尔大锤

（二）企业（品牌）的发起与意见

在中国，每20分钟就出生1个孤独症孩子，有100万孤独症家庭承受着痛苦，上百万孤独症孩子的家长默默承受着痛苦。对孤独症的不了解以及5 000年来的守旧思想，使人们相信孤独症孩子的父母是由于过错而遭受惩罚。在生活中受到他人的排斥，被社会服务机构所忽视，孤独症孩子的家长经常感到孤立无援。扬爱基金会，作为一个全国范围援助孤独症孩子家长的组织，旨在唤醒公众对此困境的关注。2010年2月28日，扬爱基金会在上海街头开展了"行为艺术"的展示，"扬爱艺术计划"由此拉开序幕（见图1-18、1-19）。

图 1-18 "扬爱艺术计划"系列一

图 1-19 "扬爱艺术计划"系列二

这些人体雕塑身着黑色紧身衣服，被黑色的毛线不断缠绕，直至最后受困于巨大的线海之中，充分展现了孤独症孩子家长被孤独和孤立所折磨的内心世界。在作品展出期间，笔者和团队还在现场派发出了近1万张明信片，为孤独症家庭捐款。

最终，这个活动受到新华社、搜狐、新浪、环球时报等60多家官方和地方媒体的关注，影响群体预计达到2千多万人。有95%的孤独症孩子家长表示，更多的人通过这个活动，理解到他们作为家长的困苦，公众的关注使他们倍感欢欣鼓舞。

由于公众对孤独症的不了解，孤独症孩子的家长需要独自面对困境，他们和孩子一样孤独。"世界上最遥远的距离"就是斩获2012年英国D&AD设计与艺术奖黄铅笔奖的优秀作品之一（见图1-20）。在收到青聪泉基金会（一个全国范围援助孤独症家庭的非政府组织）的委托之后，笔者于2011年4月2日"世界孤独症关注日"当天在上海图书馆举办了该活动，旨在提升公众对孤独症家庭困境的关注。

图1-20 "世界上最遥远的距离"

一对身穿黑色紧身衣的母子，分别置身在裹满黑网长20米的长笼两头，代表着在孤独症的家庭里面，由于永远无法近距离正常沟通，即使她们身处于同一个母体，但心灵却在世界的两端，生动呈现了孤独症孩子和家长间遥远的心理距离。此外，现场还举办相关知识宣传和图片展，并设有捐款台。

这个活动受到电视台、电台、报纸、杂志和网络等 120 多家媒体的关注，产生免费媒体价值近 1 亿元，影响人群预计达到 5 000 多万，在社交网站上更是引起了数十万人次的讨论。孤独症家庭逐渐成为全社会的关注热点。

道富环球集团（State Street Global Advisors）一向致力于实现上市公司中的员工性别平等，这无关政治，只是关注员工的个人能力，正如其高级董事兼首席营销官斯蒂芬·蒂斯达尔（Stephen Tisdalle）所言："品牌如果想要融入社会文化、参与热门议题，且不让人觉得这只是一个营销噱头，那就一定要有属于自己的作品和一个绝佳的合作伙伴。"①

一个身高不到 1.3 米的"无畏女孩"（Fearless Girl）青铜雕塑（见图 1-21），在 2017 年 3 月国际三八妇女节之前，悄无声息地"潜入"纽约华尔街。无畏女孩雕像高约 50 英寸（130 厘米），重约 250 磅（110 千克），双手叉腰，怒目圆睁，昂首挺胸，在雕像下方的牌子上写着"了解女人领导的力量，她（SHE）能做出改变"，面对着"华尔街公牛"这座高 11 英尺（3.4 米）、重 7 100 磅（3 200 千克）的雕塑，两者相对坐落于曼哈顿百老汇和白厅街交会处的鲍林绿地公园（见图 1-22、1-23）。由克里斯汀·维斯巴尔（Kristen Visbal）创作的作品描绘一名拉丁裔的女孩，看着著名的华尔街铜牛塑像，虽然这一切发生得毫无征兆，但这个雕塑凭借简单而有冲击力的创意，在社交网络和全球媒体上激发了许多关于性别多元和种族平等的讨论，注定将在全球范围激起千层波涛。据促成该项目诞生的道富环球集团透露，最初道富环球并没有期待她能成为一个举世瞩目的作品，仅仅是想为旗下的 SHE Fund（她基金）庆祝成立一周年。SHE Fund 致力于投资那些有女性身居高层的公司，以期有更多女性可以加入管理层。借由 Fearless Girl 的亮相，道富环球向那些没有女性身

---

① 《"无畏女孩"打动了全世界，但她有没有打动客户呢？》（2017 年 7 月），数英网，https://www.digitaling.com/projects/23337.html，最后浏览日期：2024 年 10 月 8 日。

图 1-21 "无畏女孩"

图 1-22 人们与"无畏女孩"合影

图 1-23 人们与"无畏女孩"合影

居高层的公司发出呼吁,让他们明白女性在公司高层会有非常棒的表现,事后 476 家公司中有 76 家主动晋升了一些女性员工。据营销公司 Apex Marketing 的统计数据,Fearless Girl 在电视、社交媒体和广播等领域为道富环球带来了价值 7 400 万美元的免费营销。同时,SHE Fund 也因 Fearless Girl 产生了巨大影响,该基金会在三八妇女节后的三天内,日交易额上升了 384%;在之后的 20 天内,日交易额又持续上升了 170%。

长久以来,男性一直被看作世界的主导者,从 1989 年到现在,华尔街公牛所代表的"雄心、力量、强大"也一直都是这条街上所有精英引以为傲的特质。摩天大楼映衬出女孩渺小而倔强的身影,这种反差感击中了人们心中保护和捍卫女性的情感。

创作"华尔街铜牛"的意大利艺术家迪莫迪卡(Arturo Di Modica)于 2017 年 3 月 11 日在记者会上,强调铜牛雕像原本象征"自由、世界和平、力量和爱",指责"无畏女孩"像侵犯了他的版权,他的律师西格尔(Norman Siegel)指出新的像改变了原本'华尔街铜牛'的意义,"铜牛不再带有正面、乐观的讯息。反而,它变得带有负面力量,及成为威胁"。西格尔说,要求纽约市移去获允许摆放至2018年3月的"无畏女孩"像。从2017年3月7日之后,已有几万美国民众联合请愿,希望政府保留"无畏女孩"铜像。纽约市长白思豪(Blasio)也亲自莅临现场与之合影,并表示市政府会将"无畏女孩"继续保留在'华尔街铜牛'的对面。不仅宣布对其雕像的许可证延期至2018年妇女节,还在其推特上表示:"正因为还有男性对女性占据一席之地感到不满,这恰恰是我们需要'无畏女孩'的原因。"

2018年12月10日,美国纽约"无畏女孩"铜像正式"搬家",出现在纽约证券交易所大门对面(见图1-24)。道富环球投资总裁兼执行长奥汉利(Ron O'Hanley)说:"哪怕是在华尔街这个男性主导的世界,看似弱小的女性依然有着强大的影响力。"迁移到新地点的"无畏女孩"将背负着更加重要的意义:成功企业需要女性领导者。

图1-24 "无畏女孩"在纽约证券交易所大门对面

（三）政府的发起与推动

政府作为国家和社会运行治理的机构，既代表着国家意志、国家利益而行使社会公共权力，又需要对社会和公民负责、维护其所拥有的权利，中国是人民民主专政的社会主义国家（国体），本质是人民当家作主，即政府的权力是人民赋予的。政府本着对人民负责的工作原则；坚持为人民服务的工作态度；树立求真务实的工作作风；坚持从群众中来到群众中去的工作方式。近年来，我国政府所倡导的"绿水青山就是金山银山"的环保理念就是"从社会中来，到社会中去"的政策创新创意。①

2005年8月15日，习近平同志到安吉余村考察，首次提出"绿水青山就是金山银山"的科学论断。② 同年8月24日，习近平同志在《浙江日报》的《之江新语》专栏发表了《绿水青山也是金山银山》一文，指出"如果能够把这些生态环境优势转化为生态农业、生态工业、生态旅游等生态经济的优势，那么绿水青山也就变成了金山银山"。③

2017年10月18日，习近平总书记在党的十九大报告中指出，坚持人与自然和谐共生，必须树立和践行绿水青山就是金山银山的理念，坚持节约资源和保护环境的基本国策。④

从2005年到2022年，余村在让绿水青山变成金山银山的顶层设计之下早已大变样（见图1-25），从曾经依靠开矿山的经济转变为新文旅当家，从"卖石头"转为"卖风景"。由中央做出科学论断，由地方政府做出科学规划，浙江干部群众把美丽浙江作为可持续发展的最大本钱，护美绿水青山、做大金山银山，不断丰富发展经济和保护

---

① 谷红：《强化宗旨教育是塑造公务员良好公众形象的源泉》，《理论导报》2012年第12期。
② 王健、汪娇：《习近平生态文明思想的实践基础、理论渊源和价值旨趣》，《湖南农业大学学报》（社会科学版）2023年第1期。
③ 张帆：《黑龙江民族地区森林康养产业发展研究》，《黑龙江民族丛刊》2022年第4期。
④ 罗岑：《习近平生态文明思想研究》，《大庆社会科学》2023年第1期。

生态之间的辩证关系。① 关停矿山，改为新农村建设，原本泥泞的村路被平坦开阔的"两山绿道"取代，坑坑洼洼的矿山摇身变为"遗址园"，复垦后的水泥厂旧址也被改建成了五彩田园……与此同时，村里的休闲产业链，也从单纯的自然观光，发展到河道漂流、户外拓展、果蔬采摘等综合业态。按下绿色变革的"快进键"后，越来越多的余村村民享受到了生态旅游带来的红利。2020年，村民胡有乾创办了全国首个村级供销社——余村供销社，积极吸收、采购余村和周边乡村的优质农产品、特色产品、手工艺品等。

图 1-25　余村新面貌

通过电子商务、对外参加展会、旅游附带销售等多种形式产销对接，余村带动村民们获得更多流通环节的增值收益。2021年，余村全年的游客量有近 90 万人次，旅游收入近 4 500 万元，村集体收入超过 800 万元，村民人均收入达 61 000 元，村民幸福感节节攀升。

---

① 钟颖茜：《践行"两山"理念实施绿色金融创新》，《杭州金融研修学院学报》2022 年第 8 期。

另外，余村还成功入选 2021 年联合国世界旅游组织"最佳旅游乡村"，实现了从"卖石头"到"卖风景"的美丽蝶变，唱响共美共富协奏曲。① 如今的余村，"一户一品""一院一景"，漫步在村里，两边是"小胡的咖啡老胡的酒""春林的山庄""鲍家的学堂"，一条乡愁产业街已逐渐成形，游客的消费欲望明显提升。绿水青山真正变成了取之不尽用之不竭的金山银山。

2020 年 3 月，时隔 15 年后，习近平总书记再次来到余村。他说，余村现在取得的成绩证明，绿色发展的路子是正确的，路子选对了就要坚持走下去。2021 年 10 月 12 日，习近平在《生物多样性公约》第十五次缔约方大会领导人峰会视频讲话中提出："绿水青山就是金山银山。良好生态环境既是自然财富，也是经济财富，关系经济社会发展潜力和后劲。我们要加快形成绿色发展方式，促进经济发展和环境保护双赢，构建经济与环境协同共进的地球家园。"（见图 1-26）②

图 1-26　习近平在《生物多样性公约》第十五次缔约方大会领导人峰会发表讲话

这就是由政府发起的社会创意并取得成功的典型案例。原本余村村民以开矿为生，是属于靠山吃山的粗放经济，生产成本高，产值低，产业落后，村民生活辛苦，这是历史遗留下来的问题，也是非常

---

① 《"绿水青山就是金山银山"发展样本：余村的后矿山时代》（2019 年 8 月 5 日），百度，https://baijiahao.baidu.com/s?id=1640981736957156306&wfr=spider&for=pc.，最后浏览日期：2024 年 9 月 28 日。
② 孔哲、顾晓丹、陈逸阳：《"双碳"背景下"水工程经济"课程教学改革》，《西部素质教育》2023 年第 8 期。

常见的问题。我们很多人会因为它太过常见而下意识地忽视这个问题，或者想要改变也会顺着这个思路去考虑怎么提高开矿的效率以提高经济回报，却很少有人从保护环境和长远发展的角度考量，从"卖石头"转为"卖风景"，从根本上彻底破解这个难题，给余村乃至中国许多村镇带来了翻天覆地的思想观念改变，这就是社会化创意，是超越市场经济与政府手段而发挥社会"第三力量"、针对社会问题寻求和鼓动社会力量解决社会问题、推进社会变革进步的思想创新力量。

第二章

智媒时代的大问题成就大创意

如果说社会创意定义了我们创意的内容和范畴的话，那么社会化创意，中间加一个"大"字的意义并不止于此。社会化创意是超越经济与政府手段而发挥社会"第三力量"的一种创意理念，是一种揭示社会问题、针对社会问题，寻求和鼓动社会力量解决社会问题、推进社会变革进步的创意哲学思想。社会化创意，自然离不开社会和时代背景。社会化创意是用创意去解决社会问题，让创意渗透社会的每一个角落，参与社会并塑造社会。因此，在不同的历史情况下，面对不同的社会问题，创意也要与时俱进，焕发时代独有的风格和特点。那么我们又该如何去解读属于当今时代的创意脚本呢？

一、创意车间生产与大师思维之别

社会问题，作为社会学研究的核心议题，是指那些影响社会成员共同生活、破坏社会正常活动、妨碍社会协调发展的问题。它们是客观存在且被人们感知到的状况，通常源于价值、规范和利益的冲突，是社会实际状态与社会期望之间的差距的反映。

随着时代的变迁，社会问题也随之演变。在全球化的背景下，社会问题的产生与变化与一个国家或地区的生产力和社会意识紧密相关。例如，发达国家可能更关注经济发展与环境保护的平衡，而发展中国家则可能更专注于生产力的创新。社会问题的界定具有一些共同性要素，这些要素在不同地区、人群和文化中可能产生共鸣，成为社会化创意传播的主题和内容。

中国的社会问题具有特殊性，与国家的社会制度、价值观念、宗教信仰和文化有关。中国面临的社会问题包括发展不平衡不充分、民生问题（如教育、就业、医疗、养老、住房等）、环境问题等。这些问题需要通过社会创新和国家政策来解决，以提高生活质量、促进社会和谐与国家繁荣发展。①

社会问题的分类有助于我们更好地理解其规律和背后的社会根源。常见的分类方法包括二分法②、三分法③、四分法和五分法④，涉及结构性问题、变迁性问题、越轨性问题和道德性问题。这些分类有助于选择准确且恰当的创意内容，并有效地聚焦和解决相对应的社会问题。

社会化创意源自社会问题，需要针对具体的社会现实，具有针对性和聚焦讨论领域的作用。例如，针对教育问题，创意可能聚焦提升教育质量、促进教育公平；针对环境问题，则可能致力于推广绿色生活方式和可持续发展。社会化创意通过聚焦这些问题，不仅有助于解决具体的社会问题，也能够促进社会的全面进步。

社会问题与社会化创意之间的联系是密不可分的，因为创意往往源于对这些社会问题的深刻理解和反思。通过对社会问题的分类和分析，我们能够识别出社会的需求和痛点，从而设计出更具针对性和影响力的创意解决方案。这种从社会问题到社会化创意的转化，不仅体现了创意的社会价值，也为解决实际问题提供了新的思路和方法。

在广告创意的实战中，这种转化尤为重要。广告不仅仅是商业宣传的工具，更是社会文化的一面镜子，反映着社会问题和公众关切。因此，将社会问题融入广告创意，不仅能够提升广告的深度和广度，还能够激发消费者的共鸣，增强品牌的社会责任感。

---

① 习近平：《决胜全面建成小康社会 夺取新时代中国特色社会主义伟大胜利——在中国共产党第十九次全国代表大会上的报告》（2017年10月18日），共产党员网，https://www.12371.cn/2017/10/27/ARTI1509103656574313.shtml.，最后浏览日期：2024年10月8日。
② 参见［美］文森特·帕里罗、约翰·史汀森、阿黛思·史汀森等：《当代社会问题》（第四版），周兵等译，华夏出版社2002年版。
③ 雷洪：《社会问题——社会学的一个中层理论》，社会科学文献出版社1999年版。
④ 朱力：《社会问题的理论界定》，《南京社会科学》1997年第12期。

(一) 创意有方法吗?

1. 从创意的生产到执行

就跟车间流水线生产制造一样，广告也有自己的创意步骤。一般来说，每个广告都来源于一个具体的商业目标，根据目标先制定相应的传播策略，包括传播目的、核心体验，传播人群和传播媒介，根据策略产出理念（idea），再根据创意理念制作传播内容。商业目标往往通过创意简报（brief）的形式由甲方下达给乙方，用一句话概括就是"我们想通过（　　），实现（　　）"，其中包括策略和目的两个方面，比如我想通过一条 TVC（television commercial，商业电视广告片）介绍新产品，让更多消费者购买我们的产品。有一个经典的 3M 模型可以用来思考商业目标的策略，"Moreuser, usemore, moreexpensive"，也就是扩大消费者对象，让现有消费者提高使用量和让每个人花的钱更多。

商业目标的下一步就是传播策略。广告界有一个理论叫"AB 点理论"，A 点指的就是消费者现在的状态，B 点就是接触过传播内容之后消费者的状态，AB 点之间的空间，就是广告作用的过程。广告需要通过改变消费者的认知和感受来最终改变消费者的行为，而 B 点就是我们的传播目标。以"我想通过一条 TVC 介绍新品，让更多消费者购买我们的产品"为例，提高产品销售量是商业目的，也就是消费者行为的改变，传播目标是基于商业目标出发的，也就是消费者认知和感受上的改变。但是，针对不同的产品或目标需求，传播目标也不尽相同，可能是通过 TVC 让消费者认识到新品的理性功能点，也可能是通过 TVC 让消费者感受到拥有这件产品的认同感。而这里的"消费者"就是传播人群，这里又涉及两个部分：一个是选定这部分人，另一个则是定义出这部分人。我们经常能看到甲方这样描述自己的目标人群："18—25 岁的一线白领""收入一万元以下""精英人士"等，但是符合这样描述的人会对一个广告有类似的反应吗？特别是在互联网个性化的时代，人群越来越细分，所涉及的特征也出现了交叠化的趋势。

而广告作为改变消费者认知和态度的媒介，对于消费者内心的精准把握就显得尤为重要。比如一个平价美妆国货，"想要追求美丽并且有理智的消费观念、讲究成分和性价比的女性"就比"18—25岁、女大学生或初入职场的白领"要更精确。但这也不是说客观外在特征的描述就是没有意义的，这些共性的特征往往有助于传播媒介的选择，比如白领接触到的地铁广告更多，学生接触到社交平台的广告更多等。有了目标的人群，就可以思考一个问题了："我们真正卖的是什么？"或者说"受众为什么会买我们的产品或者服务？"而问题的答案，就是核心体验，也就是对消费者而言独特的价值。以前广告将之称为USP（Unique Selling Proposition，独特的销售主张），是罗瑟·瑞夫斯（Rosser Reeves）在50年代提出的，他认为USP是消费者从广告中得到的东西而不是广告人员硬性赋予的东西。在消费升级的趋势下，消费者不仅仅满足于物质消费，对精神满足也提出了更高的要求，这个时候就不再是具体的利益了，用体验更能体现从消费者角度出发的思考方式。但是我们依然可以借鉴USP的三个要点：品牌或产品自身可以提供的、与竞争对手相比独特的、对消费者而言有价值的体验。我们可以通过满足消费者现有的需求和发现未被满足的需求来提供这种体验。经过前期一系列策略部分的准备，我们就可以开始进入创意部分了。关于创意的方法，倒也没有绝对的定式，但古往今来很多大师和从业者都阐述了各自的创意之道，我们就按照时间的脉络和作业的流程来一一经过，如此是否像极了工厂车间的生产流水线，或许这是创意寻求专业化、规模化和公司化运行的底层逻辑。那么，创意的方法可以习得吗？

2. 中国广告人的一些创意实践

冲击波营销

冲击波营销是之外创意首席创新官和创始人郑大明提出的。郑大明是中国第 1 支 The One Show 银铅笔的获得者，中国本土首位戛纳入围者，300 多项国际国内创意奖获得者，同时担任纽约广告节、亚太广告节、龙玺环球华文广告奖等广告大赛的评委。

冲击波营销理论用一句话来总结就是"以任何可能的创意＋任何可能的媒体，创造强大的内容，引爆自传播"。基于互联网及移动互联网引发的信息革命，郑大明深感旧的广告和营销模式的低效和惊人的浪费，希望以创意和创新为核心，以自传播和自营销为路径，以媒介、广告、公关、互动、活动等营销活动一体化整合为平台，大幅度提升营销的效率。"一半的广告费，做得更好！"这是郑大明和他的创意公司当时发起的第一个创新解决方案。

此理论做过最具争议性和出名的案例当属"法国队夺冠，华帝退全款"。2018 年 5 月 31 日，《南方都市报》出现华帝的整版广告。带有华帝公章和董事长签名的"法国队夺冠，华帝退全款"声明首次亮相。该声明承诺：若法国国家足球队在 2018 年俄罗斯世界杯夺冠，凡是在 2018 年 6 月 1 日 0 时至 2018 年 6 月 30 日 22 时期间购买华帝"夺冠套餐"的消费者，一律按所购"夺冠套餐"产品发票金额退款。① 紧随其后，线下的分众广告、高铁、车站；线上的信息流广告、OTT 电视广告、微博大号、华帝一万名经销商和供应商的朋友圈，都出现了这幅白纸黑字的平面。微信群、朋友圈、微博也开始发酵，更多普通人成为"自来水"参与这场"集体亢奋"。7 月 16 日凌晨，法国队摘下 2018 年俄罗斯世界杯桂冠。几乎同时，"法国队夺冠，华帝退全款"在社交媒体上刷屏。法国队夺冠当天，华帝的微信、微博搜索指数均暴涨 30 倍，远超世界杯赞助商。项目执行期间，华帝销售额超 10 亿元。项目本身获得了 2019 大中华区艾菲奖社交媒体营销类金奖、2019 金投赏创意奖电商站内外整合组全场大奖等。

---

① 张玉鑫：《基于华帝公司俄罗斯世界杯策划案的企业伦理思考》，《现代商业》2019 年第 35 期。

超级符号就是超级创意

"华与华方法""超级符号""品牌寄生"等词汇被越来越多的营销人知道、理解和应用,这套号称"本土营销界第一套成体系的营销思想",用一句话总结就是"超级符号就是超级创意"。

人是符号动物,生活在充满符号的世界里,自出生起就开始慢慢学习应用符号、听从符号、跟符号合作以控制自己和世界,其行为也深刻受到符号的影响。华与华认为"符号控制人的行为,是驱使消费的动力"。广告和品牌传播在理论上可纳入宣传——宣传是一种借助符号(文字、手势、旗帜、纪念碑、音乐、服饰、徽章、发型、钞票图案、邮票等)以操纵他人信仰、态度或行为的系统活动。本质上,宣传的理论是广告理论的母体。因此,建立一个"品牌"其实就是建立一个"符号系统",这种表述更易于让人理解,而一个超级品牌就是一个伟大的符号系统,品牌或始于符号或成为符号或(通常情况下)两者皆是。商品蕴含着消费价值,符号揭示和强化这一价值,符号引导消费,符号予以商品生命。品牌用符号来影响消费者的看法、观念和行为,甚至在知道某个符号的意义是假的、是空洞的情况下,却依然愿意为这个符号付费。建立品牌就是建立符号——华与华在《超级符号就是超级创意》中写道:"找到一个符号,能识别我们,浓缩我们的价值信息;还能同时影响消费者的看法——喜欢我们;智慧消费者的行为——购买我们的商品,还推荐给亲友。"而超级符号就是符号的三大功能都达到最强,使用超级符号能最大程度地提高品牌的传播效率。超级符号人人都看得懂并且会按照它的指引甚至不去思考它为什么存在只是看见就去听从它行事,主要分为公共符号和文化符号两大类,它可以轻易改变消费者的品牌偏好,在短时间内发动大规模的购买行为,让一个全新的品牌在一夜之间成为亿万消费者的老朋友。[①]

---

① 秋水:《塑造企业的品牌超级符号》,《黑龙江日报》2018年2月2日。

超级符号理论提出，构建品牌符号的五大路径分别为：视觉、听觉、味觉、嗅觉和触觉。首先是视觉，平时人们提及的符号多以视觉符号为主，通常而言，品牌符号还是遵循视觉第一的原则，当我们想起品牌时，脑海中先浮现的多为视觉印象。从距离来说，所见远于所闻；从速度来说，光速快于音速；从文化来说，文字有文化差异，图像则世界共赏。其次是听觉，传播的关键在于传，视觉只能播，听觉既能播又能传。视觉设计成功的关键也要兼顾对其他感官的替代满足，即可描述可言说的犹如听觉的视觉。比如妻子让你买盐，你也许走两步就不记得了，但她告诉你"黄白格子的茶几布"，你就不会忘。再次是嗅觉和味觉。产品本身就是企业的"自媒体"，是品牌最大的媒体，康师傅红烧牛肉面的"就是这个味儿"，不是这个味儿消费者就不认。嗅觉符号和味觉符号通常用在产品上，因为媒体广告提供不了嗅觉和味觉可识别的东西，但是随着热敏纸技术、AR技术的发展，通过媒介尝到味道逐渐成为可能。最后是触觉。有的语言学家认为，人类的第一语言是触觉，婴儿一出生就寻求抚摸，也能感知抚摸。日本的原研哉就被喻为"治疗视觉过剩的针灸师，材质的老师，触觉体验领域的领导者，色彩逃逸者，基本物品的赋形者"。梅田医院的导视系统便由他设计，全部以白色棉布为材料，创造出柔和、干净、亲切温暖的触觉体验，梅田医院因此获得联合国和世界健康组织颁发的"婴儿之友医院"称号。

天与空的 4A 升级版

天与空自成立起就十分高调，"4A 升级版""向叛徒们致敬"等口号与独特的风格调性一起，形成了天与空的社会化创意风格。虽然有人说他们是延续并深化了 4A 的手段之一——视觉，把创意视觉玩到了极致，可是在惊人的创意背后，也有着细致入微的洞察和思考。

天与空创始人杨烨炘提出的社会化创意，可以基于三个维度讨论：社会问题、品牌使命和消费者洞察。社会问题也可以延伸为公共议题、人类命运共同体价值观、社会主义核心价值观；品牌使命也可以包括市场机会点、品牌主张、产品理念；消费者洞察也可以延伸为本土洞察、人性洞察。社会化创意通过寻找三者之间的交叉点，碰撞出具体的创意理念。以天与空支持年轻人的一个案例为例。2020年高校毕业生数量创历史新高，达到874万人，而在新冠肺炎疫情影响下出现的企业用工人数压缩、暂停招聘等情况，让"最难毕业季"又成了"最难就业季"。在这样的社会背景下，天与空与天猫联合策划创意事件，提出"加油白衬衫"的口号，认为每个人的开始都是一件白衬衫，每件白衬衫都写满未来，即便是那些在各个领域有出色贡献的名人，很多也是从白衬衫开始，一步一步走向人生高峰。同时，联动百大品牌，开辟端内加油会场，把切实的消费福利和有用的求职信息带给毕业生，让毕业生感受到了天猫的品牌温度，带着温暖和爱踏入社会。

（二）流水线模式还是实验室模式

1. 传统4A模式

传统的4A广告公司一般会有三个部门：创意部（Creative）、客户服务部（Account Servicing）和媒介部（Media），三者相互支持相互协作，共同推进创意工作的完成。创意部可以说是广告公司的大脑，负责创意的发散和执行创意路径的制定。领导者就是行政创意总监（Executive Creative Director，ECD），一般来说只有一个。行政创意总监之下，会分成若干个项目组，每个组由一位创意总监（Creative Director，CD）带领，有美术出身（artbase），也会有文案出身（copybase）。每个组还会有若干个文案（Copywriter，CW）和美术指导（Art Director，AD）进行具体的广告创作。客户部主要的工作包括两个方面：一个是对外客户的联络；一个是对内整体创意项目的推进和质量把关。中心人物是客户主管（Director of Client Service，DCS），按照不同的职位可分为客户总监（Account Director，AD）、助理客户总监（Associate Account Director，AAD）、客户经理

(Account Manager）及客户助理（Account Executive，AE）。媒介部的主要工作是为客户推荐和购买广告媒体，例如 KOL（key opinion leader，意见领袖）、KOC（key opinion consumer，关键意见消费者）、杂志海报、线下媒介等，并为客户与媒体争取最合理的收费，往往是一个创意项目中占大头的支出。中心人物是媒介主管（Media Director），下设媒介主任（Media Supervisor）及媒介策划（Media Planner）等职位。[①]

在这三个部门的配合下，传统 4A 的广告创作流程有以下四个步骤。

第一步：需求沟通

所有的广告都来源于或者是为了解决某个具体的问题，客户提出自己的需求，比如增加某个产品的销量，比如树立怎样的品牌形象。客户总监了解情况之后，会安排相应的会议，企业或品牌方向客户部表达自己的需求，一般也会提出初步的构想和商业目的。

会议结束后，客户部会制定工作进度表，明确各项工作的对接人、项目的时间安排和预算，并同步给企业或品牌方。

第二步：需求及资料下达

在收到需求的同时，客户经理也会通知创意组，介绍项目的基本情况和同步前期收集的一些资料。部分广告公司会设有策略部，专门负责创意前期的策略。但是大部分情况下，这一工作由客户服务部承担。当大家对某一策略思路形成共识之后，会由客户经理整理形成文字的策略，客户助理会协助进行资料的收集等辅助工作。

同时，客户部向媒介部同步策略思路，由媒介部完成媒介方案，并填写创意简报，经客户总监和创意总监签字后，召开创意简报会议。[②]

[①] 陈俊宁：《基于工作过程的〈广告策划〉课程设计》，《中小企业管理与科技》（下旬刊）2013 年第 1 期。
[②] 李玉坤：《广告行业岗位能力分析及高职教育对策研究》，《品牌》（下半月）2015 年第 6 期。

第三步：创意形成

在确定前期的策略思路之后，客户部和创意部会共同参与创意简报会议，客户部会下达企业或品牌方的需求，阐述策略思路，之后就进入创意的阶段。

根据客户部提出的策略，文案和美术指导会发想创意 idea，往往会通过头脑风暴的方式进行。前期创意组会形成一两个创意方案，提交给客户作为初步的提案。客户会提出意见和建议，创意组会根据这些反馈二次修改创意，一般会进行至少两轮的提案。

第四步：提案和执行

在内部会议和外部提案的不断轮回中，方案逐渐成形。在最终提案之后，客户经理会根据时间表，对项目执行进行排期，之后就是执行阶段，将创意组的创意方案落到实地。

2. 创意热店模式

市场环境和媒体形态的不断变化，国内外品牌的快速成长，跨界公司跻身于广告业务等一系列的因素，都在督促广告行业去寻求变革，因此，一批不甘于一成不变的广告人从大型 4A 公司走出来，创立了以创意为核心、极具"独立精神"的广告服务组织，行业称其为创意热店，或是独立创意公司，它们用一种"小而美"的模式服务甲方，同时也创造属于自己的价值。

创意热店具体是一个什么样的存在呢？很难一概而论，无数已经存在，抑或正在崛起的创意热店，各有各的特征和优势以及擅长的领域，不过它们也存在着很多共性。在广告行业里，普遍的理解是广告包含着创意，创意是广告公司的一个部门。但在创意热店以及其从业者的理念里，创意包含着广告。特别是在新媒体环境下，他们认为创意的维度会变得越来越大，而广告的维度将会变得越来越小。因此，相较于传统的广告代理公司，在创意热店里面，品牌主张、定位、广告、公共、数字营销等都变成创意的一个部分，它们会去整合营销传播的每一个环节，形成一个以创意为核心的营销传播闭环。例如，国内顶级的创意热店天与空，会参与甲方的产品创意、公关服务、数字营销等环节。

创意热店一般都坚持扁平化的管理模式，采用事业群的管理结构，打破创意、客户服务之间的壁垒，虽然主要的工作流程与4A没有太大出入，但是管理层级很少，沟通模式灵活自如，相比传统广告公司繁杂的流程、费力的沟通、冗余的信息，以上这些优势能让它们反应更迅速，产出更高效，应对外界改变更有优势。大多数已具规模的创意热店每年都会对客户、员工、组织关系等进行调整和演进。

3. 是升级还是颠覆？

有说法称创意热店是4A的"天敌"，它们的出现会加速4A的没落。但国内的热门创意热店及其从业者们从未将自己放置于4A的对立面，天与空说自己是向4A致敬，MATCH马马也认为自己是带着4A的精髓诞生的。其实这不难理解，基本上创意热店的创始人都来自4A，他们成长于此，成熟于此，强大于此，他们精通传统广告公司的一切，也把其优势带到了创意热店这一新的领域。

创意热店"小而美"的模式固然有一系列优点，但在门槛低的环境下，很容易被复制和被后来者赶超。而其又不易疯狂扩张，毕竟"创意"才是其根本，在优秀创意人才有限的情况下，扩张只会使其优势丧失殆尽。不仅如此，创意热店的案例刷屏却不带货的模式也在被人质疑。有业内人士指出，他们的众多案例只不过是自娱自乐，其功能只是给予广告人以心灵安慰。不仅如此，其对业绩的促进还是反面的。

与此同时，4A公司正从沉睡中醒来。在过去的2018年，4A公司纷纷挥刀变革：WPP将伟门（Wunderman）与智威汤逊（J. Walter Thompson）合并，组建伟门智威（Wunderman Thompson）。合并后的Wunderman Thompson是一家"创意、数据和技术代理商"，并"将通过创意、数据、商业、咨询和技术服务及全球规模提供独特的端到端解决方案"。奥美集团提出"一个奥美"（One Ogilvy）的改革口号，奥美集团的各个子品牌将被整合回归到"一个奥美"。汉威士集团董事长兼首席执行官亚尼克·博洛雷（Yannick Bolloré）接手集团"创意"板块后，重点将"创意"与"媒介"相整合，打造更统一、简化、以客户为核心的组织架构。4A公司的一系列变革，正是要改变公司机构臃肿、业务流程死板、决策缓慢、在快速多变的营销环境中很难及时应变的现状。"效率"成为4A公司在变革中提到最多的词。变革的效果可能不会立竿见影，但是其已经启程。

过去几年可以说是创意热店的黄金时代，它们不断从4A公司"虎口夺食"，风光无限。而随着中国经济下行、4A公司的觉醒，市场竞争势必变得更加激烈。而这也正是一块最好的试金石——在与4A以及创意热店相互之间的竞争中如何保持竞争力、实现突围成为中国独立创意机构必须思考的问题。但是我们可以预见的是，未来不管是4A还是创意热店，都在为了世界创造更多有趣和艺术的创意作品而努力。尤其令人欣喜的是，越来越多的广告创意不再局限于经济效益，越来越多的品牌和企业开始关注社会问题和企业责任。

（三）以创意之名，解社会之难

历史的经验证明，每一次社会变革都来源于科学技术的进步，生产力的提升解决了原有的矛盾，推动了社会的发展。到了21世纪，科学技术的变化更是日新月异，人们习惯于寻求硬性的技术的帮助来解决问题，但是技术也会带来相应的问题，或者也有技术难以完全解决的问题，这时候，就需要另一种软性的力量。

社会问题研究虽然时间不长，但是已经有了多个范式多个角度的探讨，社会学家在学术的田野上不断探索研究，同时有另一群人，以另一种软性的方式，殊途同归地推动着社会问题研究的实践。2018年初，《护垫侠》在印度上映，该片改编自真人真事，男主的原型是印度企业家阿鲁纳查拉姆·穆鲁甘南塔姆（Arunachalam Muruganantham），他研发了制造卫生巾的机器，降低了卫生巾的成本，带来了印度农村卫生观的改变，被称为印度的"卫生巾大王"。更难能可贵的是，在获得成功之后，他开放了卫生巾低价制造的技术和授权，全世界有超过110个国家和地区开始使用这种新机器。影片上映之后，阿鲁纳查拉姆·穆鲁甘南塔姆在推特上发起"卫生巾挑战"，并手持卫生巾拍照，希望通过这个活动停止"月经羞耻"，并推广卫生巾正确的使用方法。在进步人士长期的活动和影片的推动下，2018年7月21日，印度宣布削减50多种产品的消费税，其中就包括税收变成0的卫生巾，这项修订在2018年7月27日开始施行。

无独有偶，2018年7月5日，国产电影《我不是药神》上映，影片的原型陆勇本人就是一名慢性粒细胞白血病患者，在骨髓移植之前，只能通过服用瑞士产的格列卫来控制病情。偶然的机会，陆勇发现印度产的仿制"格列卫"只要4 000元，而原价则要2.35万元，陆勇在自己使用之后渐渐开始帮助病友买药，被病友尊称为"药神"。然而，在2013年，陆勇因为违法使用银行卡向境外汇款买药被抓，面临"妨害信用卡管理"和"销售假药罪"的指控。幸运的是，最终检察院撤回了起诉，陆勇也免去了牢狱之灾。2018年4月23日，国务院关税税则委员会宣布，5月1日起，28种进口药实行零关税政策。这则消息也出现在《我不是药神》的结尾字幕上。虽然高价原研药背后是关税、增值税、进口临床试验成本、专利保护等重重的加码，仅仅5%的关税并不能完全解决药品差价和高价的问题，但是我们可以看到的是，在巨大的社会讨论和关注下，国家的政策法规也在同步跟进。2018年7月1日，药品零加成政策开始实施。2018年7月8日，医疗保障局发表声明，各有关部门正积极落实抗癌药降税的后续措施，现实正在像陆勇所期望的那样好起来。

我们不能简单地认为某一部电影或是某一只广告直接地解决了社会问题，而忽视了在前期各方所做的努力和环境的成熟。更合理的说法是，影视作品作为一种综合的艺术，其核心是表达某种观点、某种思想、某种感受，通过色彩、剪辑、音乐等多种元素的加持，为表达赋予艺术性和感染力，通过对观众的感染获得认同、关注，像上文提到的两部电影，就引起了大家对某一个社会现象的关注，就像是量变引起质变的重要推动力，通过社会问题的曝光，在极短时间内引起极大的关注，最终使问题变得迫在眉睫，推动了问题的解决。

广告其实也是一种具有力量的介质，但是它和创意作品有一些不同。著名的广告大师奥格威（Ogilvy）说过一句著名的话：We sell, or else（除了销售，我们别无他用）。这句话点出了广告的一个核心：广告不仅仅是一种表达，广告是一种说服，最终的导向是改变受众，不管是销售产品还是建设品牌，都离不开对消费者认知和行为的改变。同样是女性权益的问题，广告行业也有发起过关于卫生巾的创意行动。50 多年前，德国的法律制定者决定把女性卫生必需用品的税率定为最高的 19%，值得一提的是，当时的制定者全是男性。与此同时，鱼子酱、油画或黑松露的税率仅为 7%。于是就有广告创意公司灵机一动，决定把棉条包装成书籍，因为书籍的税率也只有 7%。就这样，《棉条之书》诞生了。这是一本为了节省税费把棉条包装在内的书籍，一本对现有税收体系内的性别不平等现象做出大胆呼吁的书籍。书籍内包括 15 个棉条和 40 页关于月经的直白内容。这本书首发第一天就售罄，第二版首周清空。有报道称，每名女性一生将为月经用品税付出超过 1 650 欧元。在这样轰轰烈烈的运动下，德国最大的电视台开始向德国金融局施压，这个呼吁通过不同社会人士和组织的加入逐渐变成了一个政治诉求，知名的女性政治家及德国议会的成员开始自发分享《棉条之书》。在 change.org 的请愿书得到了超过 15 万个签名。结果就是德国的法律事务委员会必须正式启动"棉条税"相关的议题，开始审视女性卫生用品的供应以及税收上的一些考量。

以上的种种案例都是社会化创意在具体问题上的演绎，创意的力量远远超过我们的想象，它让传播的信息变得更加有趣和吸引人，更容易改变受众的想法和行为。商业的力量和社会的力量结合在一起，企业和品牌开始积极实现社会价值，为了推动社会的发展而努力，我们可以预见一个创意精彩世界的未来。

二、社会化创意的实践简报

我们所说的社会化创意，其实一直在讲创意的问题导向、创意的社会价值导向，即用创意的概念及其呈现形式来号召和推动、鼓励更多人努力，一起去解决我们这个社会时代的共同性问题。

回望历史长河，我们的祖国经历了翻天覆地的变化。特别是粮食，这个曾经让无数人关心的话题，在不同的历史时期扮演着不同的角色。作为一名艺术家，笔者深感需要用艺术的方式来反映这一社会变迁，并触发公众对于粮食价值的重新思考。

根据联合国粮农组织（Food and Agriculture Organization，FAO）的数字，全世界每年估计有 1/3 用于人类消费的粮食被损失或浪费，中国和美国是全球粮食浪费最多的两个国家，而在贫困国家每年还有 8 亿多人正在挨饿。中科院和世界自然基金会（World Wide Fund for Nature，WWF）曾联合发布《中国城市餐饮食物浪费报告》，调研发现，中国餐饮业人均食物浪费量为每人每餐 93 克，浪费率为 11.7%，此外，大型聚会浪费则达 38%，而学生盒饭有 1/3 被扔掉。一碗碗白米饭、一盘盘炒虾仁、红烧肉、小笼包……几乎没动过，就全部进了垃圾桶（见图 2-1）。

2020 年 8 月，习近平对制止餐饮浪费行为作出重要指示："餐饮浪费现象，触目惊心、令人痛心！'谁知盘中餐，粒粒皆辛苦。'尽管我国粮食生产连年丰收，对粮食安全还是始终要有危机意识。"

图 2-1　粮食浪费

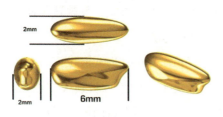

图 2-2　黄金大米

笔者的作品"扔黄金大米的人"（见图 2-2）正是基于这样的思考。笔者用 500 克黄金制作了 1 000 粒纯金大米，并在 2021 年 10 月 16 日，也就是世界粮食日，将这些黄金大米撒播在上海的各个角落。这看似对财富的挥霍，实则是对当代社会粮食浪费问题的一次深刻映射和批判。

在早晨的第一缕阳光洒落时，笔者开始了行为艺术。笔者手持这些黄金大米，它们在阳光下闪烁着独特的光芒，仿佛在诉说着什么。笔者首先来到了黄浦江边，那里的水面波光粼粼，一粒粒金色的大米从笔者的手中滑落，轻轻落入江水中，泛起一圈圈微小的涟漪。这个动作，虽然简单，但在笔者心中却有着深远的意义（见图 2-3）。

接着，笔者穿行于城市的大街小巷，来到了人流熙攘的地铁站，又转向了市中心的繁忙十字路口。在每一个地点，笔者都重复着同样

图 2-3 扔黄金大米的人

的动作：从袋中取出一粒金色的大米，静静地、郑重地将其置于地面，或是轻轻地扔进垃圾桶和下水道。行人匆匆经过，有的人好奇地驻足观看，有的人则漠然地继续他们的路程。每一粒金米的落下，都象征着对当前粮食浪费现象的一次静默抗议（见图2-4）。

笔者的行为吸引了路人的注意，有的人开始拿出手机拍照，有的人则困惑地询问笔者这么做的意义。笔者并不直接回答，只是静静地继续笔者的行动。因为在笔者的心中，这每一粒黄金大米的落下，都

图 2-4　扔黄金大米的过程

是在向人们传达一个信息："我们不浪费粮食，我们只浪费黄金。"这句话，不仅是对物质主义的一种讽刺，更是对现代社会中对粮食珍贵性认识缺失的一种批判。

随着夜幕的降临，笔者的行为艺术也渐渐接近尾声。虽然身体略感疲惫，但心中却充满了成就感。笔者知道，这一天的行动或许只是一滴水投入大海，但笔者相信，即使是最微小的波动，也有可能激起人们心中的涟漪。笔者的艺术，不仅是为了表达，更是为了唤醒人们的意识，促使社会反思和变革。

在笔者看来，艺术不仅是表达个人情感的工具，更是一种社会语言，它能够唤起人们对历史与现实的反思。笔者选择用黄金来制作大米，并将其置于公共场合，正是为了创造一种强烈的视觉与思想冲击。笔者希望通过这一行为，引发人们对于粮食珍贵性的重新认识，特别是在这个物质极大丰富的时代。

这个行为艺术项目在社会上引起了广泛的讨论和争议（见图 2-5）。有人看到了它对物质主义的挑战，有人则理解为对粮食浪费的强烈批判。正是这种争议和多元解读，构成了这件作品的社会价值。笔者相信,真正的艺术应当能够激发公众的思考,引发社会对话。

图 2-5 "黄金大米"在国际展出

通过这件作品,笔者希望能够激发更多人关注粮食浪费的问题,并思考我们对待食物的态度。如果笔者的作品能够促使人们珍惜每一粒粮食,那么这件作品所引发的任何争议都是值得的。毕竟,艺术的力量在于触动人心,引发变革。而笔者,作为一名艺术家,也将继续用笔者的作品,去探索和反映这个时代的社会议题。

(一)揭开社会化创意的神秘面纱

作为社会的一环,所有的品牌或企业在社会中都扮演着各自的角色,有些品牌跟金融有关系,有些品牌跟环保有关系,有些品牌解决人口的问题,它们都是在为这个社会作贡献。企业如果不解决社会问题,那就没有企业价值,甚至个人、政府也需要参与其中。在不同的历史时期,一个国家和民族都会根据所面临的主要问题而确立所要实现的理想目标,并对个人提出相应的使命要求。这是每个人、每个组织、每个品牌的生命价值所在。每个人、每个品牌、每个组织都需要回应这些问题。①

由此，我们可以得到社会化创意的核心理念：小问题成就小人物，大问题成就大人物。小问题成就小品牌，大问题成就大品牌。我们希望将它称为社会化创意，就是设想让创意作品渗透社会的每一个角落，以创意手法解决社会问题，促进社会进步。

(二) 社会化创意的案例特征

1. 单纯性

社会化创意是经济效益和社会效益的一个结合，其中最重要的最基本的特征就是单纯性。创意的起点应该是积极的、纯粹的，立足于公共利益的，才能真正唤醒每个人内心的善良。很多人打着公益的幌子牟取私利或是道德绑架，这要比简单的行骗敛财更过分，也低估了消费者的辨别能力。

真正的社会化创意应该是利用企业的优势和资源，去解决社会问题或者关注消费者洞察，将社会责任的理念融入整个企业的运营和管理，帮助企业实现可持续化发展，为社会发展作贡献。

2. 关联性

跨界一直是热门的创意方式，通过跨资源、跨领域和跨纬度的整合，达到破圈和扩大声量的效果。但很多联名往往流于形式，只想着怎么跨最大维度的界，做最意想不到的合作，博得眼球，但是合作的两方毫无关联，甚至会出现一方的影响力盖过另一方的情况。

社会化创意是寻找事物之间内在的联系并加以组合，比如"为鄂A加油"，看似只是加油的一个谐音梗的运用，但实际上是开车出行和走出偏见的关联，是加油鼓励和破除偏见的关联，把无形的鼓励化作实际的行动和物质奖励，运用这种人们忽视的关联性也是洞察的一种表达，容易让大家产生"啊，确实是这样"的感叹。

---

① 杨烨炘：《中国广告人的历史使命》，《中国广告》2021年第9期。

3. 戏剧性

好的创意常常能从传统戏剧中找到原型，经常有意识地制造冲突，达成戏剧化效果。具体地说是指，在内容本身几个因素之间，或者内容和外部环境（包括创意的载体和人们的日常生活常识）之间制造冲突，将由冲突引起的紧张感传递给受众，使受众感到一种压迫感，从而控制住受众的注意力。①

4. 原创性

原创性是与众不同的首创，是创意人在创造运作过程中赋予传播内容以独特的吸引力和生命力。创意人将原本存在的要素重新排列组合，用一种新颖而与众不同的方式来传达，发现人们习以为常的事物中的新含义。由于现代社会同质化程度不断加剧，信息社会中人们每天接收的信息过多，普通的表现形式难以吸引目标受众的注意力，原创性是创意要遵循的重要原则。社会化创意的原创性既表现在表现手法上，也表现在信息内容上，社会化创意专注于表达未曾表达过的社会问题和消费者洞察，积极寻求各方面的资源进行跨界整合，展现出全新的创意时代面貌。②

5. 共鸣性

创意人首先要是一个有常识和通识的人，要懂得大众在想什么，要对别人都不感兴趣的东西感兴趣，更要比别人更深入地观察这个世界和这个世界上的人，不食人间烟火，不懂凡夫俗子的七情六欲的人，也就无法引起共鸣，而共鸣或者共情的本质，是洞察。说创意人是更有想法的人，不如说广告人是更懂人的人。

社会化创意寻找的是社会问题、消费者洞察和品牌使命之间的交点，共鸣不仅仅是情感或情绪上的感同身受，还有可能是事实、观点、理念上的认同，通过对未被满足的需求、未被说出的心声、未被

---

① 刘艳：《浅谈戏剧性广告的表现手法》，《当代经济》2007年第7期。
② 邓东：《论我国公益广告的架构及评价体系研究》，《湖北经济学院学报》（人文社会科学版）2011年第10期。

关注的感受、未被实现的梦想的发现和呈现，引起消费者的共鸣。

6. 时效性

哈佛大学经济学系对人们的消费调查显示，人们越来越愿意花高价换取能够提供时间的产品与服务，例如外卖、网购等，物质主义的价值观正在变化，时效性呈现越来越重要的地位。

而社会化创意的时效性体现在对某个社会问题的积极响应上，不管是长久专注于一个社会问题还是积极应对某个热点事件，对于社会和群众的及时了解和采取相应动作都是一个企业或品牌承担社会责任的表现。

7. 网络性

社会化创意的传播自然离不开互联网的加持，很多人会觉得互联网的法则是简单粗暴的，只要创造出足够恶搞好玩或者挑战底线的东西，就可以引发社会化传播。但这些都是从内容的角度来考虑，忽略了互联网本身的传播特性。以在互联网风靡一时的冰桶挑战为例，看人浇水出丑本身就带有趣味，特别是加上公益的标签，就成为一种"正确"的行动，观众看热闹，参与者收获赞美，所有人的动机都十分契合，遂促成了风靡全球的互动传播事件。

8. 通俗性

社会化创意是具有社会效益目的的传播，传播的范围自然是越广越好，这时候就需要通俗性。通俗可以极大方便消费者理解传达的内容，节约沟通的成本。创意中的编码，应是大众容易解开的码，如果内容难以解码，创意就失去了沟通的作用。

创意所成立的经验与受众所具有的经验知识的重叠越多，认知的通俗性就越高。社会化创意从社会中来又传播给社会大众，考虑的是大部分人的利益和福祉，在表达上也要考虑不同文化教育、社会经验和文化差异的要求，方法就是创意人员把复杂的问题通俗化。

9. 新闻性

新闻是对新近已经发生和正在发生，或者早已发生却是新近发现的事实的及时报道。从这个定义就可以得知新闻的两个要素——真实性和及时性。

从某种角度来看,新闻和社会化创意具有相似之处,都是需要提供特定人群需要的信息或为某一人群发声。而社会化创意的基础也是真实客观,所有的创意都要基于现实基础和理性观察发现的洞察出发。社会化创意更需要及时对社会现存的问题和风潮进行反应,与受众相关的发现进行互动。因此,一个成功的社会化创意不就像一个头条新闻吗?!

10. 争议性

社会化创意往往立足于现实的社会问题,聚焦于矛盾和冲突,为了追求更多层次的关注,执行的方式往往夸张且具有戏剧性。大胆和出格就只有一线之隔,很多社会化创意的作品都会引来巨大的争议。

有争议并不见得是坏事,有争议说明传播范围足够大,引发了正反双方的注意,把问题聚焦在舞台中间使大家不得不面对和解决它。在争议之中,各方的意见观点交流碰撞,真理愈辩愈明。

11. 互动性

过去,企业或品牌的传播往往围绕着品牌定位、视觉识别系统(Visual Identity,VI)、大众媒体广告投放和公关活动等形式展开,有限的传播渠道和单向的传播路径使媒介具有很大的力量。但这种单向的传播方式正因为社交化媒体的发展而开始变化,传播渠道、媒体特性的变化赋予了企业和受众更多的传播权利和互动需求,其中创意逐渐受到重视。社会化创意从品牌使命、公共话题和受众洞察出发,与公众的互动自然也是重中之重。

12. 观念性

社会化创意通过提倡或灌输某种观念和意见,试图引导或转变公众的看法,影响公众的态度和行为。可以宣传组织的宗旨、信念、文化或某项政策,也可以传播社会潮流的某个倾向或热点。传播内容不仅不直接宣传商品,甚至不直接宣传企业本身,有时仅用来对某个问题表明看法。常用暗示的方法去触发公众的联想,在潜移默化中影响公众的观念和态度。①

比如"加油白衬衫"是对应届生的支持和鼓励,"今天不说话"是对自闭症儿童的关注。社会化创意往往通过一个新的观点,对旧有的观念提出挑战,积极参与社会公共话题的讨论,间接体现企业和品牌的担当和责任感。

13. 科学性

著名的广告大师约翰·沃纳梅克(John Wanamaker)有这样一句名言:"我知道我的广告费有一半被浪费掉了,但我不知道是哪一半。"这句话似乎在说,广告的作用是一门玄学,广告总监之所以能作为总监,就是因为他们有更高明的判断力,能从无数个创意中选择那个总有可能有效果的一个。

以往这种判断力是基于个人积累的经验和总结,但是随着广告的发展,已经有公司可以对一条视频做出"秒级"甚至"帧级"的分析和预测——哪些画面会引起受众的注意,哪些画面可能会不太适合。从可度量到可预测,再反过来用于指导实践,更智能、不断精进的营销科学,都预示着一个充满无限可能的未来。

14. 艺术性

DDB(Doyle Dane Bernbach,恒美广告公司)的创始人比尔·伯恩巴克(Bill Bernbach)说过一句经典的话:"Let us prove to the world that good taste, good art, and good writing can be good selling."(我们要向世人证明——好的品位、好的艺术、好的文字,可以变成好的推销)这句话简单明了地阐述了创意的意义。好的创意是有艺术性的,但不能只是艺术。社会化创意需要影响别人的认知和感受从而引发行为的改变,而创意人的工作就是通过创意能力和文字才华,为这些信息赋予新鲜有趣的观赏性和艺术性,吸引受众的关注和了解,然后才会有后续的影响和改变。

---

① 参见陈毅:《后现代主义视域下观念性影视广告研究》,浙江工商大学硕士学位论文,2014年。

15. 时代性

每个时代有每个时代的问题，问题的解决方式也必然跟当下的物质基础和社会条件有关。在问题的不断产生和解决中，时代也在不断地发展。

社会化创意的时代性，主要反映在立足的组织制度和物质外层上。在经济全球化和科技迅猛发展的今天，创意发现的理念高度开放，社会结构和价值观、审美观念等多元化，社会和人的要求不断增加，工业文明的异化带来能源、环境和生态的危机，面对这一切，创意人如何适应和利用它，让社会化创意成为这个时代的产物，解决时代的问题，是一个重要的任务。[1]

16. 世界性

社会化创意聚焦于某个具体的问题，社会问题可能会因为物质条件或文化教育差异有所不同，但是背后一个企业或品牌所抱有的社会责任、善良和勇敢，是不分国界和地域的。伟大的品牌解决伟大的问题，普通的品牌解决普通的问题，大家都是在为共同生活的世界而努力。联合国提出17个可持续发展的目标，这是世界共同面对的难题，也是每一个人要面对和解决的目标。

(三) 社会化创意实现的16步法

所谓社会化创意，无论特点再多再复杂，其核心的本质依然是通过新观念的输出，引发人们的思考，改变人们的行为。而这种改变的关键，从来都不在于外部客观世界，而是人类的主观思维与心灵。不论是商业性还是公益性的社会创意，都是一个人文主义的行为，旨在通过改变人们的思考和感受方式，进而改变人们的生活方式以及消费文化和行为举止，通过广大的"人"在不同阶层的改变来完成对整个社会的重塑，最终改变整个世界。这也意味着，社会化创意需要拥有三项基石——社会问题、品牌使命和消费者洞察（见图2-6）。

---

[1] 曹刚：《"低碳概念"在现代包装设计教学中的运用》，《武汉纺织大学学报》2011年第2期。

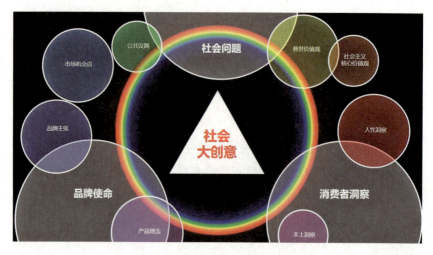

图 2-6　社会化创意的三项基石

其中，首先要明确品牌诉求，从而选择适合的社会问题。这里的社会问题是能够引发社会关心的公共议题，但也需要符合社会主义核心价值观，这也会让一些曾经合理的社会现象随着时代发展而不再适应社会主流价值观而逐渐演变成为社会问题。而在找到这一社会问题的同时，需要进一步考量社会问题与品牌使命的匹配度，在品牌使命中，将产品理念、品牌主张与公众议题结合起来，说不定就能获得属于品牌的特殊市场机会点。当然，社会化创意还需要对消费者进行人性洞察和本土洞察，同时要与社会问题、品牌使命相结合，三者同时发力，才能让创意更精准，更直指人心，产生更好的效果。

社会问题与品牌使命结合在一起，在消费者洞察中不断碰撞、互动和激化中产生了社会化创意，从普通的商业品牌升级为有使命感的、有领袖气质的、对社会有深远影响的伟大品牌，从而更深远地改善社会环境，解决社会问题。社会化创意的思路如下。

1. 找到品牌诉求

品牌诉求是关于品牌精神和内涵的一种责任语言。在品牌营销体系中，诉求占有重要地位。一个好的诉求往往让消费者对一个品牌产生深刻印象，促进其购买，形成良好传播，积淀无形的品牌价值。品牌诉求分为六个阶段，包括说明性品牌诉求阶段、工业性品牌诉求阶段、技术性品牌诉求阶段、价值性品牌诉求阶段、精神性品牌诉求阶段和"品牌定位设计-BPD"诉求阶段。[①] 企业品牌的诉求从单纯地宣传产品信息到展示企业实力再到精神文化，在发展的不同阶段，品牌的诉求语言也会产生变化，以此向目标受众表达不同时期的品牌相关信息以及为消费者提供的价值与利益。

2. 找到社会问题点

时代的发展和进步可以简单地描述为社会问题不断发现和解决的过程，在漫长的历史长河中涌现出了无数的英雄和群众。就像中国古话说的"达则兼济天下，穷则独善其身"，伟大的人解决时代的问题，平凡的人解决个人的问题。而对于企业来说，经济效益不再是唯一的追求目标，承担企业社会责任慢慢成为大家的共识，这个时候就需要去找到企业能够提供帮助和解决方法的社会问题。企业作为社会关系中的一环，对于社会的发展有着重要的影响力。近现代以来，企业的每一次进步都受到社会生产力突破的推动，主动解决社会问题也是承担社会责任的体现。

3. 发现消费者洞察

对于消费者内心被忽视或者没有说出口的需求的发现，才会引起受众的共鸣，得到他们的认同。容易引起受众共鸣的痛点或洞察通常有这几种：未被满足的需求、未被说出的心声、未被关注的感受、未被实现的梦想。比如，身材较胖的人也会爱美，年事已高的人也会有未完成的梦想，年幼的孩童也会有生活的困惑等。如果能帮助受众做到这几点，那就会是一个能打动人的社会化创意。

4. 找到三者之间的共鸣点

品牌的诉求、社会问题和消费者洞察，这三个方面的交叉点就是我们 idea 的出发点，也就是品牌或产品自身可以提供的、与竞争对

---

① 张书成：《管理文化经济视角下的形象策略与品牌价值研究》，《今传媒》2010 年第 10 期。

手相比独特的、对消费者而言有价值的东西。我们可以通过满足消费者现有的需求和发现未被满足的需求来提供这种体验。这三者的碰撞、交叉和融合，就能产生神奇的化学反应，也就是创意的迸发。换个说法，创意不是天马行空或者无中生有，而是立足于现实和实践，有来由有道理地解决问题的一种尝试。

5. 想无数的创意，然后继续想

可能在很多人的想象中，创意人工作的过程就是突然福至心灵，脑袋上出现一个点亮的灯泡，绝妙的创意想到就大功告成了，但实际上并非如此。大部分时候，创意是一个"磨石杵"的过程，因为没有绝对正确的答案，头脑风暴也就没有停歇的时候。每个出街的作品背后被毙掉的 idea 是以十为计数单位的。所谓创意就是不断推动自己、探索可能、精益求精的过程。而且在无数的 idea 中，还需要有精准的判断力和执行力去选择一个付诸实践，想创意只是后续行动的一个起点。

6. 一句话概括新观点，挑战旧观点

马克思唯物辩证法的实质和核心在于"矛盾的对立统一"，而在社会化创意中，解决一个社会问题往往意味着对已有现状和矛盾的推翻和突破，也就是一种扬弃。继承和发扬旧事物内部积极、合理的因素，抛弃和否定旧事物内部消极的、丧失必然性的因素，是发扬和抛弃的统一。[①] 比如滴露的"洗衣多一步"，虽然滴露想要批判旧有的洗衣方式，说明除菌的重要性，但并没有完全抛弃大家原有的洗衣方式，而是在旧方式的基础上提出增加一个放除菌液的步骤，方便消费者接受和理解新的观点。

7. 一鸣惊人又要通俗易懂的文案写作

随着移动网络速度的提升，视频逐渐取代文字成为互联网最主要的信息载体，文案的重要性在降低，一提起做创意，大家往往会说

---

① 李文：《做教育"三牛"扬教育精神》，《中学政治教学参考》2021 年第 17 期。

"我想做一个神广告"或者说"我想要一个病毒视频"。但是文字可能是所有信息载体中,信息密度最大又最节省空间的方式,例如,演讲式广告"后浪"的爆红,也让大家重新思考文字的力量。最有力的文字的"亮剑"方式,就是提出一个口号。比如,共产党提出的"打土豪,分田地",既是对旧有压迫农民的土豪乡绅的反抗口号,也简单易懂地讲明了参与的好处。

8. 视觉冲击力、震撼性和艺术性

美学是研究人与世界审美关系的一门学科,即美学研究的对象是审美活动。何为美,千百年来有无数的哲学家或艺术家阐述过自己对于美的定义和理解。而在日新月异、信息爆炸的今天,能被人注意的创意,在视觉上往往有两种方式。一种是最意想不到的形式,从脑神经科学来看,惊喜能促进大脑分泌胆碱,让人感到美好。另一种就是洗涤心灵的纯美,在人类不断进化的过程中,自我意识和对外界的感知存在一种微妙的平衡。在物质极度充沛的现代,最纯粹基本的美反而能激起人们心中最原始的悸动。视觉的震撼和艺术性,是最直接也是最先与受众产生连接的。

9. 执行上要精益求精,不要脱离原创点

在执行之前,所有的策略和创意都是"纸上谈兵",执行就是用来表现创意的手法、素材和调性。常有人说的"旧元素,新组合",也是在这个层面上的讨论。但是这不意味着创意人只是文字工作者或者视觉设计者,创意人不仅要把一个物料做得更好看,也要明白为什么需要更好看,以及怎么样的好看是适合这个物料的。字大一点,颜色鲜艳一点,语句幽默一点,这些都是在执行过程中需要不断打磨和修改的,但是更重要的是忠于创意的原点——所有的一切都是为了创意的更好传达。

10. 和头条新闻对比一下,哪一部分还需精进?

随着媒介和互联网技术的发展,媒介的争夺已经饱和,爆炸式的信息充斥着受众的五官,媒介开始转变为对受众注意力的争夺。现在是融媒体的时代，同样的东西不会在各个媒体传一遍，而是同步进行的，这就需要有新闻性。每天都有那么多新闻产生，什么样的新闻才能成为头条？首先是时效性，人们只会记住第一个登上月球的人，社会化创意也是如此。其次是关联度，你可能关心米的价格胜过远方的非洲孩子还在饿肚子的现实，创意也需要思考自己的受众关心的问题，有洞察才能引起共鸣和互动。最后是新奇，不同寻常的事更容易引起大家的注意，创意也需要与时俱进和精益求精。

11. 把创意做成大家都想参与的行动

在网络时代，消费者已经摆脱单向接受的受众身份，更是一个参与者。其中就需要思考一个问题："他们为什么会参与？"消费者的行为是有动机的，需要了解并利用消费者在信息接收和传播过程中的认知与行为。需要对不同的受众群体，运用不同的洞察。消费者洞察是一些与消费决策和行为有关的认知，而有洞察的创意能触动消费者，实现更有效的转化。对社会群体、参与者的洞察是与受众的行为和传播媒介有关的一些认知和共性，能带来更积极的互动。将这些洞察与品牌和产品可以提供的核心体验碰撞在一起，就是能够促进大家参与的动机。

12. 要有追随者，并形成运动

激励是一个来自管理学的术语，指激发员工的工作动机，也就是说用各种有效的方法去调动员工的积极性和创造性，使员工努力完成组织的任务，实现组织的目标。① 而在社会化创意中，需要运用各种方式调动消费者或受众的积极性，让大家积极参与行动，从而让创意成为一次"运动"。让大家参与的一个要点就是参与门槛要低，吸引更多的人进来，另一个就是物质奖励和精神奖励。"好评50字截图返现5元"就是一个例子。简单的物质奖励鼓励大家都参与进来，这时候就会创造一种积极活跃的氛围，让大家有归属感和参与感，最终成为一种运动，大家为了共同的目的和事业努力，成为一种社会风潮。

---

① 常传胜、邹德彦：《基层人行激励机制建设存在的问题与建议》，《吉林金融研究》2009年第5期。

13. 整合线上线下传播资源，并快速引爆

当你有了一个绝妙的创意，如何让更多的受众更好地听到，是一个很关键的问题。在传统媒介的时代，这个问题可能就等同于"选对媒体"，因为受众接受信息的渠道有限，能上中央电视台可能就意味着全国性的成功。但是在新媒体甚至融媒体时代，传播的渠道变多了，受众的注意力却是有限的。面对这样的媒介环境，就需要有"跨越一切，沟通品牌"的理念。所谓的沟通就在于无论是资源上的沟通，还是与传播受众的沟通以及技术上的沟通，都包含各个领域的跨界。整合一切资源，在短时间内引爆形成巨大的声量和影响力。

14. 制造正方和反方，制造争议

冲突的观点、例子和价值观，都是引起争议的柴火和燃料。社会化创意往往立足于现实的社会问题，聚焦矛盾和冲突。制造正方和反方是最直接的突出矛盾和冲突的方式，人们可以很轻易地了解矛盾的双方并找到自己支持的一方。在争议的过程中，观点和知识不断交流碰撞，在各种意见的辩证阐述中，真理会更加明显。《奇葩说》就是一档通过制造正反方从而引起网友激烈讨论的辩论节目，这个节目设置了基本的辩论赛的流程，但由于议题本身的争议性加上正反方观点激烈的交锋，让观众有非常强的参与感和反驳的欲望。

15. 持续发酵，维持热度

社会化创意需要一个引爆点。然而，在发布之后我们还需要设计一条合理有效的传播路径——这个活动怎么保持热度？要在网络中如何传播？传播节奏和方式是什么？特别是在当下的媒介环境中，信息传播的路径从线变成了网，传播的方向从单一的、确定的，变成了多变的、多元的。不管是坚持一个主题，分批次投放物料，还是按阶段设置不同的主题活动，都要有一个传播计划，就像游戏设置关卡和奖励一样，用以维持用户的兴趣和参与感。

16. 要有胆量

"坏孩子"可能更适合做创意。这当然不是说创意是"坏孩子"

才能做成的事，而是说，循规蹈矩的、没有强韧的抗击打能力的人做不了好创意。创意吸引人就需要一点惊喜和与众不同，这就需要创意人足够大胆，突破日常生活中的一些条条框框，做出不可思议的组合和尝试。但往往出圈与出格仅一步之遥，这时候就需要创意总监的判断力和胆量，辨别创意 idea 中最有可能获得成功的那一个，并判断是否符合社会公共的利益和商业目标。最终可能创意人还需要一点"大心脏"，来面对创意作品带来的争议和流言蜚语。创意人既要有改变世界的胆量，也要有接受现实的勇气，最重要的是要有判断的智慧。

（四）社会化创意的十大要旨

社会化创意自然要对得起这个"大"字：创意的格局要大，体量要大，影响更要大。要想提高创意在社会上的影响力，提升创意效果，就需要在创意过程中注意这十大要旨。

1. 创造新闻和事件的社会创意

第一个社会创意要旨是"创造新闻和事件的社会创意"。在信息泛滥的时代，每日有不同的奇闻逸事，与我们竞争的不只是其他品牌主，还有各大网络平台上的各类信息。

媒体每天都在寻找符合传播需求的新闻，而具备话题度和争议性、可以快速捕获注意力的社会创意很容易成为内容供应商。

换句话说，如果一个创意没有传播力和新闻性的话，这个创意就没有被人看到，就变成少数几个人的创意，失去了传播价值，也失去了对社会的推进作用。因此，社会化创意需要用创作"头条新闻"的心态去创作艺术品或者进行创意，创作广告也是同理。

例如，澳大利亚旅游局推出的"世界上最好的工作"整合传播活动。在很多旅游地只会用大面积的硬广告来宣传当地特色景点时，澳洲旅游业已经有前瞻性地将硬广告创意转为新闻性的事件打造，上线了"世界上最好的工作"招聘视频（见图 2-7），声称"应聘成功后，不仅可以享受洁白的沙滩、碧蓝的海浪和热情的阳光，还有 30 万澳币的高年薪。看护员将于 2009 年下半年在汉密尔顿岛工作，探索大堡礁，观察鲸鱼，给海龟喂食，并每周把见闻以图片和视频的形式在网上发布，向外界分享自己的探险。时而需要担任邮差，乘坐海上飞机俯瞰美景，并享受帆船旅行和潜水等特色活动"。

图 2-7　"世界上最好的工作"

该活动把普通的旅游宣传包装为夺人眼球的招聘事件，并把它当作新闻报道出来。它主要通过国外热门视频网站进行宣传，还登上了脸书的官方页面及电子报刊。这次活动吸引了来自 196 个国家的超 30 万的参赛者。而澳大利亚旅游局的野心可不止于此，他们要求参赛者递交 30 秒的视频，真正做到了利用社交媒体高度发展的时代下用户之间的互相分享，而不是像传统旅游局利用官方发布的几张死板的宣传照片来宣传。

最终有 6 位参赛者脱颖而出获得这份岗位。他们作为玩乐达人、陆地探险家、护林员、野生动物观察家、摄影达人和美食品尝家分别在澳大利亚的六个主要地区工作，并且将他们在澳洲的精彩生活通过澳大利亚官方旅游网站以及他们个人的社交媒体来分享，持续在互联网上为澳大利亚旅游局生产优质的宣传内容。

最终，该活动收获超过 8 000 万美元的媒介曝光价值，吸引超过 3.5 万名申请人，成功将澳大利亚昆士兰州带上世界地图，并在当年的戛纳广告节上横扫对手、拿下 2 尊全场大奖和 4 尊金狮。①

2. 触动人心和情感需求的社会创意

在不同的时代，人们所处的社会背景、历史氛围、人类问题也都不尽相同，品牌因解决时代问题和人类需求而生，触发人们的内心从而输出强势的品牌价值观。社会化创意应该准确洞察这一时代人群内心的欲望，找到品牌与这个社会以及目标消费者之间的内在沟通点。

例如，天与空的社会化创意案例——"白发家书"（见图 2-8）。这个作品的诞生背景是，现在随着中国年轻一代传统观念的逐渐淡漠，本该团聚的节日越来越难以真的实现全家团聚了，年轻人回家探望老人的行为越来越少，社会上出现了不少"空巢老人"问题。于是在 2016 年，天与空与希望倡导家庭和谐美满的家具品牌"生活家"合作推出了三张海报，引起了社会轰动，进而改变了不少年轻人的行为。这三张海报并不是用传统方式创作的，而是由三位老人将自己平日收集的自己的白头发作为丝线，一针一针将自己的心里话绣到海报上形成的。比如一位 76 岁的陈庆兰老人想对自己孩子说一句心里话："别带啥礼物，你就是最好的礼物。"

三位老人花费了 40 天时间，用一根根白发绣出了这三张前所未见的海报。三位老人和她们绣出的三张海报最终出现在苏州的山塘街，引发了无数人围观（见图 2-9、2-10）。第二天，人民政协网、财新网、凤凰新闻、网易新闻、腾讯新闻等全国十几家网络媒体和报刊都用头版头条报道了这个事件。微博上也有中国日报、新京报、新快报等媒体账号进行自发报道，甚至还有中国香港、新加坡、马来西亚以及加拿大的中文媒体跟进（见图 2-11）。《北京晨报》《扬子晚报》《西安晚报》等媒体还针对这个话题发表了社评，探讨"白发家书"引发的社会伦理道德大讨论，以及年轻人应不应该回家过年、各种过年方式的利弊等社会话题（见图 2-12、2-13、2-14）。

---

① 林莹：《全球经典公关案例》，《中国广告》2014 年第 5 期。

图 2-8 "白发家书"

图 2-9 老人与"白发家书"

图 2-10 人们围观"白发家书"

图 2-11 国际媒体报道"白发家书"

图 2-12 财新报道"白发家书"

图 2-13 中国香港报道"白发家书"

图 2-14　国内媒体报道"白发家书"

一般情况下，品牌要印刷成千上万的海报投向市场才会有一点反应，"白发家书"只创作了三张，却引发了新闻和事件。从数据结果上看成绩非常骄人，成为 2017 年第一个刷屏级营销事件、共登陆 30 多家新闻媒体头条、20 多家媒体发表社论文章、累计获得 400 多家海内外媒体深度报道、讨论数量多达 300 万、深度覆盖人群超 2 亿、被多家行业媒体评选为十大催泪营销案例之一。应该说，作为社会创意事件，它也创造了比较大的自发性传播，对孝敬长辈、尊老爱老的中华传统美德的传承教育，让更多年轻人顾念父母、回家过年等起到了正面传播与宣传影响的作用。

3. 影响人、声援人、支持更多人参与的社会创意

互联网时代释放了每一个人内心天生的创造力。这是一个人人自创内容的 UGC 时代，只要创造出够好的内容，不论你的年龄、性别、职业、地域为何，人人有机会成为"网红"，成为创意人，成为能够影响他人的传播者。因此，社会化创意要做的，就是要激发社会

所有人的创造性和参与热情，让人人都变成传播的一分子、创意的一分子，让创意和广告传播获得最大的扩张影响力，这也是对社会议题产生最大程度的助力。

针对这一特征，最合适的案例应该是近20年经久不衰、已然成为环保符号之一的"地球一小时"公益活动。"地球一小时"是由世界自然基金会发起的一项环保公益活动，通过倡导企业、组织、个人在每年3月的最后一个星期六20:30到21:30关闭不必要的灯来达到节约能源、减少碳排放的目的，从而实现对地球的保护和可持续发展。① 过量二氧化碳排放会导致各种不良的气候问题，进而威胁地球的生态环境，只有号召全球民众共同改变生活习惯，才能有效减轻二氧化碳过量对地球的负面影响。

随着全球环境治理相关议题的变化和发展，地球一小时在中国的主题从最初的关注气候变化，逐渐延伸到公众日常绿色、环保的生活方式。② "地球一小时"本身就是一个宏大的创意，围绕这个意义宏大的一小时，也诞生了很多精彩的创意方案，例如2009年的"地球一小时"活动，是以全球接力的熄灯秀形式开展，从最早进入3月28日20:30的斐济和惠灵顿开始，全球24个时区依次熄灯一个小时（见图2-15、2-16）。在地球之外将能够看见一个壮观的景象。

优秀的活动策划往往能吸引更多人乐于参与进来。新华网评价"地球一小时"活动：熄灯一小时，对于节约能源、减少发电造成的温室气体和其他污染性气体排放或许只是杯水车薪。但是，当由此激发的环保意识深入人心化为思想，当思想化为行动，当行动变成习惯，那对于全球环保事业的贡献，将绝不限于数字。此外，社会化创意要做的，就是要激发人们的创造性和参与热情，让人人都变成广告

---

① 古吉强：《"地球一小时"在中国的传播模式研究》，《新闻知识》2017年第9期。
② 段雯娟：《关灯一个小时 点亮一种文化 2019"地球一小时"活动中国参与规模创新高》，《地球》2019年第4期。

图 2-15　熄灯前后的悉尼

的一分子、创意的一分子,让创意和广告获得最大的影响力,对社会议题产生最大程度的助力。例如,曾在中国火遍一时的冰桶挑战。

ALS(ALS Ice Bucket Challenge),简称冰桶挑战赛或冰桶挑战[①],是在 2014 年由美国波士顿学院(Boston College)前棒球选手发起的,并迅速风靡全球,各界大佬纷纷湿身挑战。这一挑战要求参与者

---

① 付金玲:《利用微信平台有效延伸语文课堂教学的探索与实践》,《中国多媒体与网络教学学报》(电子版)2016 年第 5 期。

图 2-16　熄灯前后的上海陆家嘴

在网络上发布自己被冰水浇遍全身的视频内容,然后该参与者便可以要求其他人来参与这一活动。活动规定,被邀请者要么在 24 小时内接受挑战,要么就选择为对抗"肌肉萎缩性侧索硬化症"捐出 100 美元。该活动旨在让更多人知道被称为渐冻人的罕见疾病,同时也达到募款帮助治疗的目的。ALS 在全美科技界大佬、职业运动员中风靡,并已扩散至中国,科技界大佬纷纷响应。仅在美国就有 170 万人参与挑战，250万人捐款，捐款总金额达1.15亿美元，这可能是为某种疾病或紧急情况捐助最多的款项。无数个体的参与使得冰桶挑战成为一种全球性群体运动。这一游戏呈现病毒式传播，无数的捐赠者参与其中，并融合成为传播的有效载体。①

美国ALS协会及其分支组织获得的捐款也迅速在两周之内飙涨了1 000%。此外，作为一种罕见病的渐冻症在全球范围内被众人所知。冰桶挑战这一公益传播的成功，不仅体现了全民参与的特点，而且体现了让局部的公益信息在短时间内成为全球的焦点，传播者通过圈层点名的形式、基于获取关注流量的动力，在传播中产生价值认同和主动参与，进而使公益成为一种群体行为。其中，创意作为公益传播的魅力来源，不同参与者以独特的视角、个性化的语言将公益信息重新纳入传播之中，保持信息的新鲜感和创造力。创意的加入，使冰桶挑战式的公益成为一种时尚和流行，成为展现人们的创意、幽默、激情等的一种方式，成为一种酷文化。例如，比尔·盖茨（Bill Gates）"精心设计"的"高技术含量"的冰桶挑战，还有NBA球星奥尼尔（O'Neal）让人捧腹的茶杯冰桶挑战。创意使得ALS成为自我推进的潮流事件，具备不可阻挡的传播亮点。

4. 小刀砍大树的社会创意

所谓"小刀砍大树的社会创意"，就是用四两拨千斤的巧劲撬动大成果。如果一个品牌或者社会创意有足够多的资源，就可以动员足够多的人力物力进行传播，影响力就会很大，但如果没有充足预算或资源，那该如何实现社会化创意呢？

用"小刀砍大树"的方法，只要方法够巧妙，也会起到花大钱、请大明星都达不到的效果。例如，2015年天与空和腾讯公益行动"爱心衣橱"合作的作品——"卖火柴的中国小女孩"。"爱心衣橱"公益行动是由众多主流媒体、知名节目主持人、资深编导与记者，以

---

① 李育、卢思浩：《"弃"金融"从"创作 90后新生代作家的慈善新思考》，《留学》2019年第8期。

及来自各行各业的爱心企业家共同发起的慈善项目。该行动的核心使命是"用爱心呵护孩子冷暖",通过广泛而多样的渠道筹集资金,为那些生活在偏远、高寒地带的孩子们量身打造既防风防雨又保暖透气的全新衣物。此外,"温暖之衣"还积极呼吁社会各界有识之士关注贫困地区儿童的心灵滋养与教育问题,携手为他们的成长之路播撒希望的种子。他们注意到一些贫困地区的儿童没有足够的衣服鞋子过冬,手脚都长满了冻疮,而2015年的年底也迎来了"中国30年来最寒冷的一个冬天"。如何让社会上更多的人关注这些人的过冬问题,帮助他们度过最寒冷的冬天?如何在预算非常低的情况下实现这个目标就成为摆在眼前的难题。而这个创意利用了《卖火柴的小女孩》的童话故事,在这个"最冷的冬天",让一位真实的"卖火柴的小女孩"穿越到上海街头为中国贫困儿童发声(见图2-17)。

图2-17 "卖火柴的中国小女孩"

以往大家都觉得书本上的小女孩和我们没有什么关系,但当这样一位可怜的小女孩真的出现在公众面前时,人性的柔软还是会被真实地触动。在火柴盒正面印制了"一盒火柴温暖一个孩子"的插画与标语,反面印制了一个爱心衣橱募捐通道的二维码,火柴盒就是捐款的入口,扫码即可捐助。同时,小女孩举着火柴盒的图片被各大媒体渠道传播的时候,任何人都可以通过扫描新闻图片上的二维码,轻松实现捐助。最后,这个简单的形式形成了很大的传播力量,这一事件登上了20家媒体的头版头条,累计报道超过300篇,产生了数以万计的讨论(见图2-18),最终为中国贫困儿童募得善款522万元,帮助他们度过"最冷的冬天"(见图2-19)。也有许

卖火柴的小女孩冒着严寒为山区孩子募捐,一夜之间感动了整个中国,并登上近20家媒体的头条,产生免费媒体报道近300家,话题讨论超过10万条,影响人群达1.8亿。

图 2-18　各媒体对"卖火柴的中国小女孩"的报道

公益组织募得善款522万元。

图 2-19　募得善款 522 万元

多朋友在街头拿到这盒免费派发的火柴之后在社交网络平台进行传播和募捐,使活动起到了很好的自发传播效果(见图 2-20)。

5. 善用互联网思维的社会创意

社会创意的第五个要旨叫善用互联网思维。互联网时代,各行各业都被深刻改变着,作为一个创意人、设计师、艺术家,互联网与创意发生关联的方式更是一个值得大家去思考的议题。新技术让创意变得更有吸引力,大数据让创意变得更有科学性。这是个新旧媒体相互混合的时代,任何创意都要有跨界的传播能力,无法在互联网上发酵的创意一定是平庸的创意。

图 2-20　网友自发传播免费火柴盒

利用互联网思维的广告战役，例如，彩虹糖发起的"cht"是什么？这是一个看起来就非常搞怪的案例，主要投放于被称为"缩写梗大本营"的 B 站，官方广告片中男女主角所说的不是"人话"，而是一连串缩写词，同时发起全站的征集活动：以"cht"为缩写能够联想出什么内容。这一战役不仅面向广大网友进行征集，还邀请了不少 B 站的 UP 主（uploader，上传者）带动发起视频挑战，有奖征集神翻译（见图 2-21）。

图 2-21　彩虹糖"cht"活动

这一广告案例让彩虹糖官方视频在仅仅三天时间就获得了 4 万多次播放量，"缩写梗"解读视频收获了 2 000 多个弹幕的参与，而且各人解读居然不尽相同。在若干 B 站 UP 主的抛砖引玉下，UP 主的页面也产生了超过 2 000 万次的播放量，吸引了超过 11 万人和他们互动（见图 2-22）。

图 2-22　彩虹糖"cht"活动视频截图

广告主彩虹糖和服务商 DDB 以"缩写梗"为创意核心，其背后是对网络时代年轻人的流行语和网络用语问题的洞察和关注：在互联网时代，年轻人总是在用自己独特的方式说话。不论是多年前的"火星文"，还是后来流行的"颜文字"，直到今日截然不同的表情包、网络用语例如"yyds""AWSL"等，年轻人有他们自己的语言文化，品牌则可以学习他们的语言，甚至一起创造新的语言。

也因此，这样一个完全基于互联网思维方式、充满社交和互动性的广告创意，成为发酵出圈的典型，引发年轻消费者参与和互动的创意是背后的驱动力。

同样善用互联网思维的创意，还包括网易云音乐的"音乐人格主导色、吸引色测试"。在这个案例中，网易云音乐 App（手机软件）推出了一个通过让用户选择与不同音乐关联的场景，得出其性格主导色的小测试功能。该测试很快就刷爆朋友圈，引发全民分享，成就现象级爆款创意的影响力（见图 2-23）。

在这个案例中，性格色彩的切入点击中了网民的情绪和好奇心，在技术的支撑下音乐和色彩成为情感信息的媒介，从此产生了一个表达与共享的空间，让每个人的独特得以展现，引发现象级传播。

其中起到最大作用的，一是互联网技术支撑，二是互联网之下的分享欲。用户的主动转发扩大了内容的传播面，也造就了高度创造性的UGC内容，通过兴趣主题培育圈层文化，从而引发了赶时髦的从众效仿、转发传播。

该案例综合运用了使用满足理论、拟剧理论、仪式化传播、巴赫金狂欢理论、网络自恋、镜像理论与自恋行为等，以用户影响用户。看似简单的色彩测试，包含了对自我人设的展示、自我性格的分享、隔空赋权与身份想象，其中的分享机制也非常好玩，让人体会到了社交互惠的快乐。通过UGC用户创造所引发的情感共鸣和口碑效应引发广泛参与。

图 2-23　网易云"音乐人格主导色、吸引色测试"

6. 多元化跨界合作的社会创意

创意人需要跳出广告思维，在广告之外更大的领域发挥作用，如经济增长、文化建设、生活方式、公益环保、意识形态、社会转型等，扮演推动者的角色，为世界带来积极的影响。

跨界合作、多元联合也就成为扩展创意的手段之一。例如，饿了么和麦当劳联合，跨界联名了漫画大师丰子恺IP（Intellectual Property，知识产权），创作了#马上送春天#的创意战役（见图2-24）。

古色古香的经典国画IP与现代工业快餐麦当劳、互联网外卖平台

图 2-24　#马上送春天#

饿了么这些充满时代感的联名合作，这些平时看上去风马牛不相及的平台或 IP 联合在一起，产生了意想不到的效果。整个案例除了以动态趣味海报呈现原画之外，还从丰子恺的画中提取春日元素，将其串接成蓝骑士和麦乐送双骑士"马上送春天"场景的 H5 动画，并将大师画笔下的春天实体化，打造"丰子恺限量联名套装"周边。此外，该案例还以红蓝双骑士骑马送外卖事件为切入点，发起#点个餐竟是马送来的#话题，引发网友讨论；并在钉钉和微信上线"马上送春天联萌"Q 版表情包，为大家的聊天对话框注入有趣可爱的春日气息（见图 2-25）。

图 2-25　#马上送春天联萌：Q 版表情包

最后，线下部分由麦当劳在上海、杭州打造了两家特色主题门店，让用户一进门就可感受到春天，在店里也能有野餐的氛围（见图2-26）。

图2-26　麦当劳特色主题门店

整个跨界联名创意案例，是借助产品为传统文化进行新演绎，注入新生机，不仅通过科技手段焕活了大师笔下的春天，最终也取得了话题总阅读量超过1.3亿，营销事件话题登上同城热搜榜第二，并持续在榜12小时以上的效果。为品牌带来了22.4%的新客上涨率，实现了口碑和流量转化的双丰收的成绩。

又例如，国家反诈中心和微信支付联名推出的"提醒你看清'反诈视力表'"创意案例。海报创意套用巨幅视力表的形式，通过"快钱""返利""刷单""帮忙""多金"五个主题吸引大家的目光。顺着海报往下看，每一条引诱人们进入骗局的字条逐渐缩小，直到最后来自国家反诈中心和微信支付的提醒，戳破骗局，告诫人们别在诱惑套路中越陷越深，看清真相（见图2-27）。

我们在做创意时可以试着和完全不熟知的或者全新的领域产生联动，比如广告与电影、艺术与科技的跨界，一些看似不搭的跨界可能打破创意的界限，达到意想不到的效果，让创意或品牌焕发出全新的生命力，抑或让消费者产生全新的认知。

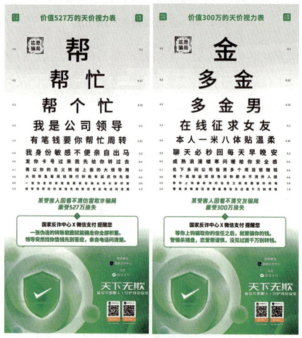

图 2-27 "提醒你看清"反诈视力表

7. 商业性与公益性兼顾的社会创意

社会化创意不全都是创意与社会发生很大关系的例子,用公益性的内容、商业性的方式做公益，二者并不矛盾。前面给大家讲到的许多社会公益性质的案例也是由商业品牌发起的，好的社会创意许多都能做到二者兼顾，这样既能实现企业盈利的可持续发展状态，也可以实现商业助力公益的良性循环，同时也使以往相对封闭和排他的公益事业通过商业化方式的运作，更多走进公众视野，加强公众心中与社会公益的距离。长远来看，兼顾商业与公益的社会创意更容易实现短期利益与长期利益共赢的局面，创造双重价值。社会化创意不仅旗帜鲜明地推销着品牌理念，还目的明确地推销着社会观念和人文精神，能够在促进销售的同时，带来一点点有温度的社会关怀，从而加强品牌和消费者的情感纽带。

例如，创意案例"1.2 米艺术展"项目，所推广的产品是和阿里数娱在 2016 年联合推出的针对中国儿童设计的电视盒子——"迪士尼视界"（见图 2-28）。

这款电视盒子的特点就在于目前市场上众多的网络电视盒子，没有多少节目是适合孩

图 2-28 "迪士尼视界"

子观看的。于是，迪士尼联合阿里巴巴集团推出了专为中国 2 至 14 岁儿童打造的，集益智、娱乐、双语教育、亲子互动等功能的智能设备，内容涵盖迪士尼原创出品的动漫、电影、游戏、双语教育等服务内容。

为了体现"为孩子度身定制"这个卖点，该创意为小朋友们度身定制了一场 1.2 米艺术展，由于这是第一个真正为孩子设计的艺术展，展览的总高度设定为与孩子身高等齐的 1.2 米，以让孩子们体会到专为他们打造的"视界"，也让家长们体会到该产品完全站在小朋友的视角来创造内容的用心。在展览前一个月，迪士尼先发出了六款先导海报，吸引大家的注意，随后把展览设置在上海的环球港（见图 2-29）。

图 2-29 "迪士尼视界"先导海报

周末家长们带着小朋友去环球港的时候,就会突然看到这个全世界最矮的艺术展,小朋友就会很快发现它(见图 2-30)。在观看过程

图 2-30 "迪士尼视界"展厅

中，小朋友可能会感觉到前所未有的受尊重，所有展品的观看视线都是专为他们的身高准备的，大人们只能蹲下或者坐下，放低身段陪伴他们，就像是这款以他们观看喜好和习惯打造的电视盒子。不管是小朋友还是大人都会觉得这样的带有关怀孩子的视角打造的活动很有意义，是为小朋友做的一件好事。

而且这项活动也拥有很强的公益性。虽然作为一项以推广电视盒子为目的的商业活动，展览现场特意打造成电视盒子的形状，但正是因为兼顾了公益性，并真的以孩子为中心出发，站在孩子的视角上产生创意，所以这份诚意才会产生很好的传播效果，实现了第一批电视盒子一经推出就全部售罄的商业目标。

好的商业广告通常不会出现强硬的促销手段，因为无论何时"强硬"都不会打动人心。在创意中，推销商品只是目的，在手段上要体现出足够的尊重，足够的对社会的关怀，让消费者体会到作为普通社会一员被品牌关照的温度，从而自发产生对品牌的好感。这样的产品才会得到市场的认可，并获得良好的延续，为产品提供附加值（见图2-31）。

8. 超越媒介时空限制的社会创意

很多人认为，广告创意是一次性的，投放媒介市场后就完成了它的使命，一张平面广告的生命只有3秒，一条电视广告的生命则只有短短的几十秒，投放结束后即宣告死亡，而社会创意则不然，它能与观众产生交流和互动，并植入他们的脑海中。社会创意作品一经媒介传播便会产生多次传播的价值，甚至能够跨越时间空间的限制，不断延伸其传播议题，就像经典文学艺术作品一样持续不断影响着人们。社会创意的生命力取决于社会洞察的准确程度、观点提出的犀利程度以及创意表现形式的突破程度等。

就像我们在第一章看到的四个案例一样，顶级的社会创意就是具备在几十年甚至百年后仍被人们津津乐道的魅力。它们都是持续不断地像思想观念一样影响着后人们。例如，我们熟知的品牌耐克

图 2-31　媒体对"迪士尼视界"的报道

(Nike)的口号"Just Do It"(只管去做),自 1987 年第一次喊出了这句唤醒人们运动梦想的精神口号,如今已经 30 余年,却始终能够在一代代消费者心中产生共鸣。

如今,我们的世界正在经历越来越快速的变化、迭代,过去可能几十年才会经历的技术或社会变革,今天仿佛被压缩进越来越短的时间里。但好的创意永不过时,甚至能够在时间的流逝中历久弥新。例如,广告人 Longer 龙杰琦联合腾讯公益、腾讯广告共同发起的公益创意案例"一个人的球队",是一个从公益小众话题到社会大事件的升级传播的典型。

在这个创意里有一支特殊的球队,他们不会打球,甚至不懂规则,却来到 WCBA(Women's Chinese Basketball Association,中国女子篮球联赛)全明星的赛场上,和职业球员打比赛,这是五个人的球队,却也是"一个人的球队"。他们穿着名叫"叶沙"的队服,这个名字来自一个热爱篮球的 16 岁少年。原来这五位球员都是篮球少年叶沙离世后的器官捐献受益者,他们要替叶沙完成篮球梦(见图 2-32)。

图 2-32　五位被"叶沙"捐献器官的人替其完成篮球梦

真情,让创意更动人,也让创意能超越时间历久弥新。在这个创意中,我们看见的不仅是器官捐献,而是这件公益行动带来的理念:生命超越了生死,在不同的时间中延续。而这一创意也在央视社会与法频道"热线12"播出,《加油,叶沙队!》得到全国人民的关注。新华社、《人民日报》、《新闻联播》、《朝闻天下》等权威媒体纷纷将目光摇向这支球队。看惯了昙花一现的营销案例,可以说,跨越时间的社会创意才可以有所延续,其内在思想、理念才会不断对社会和受众施加影响。

9. 成就伟大企业/品牌价值观的社会创意

古往今来,不管是一个人或者是一个品牌或企业,想要拥有长久不衰的影响力,就不可能仅仅与社会、与消费者仅仅维持一种纯粹的利益关系或物质关系,而是需要社会责任担当。全世界80%的企业的寿命都短于5年,原因在于纯以营利为目的,过度追求盈利,没有正确的企业价值观,不愿为社会提供应有的服务和责任,不顾企业员工生活的改善,不懂得乐善好施等。一个比个人生命更伟大、更持久的公司总是扎根于一套永恒的核心价值观,并能以社会创意的内在力量不断地推动商业改革,从而长盛不衰、基业长青。

随着经济与科技的进步,个人生活水平都已大幅提高,甚至与国际接轨了,但城市却承受了人类发展的巨大负担,气候极端化、大气污染、交通堵塞、食品安全、水资源污染等问题层出不穷,反噬着人类的健康,威胁着人类生存的环境。城市"生病"了,而这一切的病因是每一个市民、每一个企业家,当然也包括政府。每个人都应该为城市环境、地球环境的现状承担一定责任。

人们往往都有一种"不愿认错"的倾向,认为问题都是别人的,与自己无关。在这样的思维影响下,我们的诸多社会问题难以取得任何进步,唤醒每个公民内心的责任势在必行。于是,天与空为百度手机助手策划并发起了"全民道歉行动"项目。这个创意诞生的背景就是城市的工作生活现状和人们的心态。2015年3月1日,"北京,对不起"计划正式推出,呼吁每个北京人向北京说一句"对不起"(见图2-33)。

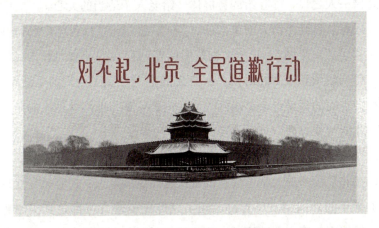

图 2-33 "北京,对不起"

该项目首先选取了九位北京居民,有的是在北京生活多年的老北京人,有的是刚到北京的新居民,发动他们发自内心地对这座城市说一句对不起。比如,有一位老北京人宋林老先生,在北京生活了65年(见图2-34)。他说的一句话是:"对不起,北京!我们的四合院拆得太快了。"这是从我们古建筑保护的角度说出的,作为城市的老人,他见证了城市的记忆被破坏得太快,被没有个性的摩天大楼侵蚀了。他从一个普通居民的角度,为城市记忆的缺失发出忏悔,也是一个倡导。

图2-34 宋林老先生

另外一位是在北京工作7年的白领(见图2-35),他说:"对不起,北京!我假装看手机不给老人让座。"相信大家对这句话也有很大的共鸣,每个城市人都曾经有因为忙碌或者假装忙碌、漠视他人的时刻。通过一个普通人的行为,折射出整个社会的道德在逐渐缺失,因此借一人之口,呼吁给弱势群体、给老人予适当的关心。

还有从百姓生活方面讲出的:"对不起,北京!我跳广场舞吵到街坊邻居。"(见图2-36)这也是中国普遍存在的社会问题,我们在自己得到娱乐和享受的时候,有意无意地干扰到了他人的生活空间。对社会空间的污染也会影响到人们的内心,如果能多从他人的角度思考,才能与人方便、与己方便。

这个系列还包括仅到北京两天的游人反省把口香糖吐在了草坪上;在北京读书的大学生反省没有扶起摔倒的老人;还有只在北京生活了半年的外国朋友反省自己闯了红灯……这九位都是真实的普通人,他们面对镜头真诚地说出的一句句对不起有着极大的力量,这一

图 2-35　北京白领　　　　图 2-36　跳广场舞的女士

创意发布的节点是在全国人民代表大会期间，希望借此引起全国人民和各位代表，上到政府官员、下到基层百姓的集体省思（见图 2-37）。

图 2-37　其它道歉的北京人

虽然前期广告投放确实受到了一些阻碍，也出现了非常激烈的争议与讨论，但作品最终在微信公众平台获得了大量的传播。在 20 多天的时间里，全国共有 70 多个城市也开始自发形成不同城市版本的"道歉行动"，一场促进公民意识觉醒、为社会问题承担责任的全民道歉行动展开,也让我们感受到了大家为了解决社会问题人人贡献力量的决心和解决问题的希望(见图 2-38)。

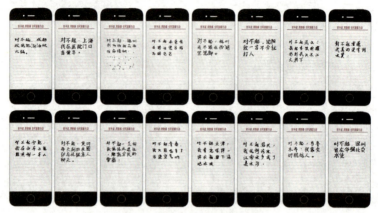

道歉H5上产生近12万封城市道歉信。

超过500万人参与互动,阅读量近1.2亿次,免费媒体价值超5000万。"百度手机助手"App下载量近10万人次,帮助中国人更好地解决城市病。

图 2-38　不同城市版本的道歉行动

10. 改变世界的社会创意

社会化创意本质上是通过全新观念的输出,引发人们的思考,改变人们的行为。社会的改变,关键不在于客观世界的改变,而是主观世界的改变,即人类心灵的重建。不论是商业性还是公益性的社会创意,都是一个人文主义的行为,能够改变人们的思考和感受方式,进而改变人们的生活方式,以及消费文化和行为举止,通过广大的"人"在不同阶层的改变来完成对整个社会的重塑,最终改变整个世界。

至于改变世界的程度，不论是小小的"今天不说话"，还是影响世界的冰桶挑战、"地球一小时"，或是在其他更为广阔、更为深层的社会领域的创意，都是给予这个世界的一点微光，都具有同等的价值。社会化创意的输出，能够让世界变得更加美好。

（五）社会化创意的实操技巧

要想做好社会化创意，除了要进行良好的创意思维要旨建设，还需要装备创意实际操作的技巧方法。

1. 强化社会问题的敏感性

前文一直在讨论社会问题的重要性，而解决问题最好的方式，就是把它摆上台面，聚集社会公众的注意力，让它成为迫在眉睫的问题。强化社会问题的敏感性就是提出那些消费者可能知道但是不在意或者忽视的问题，在短时间内将其曝光从而获得大量的关注和讨论，推动问题的解决。

比如，利用人们想要以小博大的心理，通过刺激潜在消费者的贪念来达成交易的对赌营销。这种营销策略能够以较低的成本实现较大的营销效果，发挥"四两拨千斤"的作用。作为世界杯中法国队的官方赞助商，世界杯前夕，华帝在报纸上打出整版广告："法国队夺冠，华帝退全款。"凡购买华帝"夺冠套餐"的消费者，华帝将按所购"夺冠套餐"产品的发票金额退款。随着法国队节节胜利，华帝的关注度也越来越高，并在法国队夺冠后达到顶峰。有报道称，华帝尽管为这次营销活动支付了 7 900 万元的总退款额，却换来了高达 10 亿元的总销售额。华帝首先通过微电影在各大媒体上展现了自己的华丽形象，从而占据了"地利"优势。紧接着，推出了"夺冠退全款"的促销活动，迅速在社交媒体上引起轰动，赢得了广泛的"人和"。最后，凭借出乎意料的"神预测"——法国队夺冠的机会，成功把握了"天时"。通过综合运用"天时地利人和"的优势，这次营销策划方案成为行业典范。

2. 洞察并善用消费者的问题焦虑

焦虑似乎是这个时代的通病，随着互联网技术打破人们不同维度不同地域的间隔，以及时代加速的车轮越来越快，每个人都像头前挂着胡萝卜的拉磨的驴。分众传媒董事长江南春讲消费，总结了"三爱三怕三缺"。三爱：爱美爱玩爱健康；三怕：怕老怕死怕孤单；三缺，缺爱缺新奇缺刺激。而广告的洞察也往往从中发散，通过提出消费者面临的问题，激起消费者的关注和焦虑，最好是具有普遍意识和意义共鸣的群体性焦虑，从而更加有利于促使消费者做出态度和行动的改变。

饥饿营销其实是常见的利用焦虑的一种营销方式，常规的操作以限时限量为主，但是喜茶却另辟蹊径走排队路线。都说中国人喜欢凑热闹，看见大家都在排队，即使不去排队也会想看看是在排什么，既然大家都在排队，说明一定很好吃。喜茶最早出名就是门店前大排长龙的景象，甚至有报道称排队的还有"托"，只为打造门庭若市的繁华景象。消费者排队那么久，不管好不好喝，一定要发个朋友圈记录一下，这样一来，饥饿营销加上沉浸式体验以及二次传播，喜茶就这么热热闹闹地成为年轻人争相打卡的网红奶茶。奶茶到处都有，但是让你排队一两个小时的奶茶不常见。经济学有沉没成本一说，而在广告领域，这种沉浸式的饥饿营销，能充分调动消费者的情绪和参与度，既给消费者留下了深刻的印象，同时自然而然地驱使消费者进行二次传播，吸引新的用户，这可比"转发朋友圈送优惠券"更有动力且节约成本。

3. 在某一社会问题上与竞品互动

核心体验是与其他竞品相比独一无二的社会问题互动体验，当然在实践中并没有这么严格，并不是一定要绝无仅有、空前绝后的体验，也可以是与竞品相比有一定优势的品牌主张体验。在当下互联网营销传播环境中，一味夸赞自己品牌难免有"王婆卖瓜，自卖自夸"的嫌疑，这个时候与竞品问题互动创意也是一种体现自身优势的社会创意方法。只要是不违反《中华人民共和国广告法》有关比较性广告的相关规定条款即可。如前举例，广告历史上经典的案例数不胜数，通过与竞品的比较、比附等的互动型社会创意，凸显出了自己品牌在某一社会问题上的优势体验和品牌主张。

4. 赞美时代支持青年

要说 2020 年营销传播圈里最出圈的、讨论度最高的广告案例，B 站的"后浪"至少有一个提名。"后浪"是于 2020 年 5 月 3 日（五四青年节前夕）首播、由 B 站推出的演讲视频。在此视频中，国家一级演员何冰发表了演讲，他认可、赞美与寄语年轻一代。"你们有幸遇见这样的时代，但时代更有幸遇见这样的你们。"随后，这段演讲在朋友圈刷屏，有网友赞其为"少年中国说现代版"。而那句"心中有火，眼里有光"更是成了年轻人的代名词。这样坚定的赞赏与以往"垮掉的一代""一代不如一代"这样刻板的定论形成鲜明的反差。"后浪"聚焦新时代下的新青年，新经济时代给人们带来更加多元的上升通道，很多人搭乘数字经济的快车实现了人生的跨越，这个时代孕育了无限可能性，有更多机会接触新事物。在传统向数字经济的转型中，作为数字时代原住民的"后浪"们更是拥有得天独厚的优势。对于青年的赞美也是对于时代的歌颂，宏大背景下的议题引起了"后浪"和"前浪"的激烈讨论，也是社会主义核心价值观在互联网背景下的创新演绎。截至 2020 年 5 月 28 日 21 点，"后浪"在 B 站达到了 2 562.2 万的播放量，27.3 万的弹幕，156.9 万的点赞，102.9 万的转发。"后浪"一词更是被《青年文摘》评选为"2020 十大网络热词"，被《咬文嚼字》评选为 2020 年度十大流行语。B 站成功凭借这一视频破圈进入主流的讨论空间，正如"后浪"主要策划人之一、B 站市场中心总经理杨亮说的那样："我们的初衷，并不是一个纯市场导向的，可以说是一个品牌建设，甚至具有一些社会责任感的一个操作或者沟通行为。"

5. 勇敢地突出产品特性

一谈社会创意，好像就必然谈意识问题、观点问题、态度问题等，很多品牌开始倾向于少谈产品，多谈精神，即不太说自己的产品使用了什么材料或技术，只是讲动人或有意思的故事。但是"神文案也救不了烂创意，神广告也救不了烂产品"。如果本身的品牌和产品不值得购买，那么再多再好的广告也只是加速它的灭亡。同理，产品的性能、品质与使用等本身也是社会消费生活的组成部分，产品本身的问题同样也是社会内在的问题。因此，立足于品牌和产品的广告也是有存在的空间的。如果一个广告连自己的品牌或者产品都不喜欢不赞美的话，又怎么能让消费者相信呢？

在OPPO十周年之际，一向不吝于邀请当红流量担任代言人的OPPO这回请到了姜文，而姜文卸下名导光环，在他陌生的手机领域摇身一变成了OPPO影像探索家。姜文会把手机设计成什么样？不出大家预料，姜文的答案很特立独行，"有未来感""完全不像个手机""透明的、隐形的""像只手，号码都在手指上"。接着，姜文话锋一转，切入正题讲到手机必备的拍照功能，配合姜文自言自语的OPPO Find X3产品的拍照效果，"再大也能拍进来，再小也能拍清楚，甚至将黑白拍出色彩的味道"。虽说姜文在当下年轻人心中的影响力和号召力不输当红明星，但OPPO也没有忘记在社交平台预热造势，还特意以#姜文的理想型#话题激发网友互动，从名导身上挖掘吸睛点，姜文式独白剧透新品卖点，通过名人效应赋予话题更多流量（见图2-39）。

图2-39　OPPO代言人姜文

6. 情怀

这是与上一个话题刚好相反的另一个方向。随着市场环境的变迁，传统 USP 广告的适用性逐渐降低。USP 所主张的品牌广告主题内容逐渐被名为 ESP（Emotional Selling Proposition，情感销售主张）的广告创意理念所影响，其思考的基点从 R. 瑞夫斯所强调的"产品即英雄"转向到消费者情感的高度。通过赋予产品价值和情感，来吸引消费者享受购买产品带来的独特体验以及塑造消费者形象。社会化创意更注重追求购买产品所能带来的具有社交或是社会意义的情感体验，从情感层面挖掘产品与消费者的连接点与差异化。情怀就是 ESP 主张下的产物。

7. 跨界创意

跨界营销体现了现代生活态度和审美趋势的融合，它通过融合不同领域的元素，丰富了品牌的内涵。跨界合作不仅互补了品牌间的差异，还为消费者提供了更全面的体验。

在传统经济学中，商品的互补性通常是指功能上的互补，例如相机和胶卷、计算机硬件和软件。然而，跨界营销中所需要的互补关系，已经超越了传统的基于功能的互补关系，而转向了基于用户体验的互补关系。这种转变反映了营销从产品导向转向用户导向，真正实现了用户中心的营销哲学。

跨界营销日益受到关注，知名品牌纷纷通过跨界合作寻求品牌协同效应。其深层逻辑在于，单一文化符号难以全面诠释生活方式或消费体验，因此需要多种品牌的文化符号共同诠释和再现。这些文化符号的载体，就是不同的品牌。品牌广告中的每一篇文案，每一支电视广告，每一个广告活动，每一次传播的互动内容，都是通过塑造一个让大家都认同和喜欢的品牌，让品牌从一个抽象的概念变成了跟人一样可以信任的朋友，品牌需要走入我们的日常场景，成为我们生活中熟悉的一个部分。就像杜蕾斯，比起"一个安全套品牌"，"一个很会营销的品牌"可能是更为人所知的名号。为什么杜蕾斯要花那么大力气，去蹭每一个时事热点的热度，去做跨界合作，在下雨天告诉大家可以在鞋子外面套一个安全套防水？不会有人真的去这么做，但是在潜移默化和日积月累之中，它塑造了一个有趣会玩、百无禁忌的可爱形象，这才是真正的"年轻化"。不是通过大喊"我就是年轻""年轻人快来和我玩吧"，而是通过跨界创意传播的方式，来塑造自己年轻的形象调性，前提是必须走入每一位年轻人熟悉的工作生活场景。

8. 意见类广告

意见类广告是指广告主为宣传自身产品或服务的优势，借用各种媒介和广告创新形式，直接或间接地针对某些社会问题或是具有普遍性趋向的共性问题，发表自己明确的态度和观点，对消费者进行劝服和引导，推销品牌产品或服务的一种广告运作方式。此类广告往往会以悬念、批判、恐吓、实验或是比较、展示等形式进行。

比如，悬念式营销看似只延缓了产品或者品牌的曝光的时间，但事实上却延长了人们对营销主题的感受时间。制造悬念可以使原来处于离散纷乱状态的受众心理在一定时间空间内围绕特定社会问题而集中起来，并为社会受众接受广告内容创造了比较闭环的感受环境和心理预期。

再比如，恐吓营销策略，厂商会故意夸大生活中的风险和疾病的潜在害处，以此来推销自己的产品或打压竞争对手。恐吓的逻辑是：首先分析产品，然后提出一个普遍存在的问题，接着强调这个问题的严重性，从而达到在心理上恐吓消费者的效果，最后促使消费者采取购买行为。大部分中国家庭没有使用专业衣物除菌产品的习惯，于是滴露在地铁站办了一场"衣服的真相"艺术展，来向大众传递洗衣过程中去污不等于除菌的观念，同步提出"洗衣服、多一步"的意见口号，从除菌意识普及到产品教育，以此来建立大众对滴露衣物除菌液的使用意识。在艺术展中，展出了三件特殊工艺制作的服装，分别为男士衬衣、小孩连衣裙和女士半裙（见图 2-40）。以衣服为纸，细菌为字，通过具象化和艺术化，说明细菌的害处，把有细菌的衣服做成一件可传播的艺术作品，以此来提醒人们，看似干净的衣服，其实隐藏着很多细菌。它打破消费者"眼不见为净""太阳晒晒就除菌了"

的传统思想，通过恐惧的情绪引发焦虑，既完成了除菌的教育，改变了消费者的认知，也促使了消费者的购买行动。

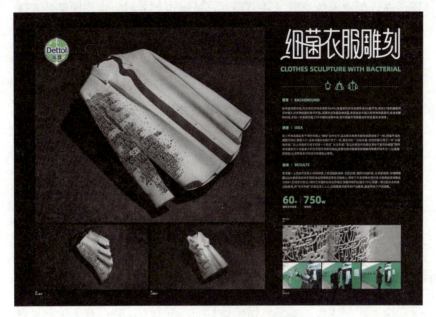

图 2-40 "衣服的真相"艺术展

9. 主旋律公益广告

顾名思义，就是指能充分体现主流意识形态的革命历史重大题材广告和与普通观众生活相贴近的现实主义题材、弘扬主流价值观、讴歌人性人生的广告。公益广告是不以营利为目的而为社会提供免费服务的广告活动。新中国成立后，公益性的广告活动日益增多，对全社会进行道德和思想教育发挥了重要作用，例如有关部门进行的防火防盗、保护森林、节制生育、维护公共秩序、不要随地吐痰等广告宣传，均属公益广告的性质。

主旋律公益广告往往具有社会普遍意义。2014 年，央视春晚播出过这样一则公益广告"筷子篇"。5 分钟的广告围绕春节，围绕筷子讲述了不同地域的 8 个小故事。和创意人熟悉的、只面向特定销售群体的商业广告不一样，春节期间的公益广告需要面向更大的受众。

而对于央视来说，它想要覆盖的群体更为广泛，不仅有14亿国人，还有海外华人群体。筷子，作为所有华人甚至东方文化圈都熟悉的餐具，进入创意人的视野。从南到北，从城市到乡村，主创团队的意图是在一个故事脉络中把中国文化多样性诠释出来，同时有一个共同的内核——筷子。"它就像针线一样，串起了每一道菜。"通过筷子，也体现了整个中国文化家文化的内核。2019年11月12日，北京国际公益广告大会系列专项促进交流活动之公益广告制播联合体倡议活动发布《2013年—2017年广播电视公益广告扶持政策效果评估报告》，公益广告制播联盟正式成立，可以预见，现在以及未来，关心公共利益和人类福祉，更加有社会责任感的公司和品牌才能得到消费者认可与全民参与。

10. 植入式体验营销

植入式广告（Product Placement），是将产品或服务的代表性品牌符号融入影视、舞台或艺术作品中的一种广告方式，为的是给广大受众留下深刻印象，实现营销传播目的。受众对广告存在天生的抵触心理，因此，将产品品牌等元素融入娱乐方式中的做法，往往比强行推销的效果更为出色。其体验接受、认同的效果往往更佳，综合运用视觉、听觉、使用和参与手段，将消费者的感官、情感、思考、行动和联想等感性因素和理性因素充分刺激调动，重新定义和设计思考方式的营销方法，被称为体验式营销。由于体验的复杂化和多样化，伯恩德·H.施密特在其著作《体验式营销》中将不同的体验形式称为战略体验模块，并将其分为五种类型。

知觉体验：调动消费者视觉、听觉、触觉、味觉和嗅觉等感官器官，为消费者提供独特的体验。这种体验包括公司与产品的识别、引发消费者购买动机以及增加产品的附加价值等。

思维体验：通过创意的方式引发消费者的惊奇、兴趣，促使他们进行集中或分散的思考，并为他们创造认知和解决问题的体验。

行为体验：增加消费者的身体体验，提供替代的做事方法、生活方式和互动方式,从而丰富消费者的生活,促使他们自发地改变原有的生活形态。

情感体验:通过在消费过程中为消费者提供内在的情感与情绪体验,如亲情、友情和爱情等,使他们在购买过程中感受到各种情感。

相关体验:通过让消费者在实践中自我改进,与更广泛的社会系统产生关联,从而建立对某种品牌的偏好。这种体验使消费者对品牌产生好感,并与他人建立良好的关系。①

而将广告信息植入电影、电视剧甚至动漫的画面当中,借助已经构建好的世界观与观看体验,能够最不费力地将受众拖入我们想让他们进入的感官体验中。1953年上映的《罗马假日》,让全世界众多车迷记住了VESPA(Vespa Scooter,伟士牌摩托车)(见图2-41)。骑着Vespa漫游罗马也成了经典的浪漫场景,电影上映当年带来了超过10万台的销量。

图2-41 《罗马假日》中Vespa摩托车的名场面

而如今,电影、网剧层出不穷,各路综艺甚至游戏中都有各种各

---

① 参见[美]伯恩德·H. 施密特:《体验式营销》,张愉等译,中国三峡出版社2001年版。

样的植入广告,剧中人吃的用的都有品牌出处,然而效果却并不都那么显著,有些甚至因为突兀而被骂上微博热搜。

因此,品牌植入还是重在契合。而品牌与剧集的契合度,主要表现在两个方面:一是剧集价值观与品牌的价值观是否一致;二是目标观众群和产品目标消费者是否一致。

第三章

社会化创意的理想主义

社会化创意是针对社会大问题而提出的创造性解决方案，它所引发的轰动和热度、它的新闻性与互动性，能够实现它作为广告创意本身的营销目标和传播需求吗？这种社会化创意需要与企业愿景、企业使命保持一致性吗？这种社会化创意在实际创意执行中的公益性与商业性该如何平衡？这种社会化创意的营销传播效果可持续吗？这种社会化创意可以成为一个企业或组织的品牌战略吗？

现实中这一系列问题是一个企业组织自上而下地决策执行，还是自下而上渐进式地养成？2019年7月15日，上海陆家嘴地铁站里，突然出现15个"会吐诗歌的POS机"。有趣的是，这些POS机里面吐出的诗歌描绘的是山里的孩子们的生活日常和他们所想象的美好世界，这些小诗里有孩子对于父母情感的懵懂，有与山间小伙伴日常生活小事的感悟，也有着天马行空、飘逸无忌的想象，这或许是我们寻找有关社会化创意如上答案的一扇刚刚开启的窗口。

一、创意从诗与远方说起

这里的每篇诗歌创作都来自大山里的留守儿童们，这是由中国银联的社会化创意的经典案例之一——"诗歌POS机"。除了这个地铁事件传播活动外，2020年7月17日，全国200万的超市、便利店、餐厅等各大商户内，也都开展了"诗歌POS机"系列的后续延展活动。消费者只要在商户内用银联手机闪付消费，打印出的POS单上就会附赠一首来自山里孩子的诗。这个社会化创意，成功将消费者拉入这场公益活动当中。最低只需要捐赠一元钱，就可以读到孩子们心中流淌出的美好诗歌。这场创意活动陆续获得了中央电视台、新华社、中国国际电视台、上海市政府网站、东方卫视、人民网、环球网、《环球时报》、上海电视台、《新民晚报》、《上海日报》、浦东电视台、网易、腾讯、搜狐等数十家权威新闻媒体的现场采访和报道，在活动最后一天还获得了央视四套中国新闻的报道。2020年8月29日，在湖南省张家界，一条布满了古今诗句的"瀑布"从张家界的山峰间垂下，"瀑布"上印着历朝历代的古诗名句和山区儿童创作的诗句，再现了李白诗中"飞流直下三千尺"的唯美意境。中国银联回归大山，携手央视新闻在张家界举办了一场名为"诗歌长河"公益直播，以"不带货只带才华"的宗旨，暖心践行"让山里孩子的才华被看见"的承诺。

同期"三千尺"短视频发布：一个是李白白，一个是李太白；一个是小孩子，一个是大诗人；一个是没头脑，一个是不高兴。就这么开始了一段不洒狗血，不讲反转，甚至说不上有什么情节，舒缓而写意的故事，背后折射了一群大山里的小诗人。他们的成长无人看见，又或者很快被忘记。

（一）当企业遇见社会化创意

为实现这个创意，中国银联云闪付配合提案在标准银行卡交易程序的基础上，根据客户需求对外部界面进行了个性化定制，同时调整了内部交易金额和支付模式。当闪付成功完成后，设备端会发送信息信号，打印端设备将进行接收解析，最终打印出诗歌，从而让每一位消费者都可以通过银联云闪付提供的这种便捷方式，轻松参与公益项目。所筹善款最终会全部捐入"Artlink"公益远程支教项目中，这一项目会通过互联网授课平台，向云南、安徽、河南等地共计7所学校的留守儿童开展艺术素养方面的免费课程教学。这一活动的火爆，也为后续的大量创意视频和全国巡展活动打下了基础。

在此之后，中国银联"诗歌POS机"的IP进入新的2.0时代，将儿童诗IP的内容生态建设带入了下半场，用丰富的创意表现手法和层次，不仅仅让诗歌作为创意的主角，而是把背后那充满想象力的创作者们——山里的孩子们带到消费者眼前。创意选取了3位小朋友,让他们站在山上、田间、林地里读他们写就的那些稚嫩却动人的诗歌。一部"大山里的小诗人"的短片,让不少人看到一半就红了眼眶,达成了一种直抵心灵的震撼。而这一洞察所联系到的社会问题,也因为创意而在社会上引起热烈反响,并最终得到解决:在"诗歌POS机"项目推出后,越来越多的山区留守儿童获得了艺术素养教育,也写下了更多感动人心的诗歌。

目前,♯中国银联诗歌POS机♯和♯让山里孩子的才华被看见♯这一话题持续更新,传播声量超5.3亿;而所筹善款则用来为河南、四川、新疆、安徽、云南等地的孩子开展艺术素养课程、建造公益图书馆,目前已开展300多堂课程,累计有3 000多留守儿童受益。"诗歌POS机"让这些远离父母,偷偷长大,只能把心事寄托给山风和溪流、土地和夜空的孩子们,让这些每天只有诗歌和自己作伴的697万留守儿童们的生活和才华,都有机会被整个社会看见。①

(二)好创意诞生需要什么?

很难想象,如此庞大的系列公益创意,始于一个最普通不过的开始。最初的"诗歌POS机"只是中国银联发起的"手机闪付整合传播战役中事件营销"的一环,而银联对项目效果的期望,也仅仅是让它能够更具话题和自传播效应。而经过中国银联企划部和创意热店天与空的多轮共创后,最终也只是敲定了走公益营销的路线,以地铁互动装置的形式,在上海地铁里创意出一款与银联联系最紧密的"诗歌POS机"的展出活动。然而,这一次"大事件"取得的良好效果,让"诗歌POS机"迅速成为一个热度极高的社会话题。于是,品牌方和天与空抓住机会,将其做成了一个IP,随着相关系列活动一个接着一个,创意的规模也越来越大,先后在厦门、深圳、广州、成都、北京共5城进行了巡回展出,终于从一个小爆点,一跃成为凝聚

---

① Lea:《深度还原"银联诗歌长河"诞生始末,爆款背后108天的点点滴滴》(2019年9月22日),数英网,https://www.digitaling.com/articles/347752.html,最后浏览日期:2024年10月8日。

群众目光的"大 IP"。

从一个 IMC（Integrated Marketing Communications，整合营销传播）里的小小一环，到后来一炮而红成为传播里的爆款，"诗歌 POS 机"这一社会化创意能够取得成功的原因有很多。其中最重要的一点，是其创作动机以及在动机引领之下的社会洞察：把创意的重心放在"人"上，回归到人和社会问题本身，把社会问题设计成品牌社会化营销的切入点，并有效输出品牌的正向价值，用更为强烈的参与感和体验感来发挥创意的最佳效果。在这个带有较强公益性质的系列创意项目中，天与空与中国银联一共进行了两轮的创意合作。在第一轮的创意过程中，中国银联响应国家教育发展方针，在创造企业价值的同时，积极承担起社会责任，希望打造品牌化的公益内容。结合时代背景，最终由天与空提出对"社会大问题"的洞察："即使是在互联网信息如此四通八达的现在，仍有一群人处于'失语'的状态，这些生活在大山里的孩子们，也有满腔的热情，他们也需要倾诉表达，但因为交通、经济等，最终没有办法让人看见。拯救他们的'失语'，就是这一个社会化创意想解决的问题。"

在第一轮的创意产生了极大社会影响和公益效果的背景下，银联决定开展第二轮的"诗歌 POS 机"公益传播活动，并且想要在第二轮的公益宣传中加入更宏大的使命感与价值——寻找中华文化的"根"。时逢 2020 年是我国的脱贫攻坚年，结合中国的时代背景，银联和天与空进一步提出了展示文化自信、坚守和放大"初心"作为创意中的重点，通过对山区和留守儿童的关注，来助力国家打赢脱贫攻坚战，实现精神扶贫的洞察与目标。凭借着双方的社会责任感和社会洞察，天与空的团队耗费 108 天完成了整场 IMC 战役，在张家界市文旅广体局、央视新闻、农夫山泉等多位合作方的关注和支持下，将"诗歌长河"大地艺术装置、公益直播、诗歌瓶、宣传短片等多项内容输出落地，力求以社会化创意打动热心参与公益的目标人群，号召人们帮助山村留守儿童获得艺术教育。

结合了时代际遇和时代问题而产生的社会化创意的核心解决了社会问题,但同时不可以忘记的是,它仍然是一种广告创意,仍然需要提升品牌和广告主的存在感,因此,创意的参与形式在号召受众参与公益活动的同时,也号召他们成为银联闪付的用户。在品牌层面上跟消费者进行沟通,而不仅仅是单纯的公益,而是由品牌来输出足以改变社会问题的信息。这样的社会化创意,不同于基于商业力量的公益洞察,或是执行能力不够的单纯公益创意,它围绕社会问题产生洞察,并利用创意的力量去解决社会问题,不仅能产生热烈的自发媒体反响,更能在活动的热度散去、在流量的大浪淘沙之后,留下温度和社会价值。例如,"诗歌POS机"的案例,作为一个现象级的公益传播IP,不靠卖惨,而是让被救助者有尊严,让留守儿童的才华被尊重,这才是这个项目真正能够给社会带来改变的原因。

　　在这个互联网高度普及、"人人都是自媒体"的媒介环境之下,人们是否乐于分享创意、参与创意,推动社会问题的讨论与传播,才是衡量一个创意效果的重要指标。[①] 正像具身认知理论所描述的一样,人的身体在认知过程中发挥着关键作用,身体的感知影响了我们的思维、判断、记忆、分类和概念的形成。身体又嵌于环境中,认知、身体和环境组成一个动态的统一体,如果创意能够增强消费者在视听、触嗅等方面的体验感,让消费者获得置身其中的参与感,就能取得更好的效果,打动更多的人。传统创意广告会先讲精准投放,然后去做关键绩效指标的量化,但作为社会化创意案例,从来不会简单地"把平面广告当作平面广告去创作,也不会把一条电视广告当作电视广告去发散",而是深谙互联网话语传播规则,致力于将单纯的平面或电视广告创意提升为新闻事件、社会性话题或流行文化,这样做出的创意,才具有解决社会大问题、引起媒体主动传播的新闻价值。

[①]《天空十条:我们的守则》(2020年1月12日),搜狐网,https://www.sohu.com/a/366381095_657211,最后浏览日期:2024年10月9日。

如果有了足够的新闻热点基因，这个社会化创意就能够成为一个跨媒体的破圈的传播话题，才不会浪费客户的广告费，反而会产生许多超出预想的效果。让客户看到效果，才会有接下来一步步的持续性深入的动作，从而持续建立客户对创意的信心。因此，在整个"诗歌POS机"的创意执行中，无论是沉浸式的地铁POS机艺术装置，还是动人的视频故事，或是人人都可参与的低门槛公益捐赠行为，又或者是震撼人视角的巨大诗歌瀑布，都是一种对于情感的集中共鸣，都是能给消费者全身心的创意体验，更能够产生传播"晕轮"效应，以话题性吸引媒体的关注转发评论，创造更多媒体免费的自觉传播价值。

（三）社会化创意需要相互成就

随着经济增长和社会文明的不断进步发展，特别是互联网数字技术和数字经济的出现和迅猛发展，无论是整个产业还是作为消费者的我们，对于创意的要求是日益提高的，这既给整个创意相关产业企业带来巨大的机遇，同时也对创意本身的品质创新提出了全新要求。原先传统创意作品的创意空间重复性高，缺乏技术创新和服务创新支持，导致创意产业整体创新力不强，出圈的作品创意也逐渐难以符合数字时代的媒介特征与人们的审美需求。因此，我们说社会化创意的产生，既是社会经济发展的客观条件逐步完善所催生的，也是传统创意产业中一股新鲜的创意先锋力量独辟蹊径、奋力突围、倔强坚守的主观成果。

许多标榜创意至上的独立创意公司，或称创意热店站了出来，所谓独立创意公司，顾名思义，是需要能够掌握好创意独立性的。而要想创意独立，首先就必须掌握财务、媒介、公关、执行等方面的独立性，只有这样才能让一切资源为创意所用，从而让创意能够真正成为创意服务型企业的核心竞争能力。其中，天与空是一个杰出代表，他们提出了自己的创意法则——"天空十条"，标榜创意公司要"坚持创意的独立性，千万不要成为唯唯诺诺、没有态度和主见的公司，那样只会成为客户服务公司,一辈子也成不了独立的创意公司"。与传统的创意不同,独立的创意热店在面对客户时,强调有异于客户的独立思想;在面对市场创意比拼时,亦标榜自己有高于市场的独立洞见;作为广告创意产业的一种新兴事物,独立的创意热店有着颠覆传统创意经验的独立勇气,更有超越商业利益之外的思想独立追求和使命感。

"一家创意公司能走多远,跟它所担当的行业责任有必然的联系",创意热店的独立创意人常常把这句话放在口中,也落实执行在行动上。无论在创意内容还是在创意影响上,都想要为创意行业承担责任和使命的创意热店和独立创意人,创意的目光往往自然而然地聚焦于眼前的或长远的社会问题上,自然而然地关乎这些社会问题的讨论和解决路径等,致力于承担社会责任、解决社会问题、为行业发展排忧解难、努力探索开阔创意创新空间等成为他们生存和发展的商业信条,也成为他们不断探索创意创新、在行业中迅速成长壮大的动力源泉,他们站在了整个创意行业最前锋、最先进的位置,引领整个行业的现象级创意和未来创意发展方向。创意热店作为生产性服务企业的乙方,颠覆了传统创意产业的创意服务模式,聚焦于创意为核心的经营管理模式,当然,再好的创意需要甲方的呼应和支持,风生水起的创意热店现象以及他们现象级的社会创意作品,同样引起了品牌方的高度关注和热情追捧,因为每一个有着社会责任与使命目标的品牌企业,都期望可以通过创意传播解决社会问题、塑造良好的企业品牌形象,期望取得更深远和广泛的社会影响和长久可持续的企业发展。创意热店的出现让整个行业变得充满挑战、希望和无限创新的可能性。

或许社会化创意是解决中国创意行业问题的一剂解药,又或许随着有关社会化创意的产生动机、洞察选择、生产组织以及所在组织与所处行业的经营管理等方面话题深入,又会让我们看见更多创意产业的机遇挑战和未来发展的空间。

二、不得不说的利益博弈

"创意从来都不只是存在于广告作品之中的,更不局限于企业、品牌、产品等一系列营销推广的创意作品。真正的创意,是一种敢于打破常规的思维和精神,是一种充满创造性的行为指引。"这就要求创意能够创造新的东西,产生新的价值,解决社会问题,甚至能指引未来方向,对社会产生实质的影响。这也意味着创意不能仅仅局限于"空想",而是需要有资金支持其执行落地,帮助其到达受众的内心而获得广泛认同支持,从而实现影响社会、解决社会问题的创意传播目的。

(一)冲突:商业与非商业的博弈

哪怕是完全的公益创意,也做不到完全"不食人间烟火"。这句话听起来不是特别舒服。就没有一个纯粹的公益创意吗?显然不是。这里有一个话语语境,即长久的、可持续的公益创意需要有商业力量的支持,一个完整的公益创意在运行发展过程中,往往遇上的最大困难便是资金的不足,若是公益项目希望在创意或内容上动员更大更多的社会资源以及财力物力智力的投入时,更是如此。否则公益项目就无法继续推进下去了。也就是说,可持续的公益创意是无法抛开商业因素的参与和支持的。

实际上,从 20 世纪 80 年代开始,社会衡量一个企业的标准,就已不仅是对其销售的产品和服务的质量的评判,还要加上它对社会问题和自然环境等企业社会责任的关注度,以及其对此所采取的行为成果。也就是说,企业社会责任已经成为公众衡量一个企业的新标准,能直接或间接地影响企业的生存环境,比如,税收政策的优惠、人才吸纳、社会风评、品牌形象等。[1] 企业也因此越发重视社会责任战略

---

[1] 邬盛根、李迎曦:《当下我国企业形象建构的缺失与重构——基于企业社会责任理论与实践视角的考察》,《广告大观》(理论版) 2014 年第 2 期。

规划，越来越多地在企业的商业宣传中运用公益元素，善因营销、战略性慈善营销几乎在企业宣传中随处可见。企业会对能带来经济效益及社会效益的"互利"慈善领域进行战略性投资，希望通过战略性地承担社会责任，使自身对社会的积极影响达到最大，从而也使收获的商业利益最大化。毕竟企业参与公益的最终动机仍然是提高产品和企业知名度以及促进产品销售，是源于资本属性和企业组织功能的动机，这也将带来企业公益参与行为里公益创意要求与企业商业利益间的必然博弈。

一方面，从企业的角度，我们必须承认大部分企业的公益参与并非出于企业朴素的社会责任感，而是迫于外在的社会舆论、社会要求，最终基于企业形象传播价值考虑而形成的一种品牌战略选择。企业希望通过公益参与来树立企业关心公益、热爱社会的良好品牌形象，这就意味着大多数企业真正想要的，不是公益结果而是社会关注度和好感度。这种商业效率思维决定了这类企业在公益参与中更看重的是这些热点的注意力价值，从而牺牲其中的部分价值理性、公共性诉求和社会整体利益。具体表现在他们的公益参与上就是盲目追逐社会上出现的短期热点、流行话题或是政府和公众关注的焦点问题，缺乏与公益资源长期占有性思考和持久性的公益战略，尤其当企业只把公益当成一种广告公关途径和工具时，公益精神传播的潜在价值被忽视，如此放任必然会导致对价值理性的忽略和漠视，从而走向非理性，损害社会公益环境。当然，也有很多社会责任感较强的企业，他们并非仅仅因为商业性的趋势而选择参与公益，而是试图通过公益参与向公众传达企业对某一事物的态度和建议。对于这些企业而言，经济利益与公共利益的选择都只是企业参与公益的表征，潜在的"公共性"价值理性才是企业公益战略选择的根本。另一方面，从对社会的影响上看，目前由政府主导的公益主题传播一般是具有阶段性和周期性的计划性行为，但实际上社会问题的呼吁和解决是长期存在的。这种受外在功利目的所驱使而主动积极地践行社会责任的企业公益参与，往往表现出"应急应景"公益宣传的特征。从这一点上看，企业公益需求恰恰因为追逐热度，反而与社会公众需求达成了一致，从而成为对于政府公益诉求的一种补充。

综上，在公益运行的过程中，始终会面临着在公益目的与局部利益之间的平衡博弈问题，主要体现在公益创意的纯粹性和商业参与中。从长远来看，这种短期的企业的参与更是会影响公益的纯粹性。公益纯粹性是相对公益商业性而提出的，即以公共性为诉求而排斥和拒绝商业性组织对公益资源的无偿占取和利用。纯粹的公益参与行为不仅仅要求创意内容是纯粹公益的，而且从公益创意主题的制定、资金的筹集、内容的创作、公益作品的发布全流程都必须是纯粹的，尤其是参与主体的动机，即杜绝一切商业性参与和私益侵占，不能以商品形象冲击广告内容，这样才能避免"以公益谋私利"。而要保障公益的纯粹性，就需要"去商化"，这实际上是非常难以实现的。因为公益的纯粹性所排斥的，是私人利益对于公共利益的侵占，所以只有公益和私益的边界十分清晰，才能够让人们对于利益侵占与否做出准确的评判。但实际上，社会环境、公共领域现状、多方公共利益等都是无法给出明晰公益边界的，这需要我们进一步加强对于公共资源和公共表达的监控。同时，为了保持公益创意的纯粹性，往往需要企业投入大量的资金资源，却又不允许企业在公益项目中植入过多商业化的因素，更不允许企业通过公益创意直接露出企业形象，导致付出和回报完全不成正比。这种"吃力不讨好"的状态让企业将其视为一种奉献，从而不愿把资金和精力投入其中。因此，商业与非商业的力量博弈进入一个两难的冲突境地，公益创意也常常会由于资金短缺而无法达成预想的公益效果，无法发挥公益创意最大的价值，单纯依靠纯粹的公益广告主体，是很难实现公益创意可持续发展的。

（二）共舞：社会与商业的创意互动

以公益广告为例，虽然公益广告的纯粹性与商业化看似分裂，但公益组织和企业的合作，让这两者不再那样严格对立。作为一种公共资源，公益广告或公益活动需要社会各方面的共同参与。作为社会的一员，企业自然是有资格参与公益广告事业运作的。但在企业的参与过程中，既想保证公益广告的纯粹性不受到商业化影响，又要有充足的资金实现运转，就需要在保证公益文本纯粹性受到尊重的前提下，再实现更科学的商业化运作。这就要求尊重企业自我的多元表达，建立起一定的激励回报机制，来保证企业自愿投入公益广告的运作。

在企业社会责任理论中，卡罗尔（Carroll）在企业社会责任四层次模型里提出，企业社会责任即经济责任、法律责任、伦理责任和慈善责任。虽然大多数的企业作为经济组织，其一切企业行为的原动力首先是"自利"，但这种"自利"也促进了企业承担社会责任的理念和行为的生成。企业社会责任是企业所处的社会舆论、经济伦理、历史文化、道德习俗等环境文化因素不断内化的结果。在这场公益与商业的较量中，部分企业也会在公益心的驱使下，主动提出以产出社会化创意或者公益话题来和公众沟通，充分展现其对社会责任的追求与公共表达的需求。从企业社会责任实践的内容上看，企业社会责任实践本身就是"公共性"表达的一种。企业通过企业行为或广告行为，向社会和公众表达自己的立场、抉择、承担的社会责任以及其他"公共性"主张。这种主动表达不仅迎合了政府和社会对企业在"公共性"问题上的期盼和需求，也减轻了政府和社会在解决与之相关的社会公共问题时的压力，更有利于政府转变职能、培育社会公共力量，最终形成政府、社会和企业三方互动的共赢格局。企业通过实践承担社会责任，进行公共表达，是符合社会期待的，也是符合企业发展需求的，我们也要尊重和促进企业的多元化参与需求。

在社会与商业的实践上，一部分创意人已经创新性地做出了将现有的公益与商业的矛盾稍作调和的尝试。对于社会责任的热点问题，鼓励企业对公益资源的长期性关注，例如，像前文所提到的"诗歌POS机"系列项目可以建立长期可行的公益IP。这就需要创意公司的参与。作为企业多元化参与的主要渠道，广告公司的创意人深谙创意之道、洞察用户心理、熟识制作公司和人才渠道，也了解媒体投放资源，是沟通企业需求和公益创意执行表达的桥梁，能够起到帮助企业参与公益的作用。创意公司能够根据企业不同的经营价值理念和不同的核心竞争能力来为他们量体裁衣，通过自己对社会的洞察找到最适合的公益资源，进行内生战略规划，帮助解决企业公益参与中的短视、表面的问题，为企业获得良好的经济效益和企业形象，为社会和谐发展作出贡献。

社会化创意的概念是创意的升级版。它不同于纯粹以公益为目的、由政府机关公益组织或社会爱心人士发起或拍摄的公益活动或公益创意，社会化创意以公益为最大目的，以解决社会问题为主要目标，以引发社会关注从而带来问题的解决与改变为主要方式，几乎与一个成熟的公益创意无异，但区别就在于，其背后还是有真实的广告主作为支撑的，是有真正商业目标的，无论是知名度、好感度还是新产品推介，社会化创意都是有所考量和限制的，这会让这一公益创意的社会性主题与公司特点更贴合，也让其中的公益因素比传统的善因营销更紧密。通俗来讲，就是在文本和内容的创意过程中更专注于解决真实的社会需要和社会问题；但在运作和执行上，更符合商业化创意的执行流程、标准和职责划分。这会让社会化创意在创意层面上变得更难也更直接。更难是在创意原创构想上，既要贴合广告主需求和调性，又要考虑商业和公益的比重，要做到二者的平衡；而创意变得更直接则体现在执行上，一旦这个创意完成了，就会有广告主在背后提供可持续的商业化支持，这是社会化创意之所以风生水起的缘由。

可以这样说，社会化创意还能进一步发挥在企业品牌战略咨询方面的作用，好的社会与商业互动创意在与客户的探讨过程中，会激发企业的社会责任与公益心，甚至可能会进一步推进企业以公益项目作为企业长期的品牌战略。社会化创意一方面满足了企业的社会责任表达与品牌公益构建诉求，另一方面是由创意公司持续地搜寻社会问题热点、公益议题等，在一定程度上弥补了商业与社会互动的临时性、随机性和偶发性等公益项目长期缺失稳定支持力量的短板。

(三)双赢:创意品质与传播效果提升

社会化创意的入场,更是在一定程度上解决了传统公益创意创新能力不足的问题。尤其是在社会化创意中,有了广告主作为投入者和监督主体,公益创意就不能像传统公益广告那样不太注重公益创意的品质和传播效果了,却也不能像传统的善因营销、企业冠名那样以企业信息为主体。为了创意能同时实现公益与商业诉求,必须严格把关创意质量,成功沟通创意的创作与执行者、发起者和受益者,做沟通公益诉求与实际落地的公益纽带。

在另一类传统公益创意中,创意由企业发起和进行,就容易站在企业的角度,为了更好的销售效果去追求社会热点公益话题,以达到吸引观众的眼球和销售目的。这样的公益创意传播项目,虽然在内容和表现上也不乏精美和独具匠心之作,但实际上仍然是更偏向于商业目的,会影响其公益本身意义的表达和公益传播的效果。而社会化创意不同于传统的企业公益参与行为,虽然在创意制作过程中也有企业的参与,但最终呈现出来的创意,绝不是传统上简单直白的企业赞助、冠名等硬生生站在核心位置的形式,而是将商业化因素进行修整,让它能够自然地融入公益理念和传播执行中。独立的创意公司会负责洞察社会热点问题和公益需求,结合时代观念、科技等种种际遇,寻找合适客户的社会问题洞察和公益性创意,再去说服客户承担企业责任感,共同做成一个能够解决社会问题的创意公益活动。社会化创意大大提高了公益主题的创意色彩,更好地触动了受众的内心世界。

当然,不可否认的是,社会化创意虽然致力于公益问题和社会问题,说服了一些品牌和企业主动参与公益活动、发起社会创意与公益广告,但这种社会化创意的过程中,需要将公益纯粹性与合理的商业化运作进行紧密的结合。实际中,这种紧密结合是相对具有挑战的,而这可能就是社会化创意本身的魅力所在吧,由于很难实现现象级别的营销传播事件，公益创意品质与商业传播效果的双双提升和共赢，是一种天时地利人和的创意"拥抱"。

三、左手人文，右手科技

回顾经典的广告创意作品，不难发现，越是成功的经典创意案例，越是充满了浓厚的人文主义色彩。例如，诺基亚著名的"科技以人为本"，童年回忆中"南方黑芝麻糊"的叫卖声，以及小孩子有样学样"给妈妈洗脚"的公益广告……这些经典的画面、文案、声音，无不将亲情、爱情、友情等情感融入创意中，不仅赋予了创意内容以生命力和人性化的特点，也更容易激起人们的向往和情感共鸣，从而透过屏幕和媒体，与受众来上一场心与心的交流。

随着科技的发展，创意呈现和技术创新层出不穷，而创意内容反而受到挤压和冲击，甚至让人有一种"创意中的情感要素已经逐渐被流量、新颖的形式等新的科技要素以及其带来的新生态所取代"的既视感。全球市场营销代理商电通安吉斯集团2020年《数字社会指数》（Digital Society Index，DSI）的全球调研显示，我们正进入一个"热爱科技"的新时期，人们与科技的互动比以往任何时候都更加积极。在这种环境之下，"走心很重要，发现新的表达形式更重要"，越来越多的创意人开始认可这句话。①

（一）人文与科技的十字路口

媒体环境随着科技的不断进步而剧烈变化，科技的发展冲击了传统媒体格局，也带来了创意界天翻地覆的变革。互联网时代下，各种便于人们联系和了解信息的渠道越来越多，越来越垂直化，受众有无数的信息源可选择，年轻群体的触媒习惯变得越发碎片化。在这个注

---

① 《2020年〈数字社会指数〉报告：抵制科技还是热爱科技？》（2020年6月23日），数英网，https://www.digitaling.com/articles/311037.html，最后浏览日期：2024年10月9日。

意力稀缺的时代下，以注意力为卖点的广告创意也被迫改变。

注意力经济时代下，视觉符号的创新越来越凸显沟通优势。"让读者一眼就产生'必须注意这则广告'的感觉"，这标准十分苛刻，但在网络时代却行之有效。不新奇、不有趣，就很难在如今的媒体环境中吸引到受众的关注，更别提要让创意发挥出作用来。伴随着数字信息技术的不断进步，创意产业已经超越了传统的文化创意产业，向数字创意产业方向迈进。这说明如今的创意产业正在双向互动的传播模式和大创意社会氛围中一点点改变着自身，实践着创意产业与数字技术的交锋与交融。在当下的媒介环境中，要追求创意的传播实效，除了要有深刻的洞察和创意内容之外，还需要创意技术来作为保障。这使得科技要素在创意中的地位稳步攀升，创意为了适应媒体生态环境变化，而不断提升自身的科技含量。在展现形式上，科技的发展打破了传统创意的单纯视频、平面、线下推广三大主流形式，带来了例如朋友圈广告、微信红包广告、App开屏和原生广告，甚至是利用人工智能技术实现广告内容的耦合生产、精准投放与互动反馈的人工智能创意广告等全新的形式，它们颠覆了原有的创意形式与广告运作方式，并利用科技的力量，带来了更个性化、更高效、更智能的消费者洞察和创意策略分析方式。[1]

总之，科技要素与技术应用的发展形势不断创新发展，新科技加持于传统创意行业，在创意作品的主题、形式设计、人性关怀等方面，具有更多解读消费者生活、需求以及引领其消费生活观念与行为的创新路径和实践变革。在一定程度上，更能满足企业通过创意提升经济效益、树立品牌形象的目的，满足消费者对产品与服务的认知和情感诉求、需求。此外，广告创意的内涵却被忽视。企业纷纷追求新兴的形式，追求流量和短平快的效果，对于广告创意的内容与情感的关注便有所下降了。对创意技术和媒介传播实效的追求挤走了人文内

---

[1] 姜智彬、马欣：《领域、困境与对策：人工智能重构下的广告运作》，《新闻与传播评论》2019年第3期。

涵和情感洞察的生存空间，只有更为深刻的洞察和创意内涵才能获得关注，广告创意人需要付出比传统广告时代更多的努力才能与互联网时代下的科技和流量争锋。当然现实中层出不穷的新创意、新表现，也存在着不确定的传播认知风险和传播效果困扰。

（二）品质与流量之困

在这个科技与创意相交融伴生的产业过程中，创意所受到的冲击挑战，其实并不比科技所带来的机会少。科技带来了直播、短视频、H5、AR 等众多的新媒介形式，带来了数字化转型，让创意的去中心化得到了极大程度的发挥，让人人创意的时代提前到来，却也让更多的人彻底被这些花样繁多的新技术形式所吸引，威胁着以创意品质为生的创意产业和创意人的生存发展。

一方面，互联网时代，人人以流量为追求的潮流和焦点，创意的观看者们将大量的注意力集中在当下热门的新形式上，但从创意发展的角度来看，过度追求创意的形式，往往会抹杀创作者的创作才能和积极性。然而，企业的逐利性会让广告主们纷纷追逐新的科技与热门流量模式，从而对创意人提出更加苛刻的要求。在媒介环境的变化和"流量思维"的压迫之下，创意人为了达到创意目的，往往在自我要求与甲方逼迫的双重压力下，各自下场获取流量，然后努力实现流量变现。但强行追求高新科技元素的融合与利用，会让创意的空间被压缩，更会让创作变得困难。

另一方面，互联网的兴起，不仅带来了碎片化的信息传播，更催生了一大批以"段子手""营销大号""自媒体大 V"为代表的新媒体，以新媒体为核心的媒体资源矩阵需要重新建立。数字时代的媒体开始纷纷进行自发创意和原生创意，UGC 的火热发展更带来了"去乙方化"的风暴。这些都威胁着传统创意行业的生死存亡。根据 2015 年数字营销协会（Society of Digital Agency）发布的年度报告，27％的品牌正在进行"去乙方化"，逐渐减少甚至停止与乙方的合作，转而自行建立内容中心。乙方代理制已经存在了上百年，往往是等到媒介彻底完成升级，才想起来要去自我更迭。而近年来，新媒体科技的飞速发展，从某种程度上来讲，把创意放在同样的媒介环境中，其影响力时常让位于流量，甲方更愿意为流量而买单。

移动互联网更是孕育了大批新的流量之王，以"段子手""营销大号""自媒体大V"为代表的"新媒体"，整合打造出媒体资源矩阵进一步吸引着受众和甲方企业的高度关注。媒介流量思维与创意思维，往往在乙方自我加压与甲方逼迫的双重压力下，各自下场获取流量，然后努力实现流量变现。必须认清，流量让他们拥有了一定的传播优势，但其中也暗含着巨大的陷阱：互联网上的形势瞬息万变，前一秒还是引领舆论力量的顶尖偶像，后一秒可能就因为各种原因或丑闻过气，粉丝脱粉回踩，流量大厦顷刻崩塌。这就让本身为了流量少、流量贵的问题而发愁的企业和创业者们倍加小心翼翼，时刻注意令人应接不暇的热点变化，在注意力供需关系极不平衡的情况下，一边想尽办法提高流量增速，一边和各种流量陷阱斗智斗勇。同时还要小心各种暗中滋生的、利用流量陷阱牟取暴利的网络野心，注意流量泡沫。例如，2016年出现的微信公众号刷量工具瘫痪事件，就将众多"微信大号"打回原形，10万+的一篇稿件，可能只有300多个真实阅读、数据造假，这很明显是属于这个独特的科技时代才有的大数据与流量陷阱。世界广告主联合会（World Federation of Advertisers）预计，在未来10年内，流量欺诈将会成为犯罪组织的第二大市场，仅次于毒品贩卖。而这也会破坏广告主对行业的信任，让情况雪上加霜。① 因此，在这个流量争锋、品牌焦虑的数字营销传播时代里，我们看见了大批抱着"不需要共鸣只要出名就好"的流量变现的思维方式的一个又一个流量明星、流量电影、网红品牌的衰落。这或许就是现代创意版本的"眼见他高楼起，眼见他大厦倾"的品质与流量之困。

---

① 宋丽：《关于互联网环境下传统企业的转型》，《东方企业文化》2014年第8期。

(三) 科技与人文的拥抱

互联网时代，科技的发展让创意拥有了新的机遇，也遭受了一定的冲击。在科技与传统斗法的当口，究竟该如何处理好科技与创意的关系？如何才能让流量瞬间爆发并存储转化，不再是一夜昙花？如何平衡融合内容与数字技术，让他们融合双赢而不是两败俱伤？这些都是互联网时代的广告创意所面对的重大挑战。面对数字技术、人工智能在营销传播行业中不断涌现，无论是传统的创意行业从业者，还是出身 4A 的创意热店创意人，都受限于传统出身和专业从业背景，也困惑于数字技术迅速迭代的不确定性。作为创意人，他们对媒体的冲击、时代注意力的变化感受最深。但创意人的整体的态度是包容和积极拥抱变化的，毕竟创意本身就是包容性极强的创新性工作，而从原来的大众媒体到如今的新媒体，广告主的企业需求发生变化是必然的：曾经属于大众媒体时代的"传统"，例如"前三秒一定要看见产品""付费的每一秒都不能浪费"等，已经成为传统时代的模式化流程，却不再符合当下的时代环境。

在新媒体的碎片化信息模式下，这些变化并不是针对创意内容而言，而更多是针对创意的形式，例如，TVC、杂志、报纸、户外和电梯、事件等。虽然很多媒体创意呈现形式是传统创意时代不存在的，其内在的核心与创意思想依旧是从传统的创意里延续而来的。而随着 4A 的"没落"，传统的整合营销模式也日渐式微。在碎片化的时代，受众往往只能看到整合营销中的部分内容，而如何将有限的预算用在必要的事情上就成为重点。小型的整合比传统的大整合营销往往能取得更好的效果。例如，在创意事件"加油白衬衫"中，核心就是一个视频，此外的刺激曝光点包括地铁装饰、海报、微博话题等，用作战略承接，这就是相对有效的小整合，是对以往在传统付费时代大众媒体下的那种大整合概念的一种变体。

科技为擅长做艺术设计类的创意人，带来了更多的惊喜。科技拓宽了他们的创新形式与发挥空间。对他们来说，科技带来的改变反而是一柄实现创意想法的利器，帮助更好地让天马行空的创意落地，是"上斩天，下斩地"的创意宝具。从创意的角度来看，科技的创新发展与媒介的丰富，都使得创意的形态也随之更加多元化。大众传播时代的主要媒体只有电视、广播、报纸，主要的创意形式也就是视频、平面等，而随着传播媒介的发展更新，一些新的 H5、声光电技术、数字技术等都可以成为创新创意的呈现手段。例如，动观上海给腾讯视频和贵州省文化和旅游厅做的在黄果树瀑布的一个投影，实现了"瀑布巨幕告白"的创意效果呈现，打造了户外巨幕影院的效果。这就是依靠科技的发展进步才能够落地的创意体现。或许之前不少创意人都有过这样的创意，却只能是一个天马行空的幻想，直到科技能够做到这一点，创意才成为现实。当然，科技带来的也不完全是好处，在实际的执行过程中，新的媒体科技对创意思想反而带来了一定的束缚和扼杀：一旦创意人只需要追逐潮流形式就能完成任务，思考、洞察与创意里真正契合需求、能够解决问题的东西很容易就被慢慢丢弃了。

毕竟，广告本身其实不仅仅是一个创意艺术，它还是要为广告主服务，用新的形式来提供创造性的解决方案。尤其在互联网时代，大多数甲方已经开始有了自己判断能力，会在创意之初积极主动地强调品牌的文化、战略定位等。他们在自己的行业深耕，已经具有这方面的战略视野和认知力，包括其所了解的行业热点案例，这也是互联网时代的另一个重大变化，科技和时代的发展使得广告主开始更了解创意，也开始有了自己的创意主张和价值。当然，这并不意味着对创意的束缚，而是指明了方向，丰富的细节和深刻的认知也给创意人更多的发挥空间。因为创意从不抗拒创新，而科技的发展是可以为创意而服务的，创意则是被许多科技的进步不停改变的。

必须承认，新的技术和媒介形态一定是对传统的创意有一定冲击的，新时代的创意，还是用创意人自己所擅长的创意语言，去进行创新创造。但传统的创意也在尽最大努力利用新的技术来提升自我，弱化矛盾。

新的科技为传统创意带来了很大挑战，甚至会让一些新入行的创意人形成创意的新流程与新模式。因为新人对工作不够熟悉的时期，会首先积累很多的广告案例来完成学习，而如今的新人所积累的，自然是互联网时代的新创意。不夸张地说，数字媒体、新技术和创意的结合，已经是现在的趋势了。笔者也曾经在一次采访中表示："创意热店要发展，未来就可能需要引进更多的技术人才，从而在转化及品效合一方面做得更好。"[1] 新的科技为传统创意带来了很大挑战，甚至会造成创意流程上的颠覆。因为很多刚入行、还处于对工作不熟悉的认知期间的广告创意人，所积累和学习的广告案例都是互联网时代的新创意，这让他们很容易形成一套互联网时代下全新的创意的流程与模式。

我们不难看出，当科技开始助力媒介，当创意开始浸入科技，创意产业的发展遇到了最好的时代，科技与创意共舞，共同体现了对消费者的人文关怀，一起将商业进步与时代文明发展的力量汇聚到新科技与创意新风貌中来。大多数广告创意人对待科技的态度是充满开放性与包容性的。或许是因为，创意从不是个故步自封的领域，科技发展与创意的关系，也从来都不是矛盾对立的。越来越多的创意人开始积极拥抱数字技术和科技创新的力量，这不仅仅是一种促进变革的引导力，也成为带领人们生活更健康、更互联的推动力。科技让创意人能够更好地捕捉消费者的行为，研究消费者的购买习惯，而这更有利于销售和转化，但这并不意味着我们就要敞开怀抱全盘接受变化。在这个科技发达的新媒体时代，依旧需要构建与消费者的心灵沟通，将先进科技和艺术形式兼收并蓄。对于受到冲击的创意而言，科技带来的其实是一次破而后立的重生契机。随着移动互联网的飞速发展，用户在获取信息方面的不对称现象逐渐消失。在物质日益丰富、产品同质化愈加严重的背景下，传统的 USP 理论在当今市场环境中愈发难

---

[1] 《4A 专访｜天与空：把自己当作一个品牌去做》（2020 年 5 月 15 日），网易，https://3g.163.com/dy/article/FCKM2K0J05502ZGU.html，最后浏览日期：2024 年 10 月 9 日。

以奏效。菲利普·科特勒（Philip Kotler）的营销 3.0 时代观点指出："传统的 STP（Segmentation，Targeting，Positioning，市场细分、目标市场选择和市场定位）市场定位模型已经无法继续创造需求，现在的营销者必须同时关注消费者的内心需求。"这需要更加精准地找到品牌、产品与消费者的情感联接点，然后再通过创新科技形式吸引注意，以深刻的内容引发情感共鸣，最终形成合力，让消费者认可并最终购买。① 在科技迅速发展的今天，我们迫切需要知道如何将创意和科技更好地融合在一起而发挥各自的最大优势？创意如何在互联网数字经济发展的大浪潮中更贴近社会、贴近生活、贴近消费者的人文主义理想？或许，这才是科技进步与时代发展所带来的创意新风貌。

四、数字时代的创意门槛

曾经，"不做总统就做广告人"常被创意人们骄傲地挂在嘴边，代表国际化标准的广告 4A 创意公司们更是风头无两，"广告狂人"们是摩登时尚的代表，无论是影视作品还是大街小巷都充满了广告公司和广告创意人的"传说"。创意能够用其创造性的思维和方式解决社会问题，可却不知道从什么时候起，"不做总统就做广告人"变成了"谁还不是个广告狗"的自嘲。在漂亮高级的、凌晨的写字楼里，多少看上去光鲜亮丽的 4A 公司广告创意人，都曾站在高层办公室临街的大玻璃窗前俯瞰身下车水马龙的繁华，或是在格子间里，对着弄堂夜色中长长的漆黑，思考过同一个问题：无数个深夜的加班究竟给自己和这个社会带来了什么？解决了什么问题？广告创意的出路和未来，又究竟在哪里？

（一）国际 4A 的坎

"4A"是对于国际上领先的广告创意公司的称谓，起源于 20 世

---

① 《营销中情感诉求泛滥，如何把共情变成购买力》（2019 年 10 月 23 日），广告门，https://creative.adquan.com/show/288252，最后浏览日期：2024 年 10 月 9 日。

纪初,兴盛于市场经济和传统媒体极度繁荣的20世纪中后期,在大众传播时代红极一时,著名成员包括奥美、智威汤逊、精信、麦肯、电通、电扬、BBDO等。4A一词源于美国,即"美国广告协会",是The American Association of Advertising Agencies的缩写。因名称里有四个单词是以A字母开头,故简称为4A。而在中国,广告创意行业,甚至传媒行业的发展都要稍晚于欧美,直到20世纪末才达到大众传播的巅峰。广告行业发展至今已经有100多年,但4A广告公司的商业模式几乎没变,属于典型的"寄生业务模式",即以广告创意和媒体投放为生。[①] 曾几何时,4A代表行业最高标准,但随着时代的发展,4A广告公司逐渐陷入"钱难挣、人难招"的恶性循环。

如今,4A公司面临严重的生存危机:阳狮因宝洁削减广告预算,被迫重组纽约创意机构;2019年年底,广告巨头电通集团被曝大规模裁员,波及中英法德澳等7国业务线,被裁人数多达1 400人;2020年,宏盟董事长约翰·雷恩(John Wren)证实宏盟集团旗下各机构都在进行裁员、减薪和休假;同样是2020年,全球第一大传媒巨头WPP采取削减成本措施,推迟2020年的涨薪计划,WPP旗下的奥美则在美国解雇了其首席创意官莱斯利·西姆斯(Leslie Sims)。一切才刚刚开始,越来越多的CMO(Chief Marketing Officer,首席营销官)变成CGO(Chief Growth Officer,首席增长官),营销部门变成增长部门。在这样的背景下,社会对于传统4A的质疑更是不断,受经济下行和数字化转型的影响,一股"去乙方化"狂潮正流行于大大小小的媒体报道中。不断有新闻曝出,全球许多重量级甲方正减少甚至终止与广告创意类乙方的合作,转而实施对创意内容的内部自营。这种潮流无疑是对广告行业的致命打击,这让广告创意公司的发展变得举步维艰。与此同时,随着传统媒体的逐渐式微,广告市场对于传统媒体的需求也在不断降低。许多广告主开始表露出对传统媒

---

① 李青:《中国4A广告公司的商业模式创新研究》,《中国商论》2019年第5期。

体广告价值的质疑。

而在 4A 公司"花钱多、出活慢"的表象背后,实际上是 4A 公司在突如其来的转变中的力不从心。曾经的 4A 公司在大众传播时代养成了擅长"面向一群人的创意"的能力,在全新的时代环境和背景之下被要求提供"面对一个人的服务"时,就难以派上用场了。进入数字化时代,移动互联网和全新的媒介环境正在不断削弱和消解传统 4A 公司所依存的传统经济模式和企业运营模式。互联网时代的创意拥有自己的运行规则,于是那些曾经让 4A 公司取得成功的很多范式、前提和生效机制都不再适用于瞬息万变的时代和环境,无法让 4A 直接适应数字营销时代,满足广告主们对直接、高效,追求热点和创新的诉求。换句话说,4A 长久以来在主流媒体传播时代所建立起的一套完整的理论、公司架构、效用机制等创意流程体制,在如今互联网带来的媒介使用环境、信息交流方式,甚至人民生活模式、企业与消费者的相处模式和广告主与乙方之间的关系的巨变之下,不仅无法帮助 4A 继续在新的社会媒介环境下获得较大收益,甚至已经成为让 4A 严重滞后于媒介市场以及全新客户需求的束缚。这种社会性的变动,也从根本上动摇了 4A 一直以来所坚持的创意模式。曾经的"广告创意看家和媒体投放主导",早已因为经济发展和商业模式的变化而转变成"受众参与、受众主导"的全新模式。互联网时代让话语权归属于每一个人,科技降低了表达的门槛,让大众参与创意。尽管传统的大创意、大制作、大平面等手法在市场上仍占有一席之地,但由于其创作周期冗长,代理费用偏高,已经愈发不被广告主所青睐。企业们更愿意去追逐新热点,想要找回"浪费的一半广告费"。但实际上,作为广告代理人,4A 公司的主要经济来源就是源自双向代理制度中那笔丰厚的媒介代理费,于是当广告主们调转风向,4A 的整体收入也就随之大规模削减,并产生了发展乏力的后遗症。为应对这一变动而焦头烂额的 4A,难以分出精力去应对社会环境和创意内容上的更大变化。

（二）创意热店的门

互联网时代的中国 4A 广告公司活得着实不易。时不时就会被各大媒体、营销号发篇通稿问候一下"到底死没死"或是"还能活多久"？"4A 已死"就像是流量密码，而在广告创意行业表面的平静之下，也是暗流涌动。大量仍然对创意和广告怀有理想和期待的创意人怀着变革之心，面对时代机遇产生了大干一场的决心。对创意的渴望和向往，正把他们内心的火苗越烧越大，在波澜涌动中他们观察并等待着，只要时机一成熟，便将毫不犹豫地出走，自立创意的新门户。

自 2010 年开始，创意热店这个词就已经随着网络的发展而被渐渐提及。一些白日是创意人，晚上是积极冲浪的互联网弄潮儿的"不安分子"，纷纷将目光转向新技术和新机遇，不断推进着新技术、新媒介在自己领域内的应用。这些"不安分"的创意人做着名为创新创意的工作，也在做惯了房地产广告、见惯了传统的创意体制后，将一颗心都投入互联网中，时刻窥探着属于他们的机会。于是传统 4A 和老广告人在新时代里相继碰壁，互联网创意人则是如鱼得水。在媒介革新带来的全新广告形式和创意红利之下，这些有想法的创意人忍不住开始寻找机会，解锁创意的新玩法。一些人打着"以创意为生"的旗号，尽可能摆脱属于传统的枷锁，提出了"4A 升级版的概念"，希望凭借创意实力，在所谓"广告公司黑暗时代"里，闯出"创意公司的光明未来"。这批有想法、内心躁动的创意人，大多借着网络之势自立门户，成立了如今叱咤风云的创意热店和互联网广告公司，例如，成立于 2010 年的有氧、成立于 2012 年的 karma、成立于 2013 的有门和天与空、成立于 2014 年的 W 等。

随后的 2014 年和 2015 年，也有一大批热店在这个期间集体涌现。与数字营销公司、互动公司不同，这些新生代创意热店更喜欢将创意作为自己的"立身之本"，他们更重视创意，且创意的风格更独立，模式更扁平，整体的组织架构也与传统广告公司有着很大的区别。如果说之前这一类贩卖理念的公司被称为"广告公司或公关公司",那么以创意独立性立足的创意热店,似乎更符合"创意公司"这个头衔。而从公司规模和人员构成上来看,创意热店不再像传统4A那样体量庞大、派系分明,而是更体现了扁平化和"小而美"的特点。如今,创意热店早已成为一类创意公司的代名词,甚至成为区别传统广告创意、公关模式的名词。

如同传统4A随着市场经济的发展而崛起一样,创意热店跟互联网企业一同起家,二者在创新变革摆脱传统的过程中抱团取暖。而在创意热店崛起的同一时期,国内互联网的格局也在悄然形成:淘宝坐稳了O2O(Online To Offline,"线上到线下"的商业模式)的头把交椅,天猫独立成为电商品牌,京东飞速发展壮大,腾讯和百度也各自在自己的领域混得风生水起,以及滴滴、美团之流的来自其他领域的各路"后起之秀",都开始成为各自领域的领头羊。作为创新性的企业,他们更愿意信任同样以创新标榜自己的互联网时代的"革命同志"。于是,创意热店崭新的互联网创意为一家或几家互联网领头客户打响了名头,甲方的信任也给了创意热店更自由的创意空间。创意双方和谐共赢,相互分享资源和创意,一起"捧红"的双方紧密地捆绑到了一起,成为一股志同道合的"新势力",打造了甲乙方在新时代的全新合作模式。

虽然创意热店主要脱胎于传统4A广告公司,很多创意热店的知名案例背后也带有浓烈的4A创意烙印,但创意热店更致力于创意为先,以创造性地提供问题解决方案为首要工作和目标。创意热店希望能解决4A模式目前面临的问题。在这个拥有太多的互联网平台而导致"资源平权共享"的年代,旧有的创意理论、知识体系和创意企业模式都不适于时代特有的媒体现状和消费心态。创意热店将创意的社会影响归于大想法,希望在"去乙方化"的环境下,提升创意的存在感,提高广告行业的存在感和作用。

创意热店解决的不仅仅是创意问题、社会问题,还有目前广告创意企业所面临的组织架构问题。互联网的应用,其实是重构了时代媒介格局和消费者触媒状态，旧有的创意理论、知识体系和创意企业模式已经不适应如今的发展要求。这是一个拥有太多的互联网平台而导致"资源平权共享"的年代，媒体变得更大，每个人都变得更加地有自主表达和表现的空间，科技带来的这些变化造就了我们必须在广告这个领域也要跟上时代的浪潮，跟上时代快速变化的节奏，否则就会像4A一样，遇到时代不可逾越的"坎"而被广告主所质疑和远离。创意热店的优势就在于，组织更轻，能够更自由地以独立的创意眼光和资源方法来应对社会市场上的变化，快速响应。具社会影响力的创意不仅仅依赖于经典的创意思维理论与经验，而是擅长调动社会各个领域的一切注意力资源和手段来提升创意的价值感，提高创意热店的行业存在感和企业价值感。

创意产业是一个比拼智慧和创新的行业。创意热店把人才、创意、媒介、社会资源进行高效的组织整合，使其发挥最大的创新爆发力，保证创意的可持续性产出，所要解决的经营管理问题仍然不会少。作为人力资本密集型行业，人才是行业发展的首要动力。目前，中国的大部分创意热店尚处于创业早期阶段，多数都是由国际4A背景的创意人合伙创立，都采取了"小而美"的经营管理模式，将人才等资源主要放在了创意上，比传统的4A模式更扁平化、更简洁，程序不再冗余，项目组、师徒制、创意群等小组作业方式高压、高质、高效，创意产出迅速且直达人心。例如，法国创意热店FRED&FARID巴黎公司，从作品质量来说是一家当之无愧的"大"公司，但在员工数量上，作为创意热店还是保持了较小的规模，一共只有130人左右。他们坚信，这样的人数是构建一支强大的创意团队的理想选择。随着团队规模的扩大，工作的开展和合作难度也会随之增加。实际上，高质量的创意工作的完成，并不需要大量的人员，而是需要每个领域中最优秀的高水平专业人才，这也是创意热店与4A对人才管理的区别所在：敢于以小团队扁平化经营，是因为人才的重点不在量，而在质量。

创意热店与传统 4A 的另一个较大的区别，是创意热店基本都是由创意人自己建立，创意流淌在公司的血液里（其实这种"小而美"的组织形式也是许多国际 4A 创立之初的组织形式）。和由生意人成立的公司相比，创意人作为企业的领导者，更能把握住创意的核心 DNA，这样的架构也是独特的。进入中国市场的英国创意热店李戈斯雷尼（Leagas Delaney）表示，大多数创意热店都是客户导向的，聚焦客户及其消费者的需求，深入了解客户的商业目标、挑战和优势，然后提供最有效的解决方案。这个方案可能涉及广告、沟通平台、产品设计或是其他服务。不管具体形式如何，创意热店的员工都会运用创意思维来解决问题。创意热店不仅关注广告，还关注产品与消费者沟通的各个层面。最重要的是，他们为客户提供具有洞察力的策略，始终对客户的业务保持专业和热情，并提供最佳方案。这种客户导向不同于传统 4A 的"被动接单模式"，而是真正为了帮客户解决问题，创意人会主动引导客户思考，而从来不会为了公司的作业流程管理要求而完成有限的某一单元工作，不仅仅是单纯地接 case、按要求做创意、执行并"出街"这种传统的模式与流程。在创意环节上，更不仅仅是立足找到客户商业问题有效的解决方案即可，而是思考可能兼具更大传播意义和价值的社会问题解决方案和路径。

如前所述，针对 4A 体制略显僵化的现象，创意热店与互联网品牌同甘共苦的"革命同志"关系让他们在合作形式中以商量为主，企业更愿意听取创意热店的意见，从而做到了很多跨国集团 4A 企业都很难做到的主导创意计划。同时，针对 4A 部门繁多、沟通不畅的问题，小而美的团队让创意热店能够减少时间成本和不必要的内耗，达到高效的运作，由创意主导营销的各个环节。例如，在国内创意热店天与空中，是没有传统的创意部、客户部之分的，他们采取的方式是建立一个又一个"创意事业群"。在每个创意事业群里，由一位创意合伙人领导。在每个创意群里，创意人员占比达到 70%，包括文案、美术、创意总监等，完全体现了创意主导的特性；另外的 30% 是品牌服务人员，负责调研、策略、客户联系、数字营销的资源配比，甚至制片等，他们为创意而服务。这个模式能够保证人员的精干高效。而哪怕是这 30% 的品牌服务人员，也并不能完全对创意置身事外，在为创意服务之外，他们也被期待和要求着参与品牌定位、创意讨论、策略执行等工作中。而最终会由本群的创意合伙人对创意分歧做出最后的判断，以保证提供给客户的提案是最单纯、最高效的大创意。同时，这个模式可以避免传统的创意模式因为预算、甲方要求等多方面的考量，导致优质的创意无法落地执行，只能成为业内默认的"飞机稿"的现象。为了更好地经营，避免传统 4A 提案比稿因佣金后付导致的资金迟滞、周转不灵的弊端，天与空开创了在每个新的提案前收取 10 万元预付金的"预付佣金模式"。这一方面可以筛选出真正有诚意的客户；另一方面也为创意的价值赢来了应有的尊重。节省预算的另一种方式，是打通传统、数字、公关的界限，比如，在创意生产时，可以以新闻思维从公关的角度入手思考，先构思与产品相关的"大新闻"，再围绕这个"大新闻"发散思维构想创意表现形式。这种方式相当于先把落地点想好，让创意的发散拥有了支撑点，从而让创意在有限的投入时更精准，更游刃有余。小预算不仅是为了节省运营成本，更是数字时代下的企业要求。当越来越多基于互联网的低成本、高影响的现象级创意营销案例出现，例如冰桶挑战等，企业也更倾向于为这样的案例买单。"用最小预算创造最大商业价值"，成为在这样的环境背景下，借高水准的创意来实现那些要依靠高价投放来解决的创意效果。这也证明了忽悠客户，用大制作、大明星、大投放硬砸出来的广告，在数字时代是行不通的。

总而言之，创意热店的崛起约等于"4A"的进步，这个打了引号的 4A 可以理解为 4A 服务模式。创意热店的团队比传统 4A 公司模式更加扁平化，项目制模式能让整个团队里的创意人才（包括文案、美术、AE 等）都参与创意，大幅提升产出效率。此外，项目制度能将甲方的营销任务进行阶段化、节点化，KPI（Key Performance Indicator，关键绩效指标）化的拆解，建立短期目标和创意策略让他们能够为每一个活动快速响应，这显然是一种高效的模式，比起传统 4A 要更适应"互联网节奏"。这也是很多人将创意热店的横空出世，看作所谓"时代契机"的原因。当传统的 4A 完成了国际品牌进入中国市场的陪伴功能，并在充满初创型、青春期的企业和品牌的数字时代中国市场上逐渐显得吃力时，创意热店就承担了这个"不破不立"的重要责任，站出来解决传统 4A 的创意风格不能迅速解决的市场问题。而由创意热店引发的社会化创意则充分彰显了互联网时代的活力和转变，让企业以更积极的姿态将信号释放给受众，展现品牌的责任、担当和人文主义关怀。创意热店的崛起和社会化创意的推出，或许能够作为当下广告的转型趋势甚至是解决方案。

（三）以创意之名自赎

我们看到了创意热店的崛起与盛行，看到更多品牌企业广告主义无反顾地投入和支持社会化创意，以为这就是社会化创意的最终目的。然而，如前文所述，国际 4A 早期的经营管理模式就类似于创意热店现在的商业模式，后来因为规模化发展成本和资本利润的胁迫才变成了现在的国际 4A 运行机制。按此演进逻辑下去，我们现在风生水起的创意热店会是怎样的一条出路？

开放分享的"创意节"

创意从来都是在交流与碰撞中诞生的，创意最终的比拼在于创意人才的比拼。独立创意公司的创始人非常清楚这一点，他们本身就是这条路走过来的，而如今创办独立创意公司，就需要招募更多年轻人热爱创意、投身于创意事业。创意分享成为一种非常有效的召唤平台，在传统的广告行业里，这种专题性创意分享往往仅限于公司内部，即使是有关论坛，也更偏向于广泛交流主题。2019 年的天与空创意节率先打破了这种现状，召集中国顶尖创意人，开启了创意的交流与突围之路（见图 3-1、3-2、3-3）。此次创意节云集中国广告业

图 3-1　2019 天与空创意节

图 3-2　2020 天与空创意节

图 3-3　天与空创意节现场

近年来最活跃且具代表性的 16 位顶尖创意人和设计师，开启了连续 2 天的创意思想盛宴，分享了近 100 个刷屏级创意案例。2020 年，28 位顶尖创意人，28 场创意演讲，由天与空、东华大学、数英联合举办的天与空创意节如期而至。网易、数英、广告狂人三大平台同步面向全国直播，线上线下观众达 20 万人以上，覆盖广告圈、艺术圈、设计圈、娱乐圈，媒体报道不低于 200 家。作为中国第一个免费开放的共享型创意节，第一个专属于独立创意热店的节日，论坛推动了中国独立创意机构的蓬勃发展，也推动了中国更多更优秀的年轻人加入创意行业，为推动创意人在品牌营销中发挥出重要的作用，为推动创意精神成为中国当代主流社会的核心追求，尽自己的力量。

"创意力的平庸往往在于惯性大过思考。""创意人的必杀技能是什么？""如何在日常生活中做创意思维训练？""社会化创意""如果没有这广告？""品牌和音乐的交往之道"……包括马晓波（胜加总经理兼首席创意官）、李三水（W 创始人）、黑一烊（Sense Team 感官山河水创建人兼创意总监）、李丹（HHCreative 联合创始人）、熊超（The Nine 创始人）、杨烨炘（天与空中国区首席执行官）等在内的创意人分别就自己的从业经验作出了精彩的演讲和案例分享，引导在场的学生与创意人冲破惯性凝结新的思考，进行行业前沿的交流互动。各行各业的顶尖创意人用自己的创意演讲，与现场的创意人互动交流，促进更多的年轻人加入这个充满活力与机遇的创意行业。同时，也促进了更多的品牌主了解创意价值，重视创意价值，将创意引入企业文化之中，成为企业核心价值观的有效组成部分。

除此之外，另一个有趣的新交流形式是来自广告营销行业创意案例分享网站——数英 digital 组织的数英奖（DAwards）。这是业内首个全透明、在线公开评选的广告营销创意奖。它的评选方式很独特，依托于数英平台的优势，汇聚行业爱好者、从业者、专家的诚实表达，结合数据算法的分析提炼，识别并表彰那些达成广泛精确触达、兼备智慧和创意的广告营销案例。

评奖的全程线上化、数字化、公开化，以及评委团队的多元化、多层次化，让每个获奖作品的进阶之路都有迹可循。作为一项带有理想主义实验性质的奖项，数英奖希望创造一个开放、透明、公平的评选空间，让它成为大众了解广告创意、从业者窥见行业动向的一扇窗户。

以此为内驱力，2021年数英奖在终审环节引入更多维视角，邀请了更具广度、更多维视角的终审评委阵容，172位终审评委中，有大家耳熟能详的广告界大拿，也新增更多品牌主大咖、导演评委等。这些评委秉持公正原则，力求以更多维、立体、客观的视角，将多年从业经验内化成精彩点评，带领更多人领略那些真正有价值的内容，让每个创意背后的真诚都迎来回响。

最重要的是，虽然每位评委在线上独立作业，但所有参与评审的读者和评委对每一个案例的点评都被保留，不仅全程公示，在评选结果公示后，相关点评和项目说明还将继续对外开放，可用于长期性阅读、学习。这有助于业内创意人随时交流学习广告营销新思路。而那些获奖作品则精准地反映了当下时代的特点，让社会真正感受到创意的力量，也为广告和广告人带来尊重。"广告向善"从来不是一句空话，这些富有传播力的佳作，引领着公众朝向温暖与积极的力量。

互动创意的"数字原住民"公司

部分在互联网时代成立的中小型广告公司，自出生之日起就与从4A脱胎而生的创意热店不同。他们基于互联网出生，于是天然地选择了另外一条路——数字时代的互动策略与创意。例如，自2010年开始，一些以互动营销为主打的创意公司陆续成立，包括成立于2011年的时趣互动、成立于2012年的环时互动、成立于2013年的有门互动等。这些公司直接以互动公司来称呼自己，因为他们更适合以数字平台的互动创意为设计方向，侧重社交平台的整合营销传播。[1]

---

[1] 《之所年刊：广告公司40年史记》（2020年2月3日），知乎，https://zhuanlan.zhihu.com/p/104873383，最后浏览日期：2024年10月9日。

而各路后起之秀如数字营销公司、公关公司、咨询公司等，甚至甲方广告主也开始尝试自组广告创意部门，广告的生态正在变得越来越复杂。视频、SEO（Search Engine Optimization，搜索引擎优化）、双微、OTT（Over-The-Top，通过互联网直接向观众传输的视频流媒体服务）、头条抖音、天猫站内、原生广告……层出不穷的新形式和媒体纷纷入场，例如，资讯行业巨头埃森哲旗下子公司埃森哲互动，就在短短五年的时间内，成功收购了22家创意、内容制作和数字营销公司，稳坐全球营收最高数字代理机构的宝座。埃森哲互动的目标是挑战传统的思维模式，它不再满足于仅仅以"有创意的活动"为主导的内容营销模式，而是希望通过提供"有价值的服务"来推动更多的内容转化。此外，埃森哲最近的一份全球调查结果显示，高达90%的受访者表示，内容营销的创意策划和策略执行应该由甲方公司来主导，而不是由乙方公司来负责。他们认为与临时接受任务的乙方相比，品牌自身能更了解该如何生产"有价值的服务"。这些创新的创意组织模式，都在轮番冲击着传统4A的思维模式和利益获得机制。互联网时代的新型营销公司如雨后春笋般涌现，纷纷依靠网络事件营销、社会化营销等新型手段来抢占传统4A的市场份额。

互联网时代网络和便利性设备的普及降低了发声的门槛，大众化创意快速生产的时代随之到来，在这个新的时代，每个人都能传播信息，人们可以利用各种社交平台发布内容、发表评论、分享短视频和VLOG（Video Blog，视频博客），甚至可以创建自媒体形式的"广告公司"。这样的运行方式，给传统创意带来了新的挑战和压力。在新媒体时代中，整个传播环境更加社会化、多元化，新的时代特征、甲乙方关系、全民传播环境，都要求把新媒体、新技术、新的传播环境整合起来，这就导致了传统4A哪怕在整合上也会出现水土不服的现象，从而让传统的业务能力追赶不上新兴的传播需求。不过其实如今风头正盛的各家创意热店和那些互动、数字咨询公司等，也都是在各自的细分领域上风生水起。这证明，想要在这个时代站住脚，也未必要面面俱到，找到自己的优势并深耕其中，也能拥有一席之地。

转型升级的 4A 公司与 4A 人

自从互联网兴起和广告创意行业进入大众视野以来，太多关于"4A 已死"的论断就不绝于耳，但不论 4A 到底会不会死，我们如今看到的是 4A 强烈的求生欲和求变力。管理学大师彼得·德鲁克（Peter Drucker）说："当今企业之间的竞争，不是产品之间的竞争，而是商业模式之间的竞争。"实际中，传统广告公司是不会被创意热店淘汰的，很多传统的 4A 公司积极跟上时代的变革、转型升级。像奥美、阳狮这样的老牌 4A 公司积极思变，开始运用资本和人才优势谋求数字化转型；WPP 集团、IPG 集团等，都在试图打造适合新时代的新型服务体系，并构建了符合自身实际的创意理念，希望能重塑属于数字时代的 4A 产出价值。甚至在最近火热的创意热店的队列中，也能看见一些传统广告公司的努力，比如隶属于利欧数字集团的 MATCH·马马也（2017 年），其创始人莫康孙曾是北京麦肯光明广告公司的总经理。但需要注意的是，4A 的改革必须是自上而下才真正有效。因为一个企业或集团经历了如此之久的成长，不做出彻底的变化，是无法在激变的时代中重回领先地位的。想要跟上社会和客户的成长，时代对于创意行业的要求已经有了很大的提升。创意热店的崛起、互联网公司、数据分析公司的入场，也都为这个行业带来了更多的变化和出路。毕竟这是一个属于创意的行当，我们相信那些困难和问题，迟早是能够被创意解决的。

五、创意灯塔能闪耀多久？

回顾中国广告发展史，真正做到了长盛不衰的本土创意公司屈指可数。似乎大部分公司都在 10 年左右就耗尽了所有生命，那些曾经走在时代潮流浪尖的新锐广告公司，如今也没剩下几个：当年最有社交意识而红极一时的远山文化、天纳广告，如今落寞了；当年地产广告界的揽胜、红鹤、世纪瑞博、黑弧、今久等公司，如今都沉默了；当年数字营销界的 I'm2.0、帖易等健将，如今早已被吞没在资本的浪潮中了。①

从隔三岔五问候一下"传统 4A 是不是已死"，到大量创意热店、咨询公司等新兴创意机构的崛起与落寞，再到因为新冠肺炎疫情，互联网广告的早期探索者好耶向员工发出停工停产的通知，自打互联网兴盛起来，创意行业的日子似乎就一直都不太好过。仅仅十年左右，曾经风头无两的新锐创意公司，如今大多都落寞了。这也不禁让人联想和好奇，如今活跃在我们身边的环时互动、天与空、W、KARMA、马马也、赞意等创意热店和广告公司，十年之后又将是怎样一番光景。

（一）有关创意之问

按照如今创意行业的发展来看，创意型公司的高速增长期往往只在前 3 到 5 年内，这时团队处在新鲜期，业务增长快，创造力爆炸，各方面都会非常顺利，一般来说，公司的大部分经典创意作品都会在这个阶段产出。但经过一段时间的发展，公司的团队、客户、营收、制度、风格等都固定下来，公司也将进入一个"增长疲怠期"。当增长速度和工作节奏变缓，创业公司红利消失，在之前高速增长下被忽视的问题也就终于爆发。同样，如今的社会化创意引发了大量的关注和讨论，一些疑惑之声也就不可避免地随之而来。

有人问："所谓大创意、大事件的玩法已经让受众产生了审美疲劳，传播效果是不是已经开始大幅度失效了？"

也有人发问："创意热店兴起恰恰是近几年，中国冷落品牌建设的几年，随着流量经济和新媒体的涌现，广告从业者的门槛在逐年降

---

① 《好耶停工停产"濒临死亡"，广告营销公司如何打破兴衰魔咒？》（2020 年 12 月 11 日），搜狐网，https://www.sohu.com/a/437686305_160576，最后浏览日期：2024 年 10 月 9 日。

低,品牌方开始投入越来越多的精力在热点上,这会不会让广告变得浮躁,让传播变成自嗨,让品牌隐形在了创意背后?"

有人问:"这些所谓火爆和刷屏的案例或许真的存在感人的内核和一些公益的点,但是客户要求的转化率达成了吗?广告目标又达成了吗?"

还有一些问题如下:"当创意视频在传播中达到了刷屏的效果,但品牌的曝光和品牌本身的传播并没有实现,那么这个创意又算不算是解决了问题的创意?"

"如果很多人看完后不知道它的传播目的是什么,那么创意的功效又如何体现?""从品牌曝光和传播效果来看,创意需要更多考虑如何解决问题,而少考虑噱头。"

"人在社交心理的作用下接收社会化创意时,其需求超越了生理层面及浅层次需求,触及自我实现等更深层次。那么,对于这些蕴含在社会化大创意中的深层次需求,是否存在基本的需求标准?这些创意能否有效满足受众的这些深层次需求?此外,面对铺天盖地的社会化创意,受众是否会感到审美疲劳?"

"感性能否战胜理性诉求:品牌的理性诉求,即甲方的利益点能否真正表达清楚?"

……

归根结底,疑惑之问集中在两个问题上:一个是如此以"大"为名的创意是不是一时的"噱头",短期内有效引发社会的广泛议题与人们关注;另一个则是大创意对于广告营销效果与转化率的商业影响力如何。这种疑惑的焦点都在于,社会化创意能否最终回应和解决企业发展所依赖的商业化目标和需求动机问题,从根本上讲,这里面蕴含着决定企业关于生存竞争时间空间的发展战略决策选择问题。

(二)创意回响的意外收获

本书在面对面采访一线创意人时,他们对于如上的提问做了以下回应:

"其实我们在达成客户的转化率的过程中，发现客户更想要的是传播声量，因为传播声量给客户带来的是比较长远的、行之有效的转化，而如果（他们）想要广告的转化率，是需要一步步达成的，而第一步就是要让受众知道品牌是谁，并在这个告知过程中，留下对品牌的好感度，这也是优先考量传播声量的意义所在。"这回答了前面的一个质疑，看似夸张的"大事件"实际上是为了打开客户的品牌传播声量，这是效果转化的前提。只有这一步做好了，才能够保证品牌在一定的传播声量之下，去触发广告营销效果的转化机制。否则，客户完全可以通过地推这种比较直线的营销方式，找个明星做直播引流，当场卖货，一场直播下来的成本和投放一个TVC相当，且更能带来直接销售转化的数字体现，反而不必花费财力和精力在社会创意上。"我们也会明确告诉甲方我们在传播声量上是有特别能力的，这是创意的意义所在。但在销售转化率上，特别是在商业层面或销售层面上，直接关联到KPI和硬性要求的达成，我们是有差距的。"曾洵[①]解释道，社会化创意，不仅仅是一种对话题噱头的关注，更是基于品牌进行社会层面的问题洞察，即创意是契合品牌已有的核心价值理念而进行的，首要目的是提高品牌传播声量，并通过解决社会问题，来留下对品牌的好感。这种拥有新闻价值的社会化创意，依靠共鸣引起媒体和民众的自主转发声援，从而实现对传递品牌使命、打造品牌美誉度，以及提升消费者对品牌的认知及好感。但必须承认，社会化创意不会在明确的KPI转化上大显身手。

社会化创意并不是简单的创意自嗨。在品牌的塑造过程中，有很多无形的东西是单纯依靠直播销售无法做到的。社会化创意看似非常感性，但实际上一直没有偏离理性的轨道。社会化创意不仅仅包括我们所看到的"大事件噱头"，后续的补充活动和承接内容还需要尊重

[①] 曾洵，上海天与空有限公司监事会主席。拥有超过10年的广告和传媒经验，熟悉整合营销各环节，对社会化媒体和KOL名人资源的整合具有非常丰富的经验，参与过天猫、淘宝、腾讯QQ、腾讯动漫、飞利浦、惠氏营养品、青岛啤酒、德邦快递等公司多个经典案例的品牌服务和新媒体传播工作。

理性逻辑。往往在社会化创意的实践过程中，构想这些现象级传播影响的"大事件"，比如创意案例"大山里的诗歌"，不仅仅有视频产出，还有巨大的诗歌瀑布、孩子诗歌续集等后续的活动，以一个创意IP创作了持续三年的创意事件。那影响巨大的"大事件"看起来是噱头，其实是作为一个"投石问路"的开场，在爆款和掀起热度过后，了解社会受众（消费者）反应并植入品牌其立场和态度传播，所有广告营销宣传物料持续性地投向市场终端。这一切的基础都是建立在"大事件"是成功且有效的基础上的。因此成功的社会化创意是感性且理性的。还是以银联的"诗歌 POS 机"为例，这是银联在考虑到了市场、竞争对手等多种因素，进行的一系列传播规划，在看见了第一波的效果非常好之后，深思熟虑地考量在全国各个中心城市继续加大后续系列的线上线下创意传播投入。我们从中国银联三年来持续的公益行动推广活动外围来看，企业社会责任（Corpotate Social Responsibility，CSR）理念，在银联"诗歌 POS 机"被做成一个 IP后，其逐步上升成为中国银联企业战略决策的有机部分。

如今中国市场上的大多数行业正面临着产能过剩、同质化竞争严重的问题，互联网经济从某种程度上讲，增加了市场价格竞争的敏感性，企业建设品牌的信心和耐心越来越不被看好，甚至有人提出"Z世代永远不会忠诚于某一个品牌"。在个性化、碎片化的时代里，似乎关于品牌的创意，只要活跃、有话题，只要是好的印象、记得住，就是品牌的附加价值。中秋节、情人节、"618"、"双 11"、B 站跨年晚会等，各自节点营销传播活动层出不穷。一个品牌的形象不一定只能是一面的，而是可以立体、生动的。一个品牌可以同时具备有趣、爱心、公益心等多方面性格，每一面都能帮这个品牌增加公众的好感度，并且让品牌更人性化，甚至有爆点。比如当一个传统的国企通过社会化创意，展露出幽默、呆萌的一面，反而能够为品牌积累更多的好感，并进行人格化的形象建设。很多品牌广告主，包括严肃传统的央企国企也开始走进年轻人的消费生活中，他们不仅关注这些新媒体、新创意,更注重企业的社会责任形象建设和长期的品牌战略,甚至可以放弃短期的商业利益目标,这给了社会化创意创作企业和团队很多充分发挥想象力的创意空间和信心支持。现如今,正是以社会化创意建设品牌形象的时代,因为越来越多的企业开始意识到:品牌是应该有故事的、创意应该是被尊重的、利润应该是被允许的。因此,当今时代的"品效合一"反而不再是传统、刻板的品牌建设方案。或许社会化创意才能够为品牌建设添彩,是品牌形象年轻化、升级化的选择,是品牌战略性规划的有机组成部分。

(三)以"社会"为名义的创意产出可否持续

做社会创意的人们信心十分坚定。那些来自创意热店与社会化创意的回应又是否足够有力?企业能不能靠一场场的社会大"秀"持续下去?社会化创意对某一个企业品牌来说究竟是否有足够可持久的效果?或许我们现在还难以对这个问题下一个完全正确的结论。但随着近两年创意热店的火爆,甚至其在某种意义上已经超越了传统广告在营销传播领域的地位,或许我们能够看到社会化创意的"光明未来"。

我们注意到,虽然"创意"是创意热店的通行证,但小而美的、专注创意的商业模式或许也将成为容易被后来者赶上的"致命伤"。毕竟创意行业的准入门槛并不高,创意热店也没有行业壁垒。尤其是以创意起家的创意热店,本身就把创意作为自己所销售的产品,一旦不能持续产出好创意,早年积累的评价与美誉就会被慢慢消耗。因此,创意公司想要历久弥新,保持创意的长青,还是得保证公司的出品稳定。

要保证创意的稳定,还需要稳定的规模和人才管理,以及一套成体系的方法论。如此,才能确保不同的创意团队在面对不同的客户时,都能够稳定输出,又能因客户而相应定制,而不至于高低相差太多。例如,国外的创意热店在20世纪50年代就不断涌现,但存活到今天的仍然是那些规模庞大的热店,比如W+K、佛海佛瑞、Droga5 等。因此，作为创意热店，依旧需要在互联网创意红利逐渐消退的今天，努力找到自己的生存之道。比如，W 一直号称自己并非创意热店，而是以品牌全案咨询为合作基础，甚至是以品牌战略为核心推动的一家新型营销机构，更不是一家做 H5 的公司。或许也是在担忧这个问题，W 对策略和全案的追求，体现出的是它以 H5 成名起家，但又不满足于小打小闹、希望拥抱大策略和大创意的雄心壮志。①

创意其本质就不能是靠复制、重复来持续产出的。必须注意的是，虽然创意行业的准入门槛并不高，创意热店也并没有行业壁垒，但是以创意起家的创意热店，本身就把创意作为自己所销售的产品，一旦不能持续产出好创意，早年积累的好美誉与创意评价就会被慢慢消耗殆尽。

此外，资本虽无情，却是趋势所在。历史上那些得以长青的国际 4A 或本土老牌广告集团，绝大多数都是因为善于和资本共舞而得以发展壮大。例如，天与空被因赛集团以 2.35 亿收购②，天与空投入因赛集团的资本怀抱，如果这是创意热店对于资本更合理利用的体现，有了资本的支持，创意热店的好创意才能持续产出、越走越远，但这样是否又会走回到国际 4A 依仗资本发展成长的老路上去呢？它的"独立精神"还在吗？

（四）创意"独立精神"还在吗？

以创意为纲的创意热店，能够保证公司和创意更好地发展吗？有趣的是，扛起反传统大旗的创意热店却在发展了几年后又重新回到传统的怀抱。2020 年的春天，天与空加入中国 4A，让很多人产生了对创意热店未来的全新质疑与迷惑：

"当初口口声声喊着要成为 4A 升级版的创意热店天与空，如今的

---

① 《创意热店的兴起：这几年被甲方"捧红"的乙方》（2017 年 12 月 27 日），数英网，https://www.digitaling.com/articles/42419.html，最后浏览日期：2024 年 10 月 10 日。
② 《因赛集团正式宣布，将收购天与空 51% 股权》（2020 年 7 月 24 日），数英网，https://www.digitaling.com/articles/384174.html，最后浏览日期：2024 年 10 月 10 日。

做法是'天与空也向 4A 投降了'？""还是成功实现了创意的'降级'？"

很多人开始怀疑是不是所谓的"独立创意""社会化创意"根本玩不转，最后还是回到了 4A 的怀抱。

对此，笔者公开否定过这一说法。"4A 升级版"的本质还是 4A，只是胆子更大一点，更冒险的一个新 4A 而已，并且 4A 近几年正在转型，与"4A 升级版"殊途同归。2017 年，在"一个阳狮"（the power of one）的策略下，阳狮集团将旗下品牌进行系统整合；2020 年，电通集团（Dentsu Group Inc.）宣布旗下国际业务子集团电通安吉斯集团（Dentsu Aegis Network）将正式更名为电通国际（Dentsu International）……而这也暴露了一个更大的问题，就是作为曾经的"破局者"，创意热店的未来将何去何从？是如天与空一样回归 4A，还是另寻其他出路？

行业进入"后热店"时代，曾广受赞誉的创意热店面临的问题也逐渐凸显，大家都在思考"创意热的破局之路怎么走"：是向创意前端探索品牌咨询业务，或往营销边界摸索多元化业务进行规模化扩张，还是拥抱技术打造出自己的数字差异化……新媒体打破了传播壁垒，广告形式日益创新多元，传统广告营销模式被颠覆，4A 影响力衰退。加之新冠肺炎疫情的影响，全球经济普遍下行，品牌主普遍削减预算，作为"经济晴雨表"、非必要支出的广告营销便首当其冲。同时，互联网时代更加剧了"翻车"的速度，创意和文案的价值随时可能被网络扒皮，加大了新媒体环境下品牌营销的不确定性。同样是抱团取暖，除了回归，还有一种选择是"聚齐星星之火"，例如，HOK，一个解决品牌传播问题的创意厂牌联合网络。从 2019 年至今，HOK 已经通过内部孵化和吸引行业优秀厂牌加入的方式，联合成立了 12 家专注不同方向的独立厂牌，拥有近 150 名员工。与此同时，在泛广告时代的品牌主，也正在遇到大量的新鲜问题，对广告营销公司提出了更大的挑战、更多元的要求。在这样充满不确定性的复杂营销环境中，我们对 2.0 模式下 HOK 为什么能走好他们的破局之路无比好奇。交流中发现，与常规的独立热店牌不同的是，HOK体系下的每个厂牌要更具"产品"特性——基于市场挑战而生，按照客户行业或业务类型进行划分，每一个厂牌都有自己聚焦的业务领域与独门绝技。

六、资本、创意的冲突与均衡

创意的目的离不开资本，创意的过程更离不开资本，因为创意不仅仅需要资本来支持，其生产者本身——广告和创意产业，也由以资本的运作逻辑来维系日常运营的公司构成。因此，资本之于创意，是不可避免的。因此，我们常常看到，资本与创意的双向傲慢，彼此总是纠结和相互鄙视，资本的强势并不能换来高品质的创意，同样粗制滥造的创意也不能体现出广告创意人值得傲慢的资本，这几乎成了资本与创意之间的一场对赌游戏，一个无法解扣的死循环。其实在商业领域里的创意生产和管理过程中，资本一直以来都是独立创意的供养和动力源泉，是创意业务可持续运行发展的基础性保障，可是我们要谈论清楚如何平衡资本与创意的关系倒是一个棘手的大问题。

（一）从人才智本到人力成本

作为服务于商业和品牌的行业，广告行业是伴生于社会商业而运行的，在长久的发展中，广告与资本共生共荣，和经济环境同命运共呼吸。实际上，因为国内市场经济的发展起步较晚，伴生其中的广告行业自然也相对较晚才得以发展，直到我国经济的迅速复兴发展，社会、科技水平和媒体生态的发展与更新换代，人们生活水平的不断提高，为我国广告行业的发展提供了优良的环境支持，国内广告行业才呈现出爆发性的发展形势。不谦虚地说，广告业的存在，将资本与创意牢牢绑定在了一起，哪怕是当下爆火的文创行业，也必须承认广告才是与资本结合得更紧密、资历更老的那一位。作为伴生于社会商业运行的广告行业，虽然相对比传统的第一、第二产业的发展具有巨大的差异，但仍旧在长久的发展中构建起了一套资金运行体系：经济越发达，市场竞争越激烈，对广告创意的需求量也就越大。

广告创意作品很大程度上影响了整个公司个体的发展方向，对于广告公司来说，创意内容才是最主要的产出资本。在创意行业的成本体系当中，劳动投入系数远远大于货币资金的投入系数。① 广告创意行业往往以其较丰厚的经济收入吸引众多优秀专业人才投身其中。因此，广告、创意公司作为人力成本的高度密集型产业，其作品产出比的高低与人力资本的投入量紧密相关。但也因为人才与创意资本在广告公司里占比过高，很多广告公司由于运营成本较低，公司利润较薄，大多在财务、利润、企业风险控制和财务管理上，都缺少较为专业的部门和制度，反而极大增加了商业风险。即便如此，在新的经济常态下，广告、创意等创意公司面对行业内的激烈竞争，仍然普遍存在人力资源缺乏、创新能力、专业能力不足等制约性问题。因此，可持续的人才发展策略能更加有效地提高企业的核心竞争力，这是整个创意行业一直亟待思考和解决的问题。

（二）从创意入股到风险投资

由客户购买的广告创意收入，是广告行业收入的主要来源，但是光靠创意营收对于广告公司的运作而言是并不完全可靠和稳定的。团队内耗、制度缺陷、行业红利的变化，以及大客户关系的不稳定加上逐年上涨的人力成本，都是影响公司发展和创意产生的重要因素。例如，在互联网时代早期的好耶，数字时代的I'm2.0，社交时代的环时等，其业务的跌宕起伏大部分是被行业红利以及重大客户左右的，例如，好耶因为单一客户业务贡献比过大，公司资本运作不当，最后在2020年年末按下了暂停键。② 因此，这一类创意公司要发展下去，不仅需要用创意绑定大客户，更需要来自外界的资本支持，以在出现

---

① 韩丽英：《广告公司财务内部控制存在问题及对策》，《财会学习》2020年第6期。
② 《好耶停工停产"濒临死亡"，广告营销公司如何打破兴衰魔咒？》（2020年12月11日），搜狐网，https://www.sohu.com/a/437686305_160576，最后浏览日期：2024年10月9日。

危机时有所转圜。而这种支持中的很大一部分是来自风险投资和市场融资。其中，风险投资对创意产业的影响，主要是通过资金支持、风险分散、金融支持等。

首先，风险投资作为资金支持的主要来源之一，具有市场价值估量、权益资金运作、风险预防控制、构建社会关系网络等多方面功能。① 相较于传统的金融机构，陈凤娣认为，风险投资与文化创意产业之间的匹配度极高，拥有更加适合创意行业的组织框架和治理方式，能够为创意产业提供全方位金融支持。② 而康芸则提出，风险投资能够扩大资本的供给量，更有利于培育创意产业的市场主体地位，她认为风险投资的制度安排与文化创意产业的融资特征本质上是基本相容的，尤其在当下的社会环境中，政府积极颁布政策规定，主动为文化、创意产业与风险投资的结合提供合适的社会环境。③ 一般来说，风险投资不仅仅限制在资金本身，还会通过管理经验、信息和社会关系网络，整合资金、人力资本、信息和管理等多种要素来投资于创意产业，这也有利于推进创意行业更好地融入资本市场、劳动力市场以及产品市场，有助于实现创意产品或创意项目与消费市场的完美衔接。但是目前市场上的风险投资形式，主要是有限合伙人形式，即由专业风投机构将市场上想要高投资回报率的资本搜集整理，再进行专业分析后代投资。这种模式将社会投资者、风险投资师、企业创业者都集中在了一条产业链上，稳定了投资流程并分散了投资风险；并且为了避免由于信息不对称、行业动荡等导致的风险，风投机构一般会采用阶段投资、组合投资等多种方式分散资金和风险，为了保障收益，很多还会要求获取一定的公司控制权及契约合同，这一般会对接受投资的创意公司发展造成一定的束缚和影响。

---

① 郑兆阳、袁新敏：《风险投资对文化创意产业的金融支持研究》，《时代金融》2019年第8期。
② 陈凤娣：《文化产业引入风险投资的机理及对策》，《福建论坛》（人文社会科学版）2012年第8期。
③ 康芸：《风险投资进入文化创意产业问题研究》，《科学学与科学技术管理》2010年第31期。

其次，我们需要了解的是一种不同于传统融资渠道的融资模式——资金扶持。资金扶持一般是具有风险投资背景的企业利用其自身背景优势，获取更为便利的外部融资渠道和优惠借贷成本来降低融资难度和风险，提升资金利用率。这为企业带来了更低成本的现金流，有利于提高企业的经营管理能力，也对推动创意成果转化具有重要的推动意义。

最后，市场融资是一种常见的资本获取方式，对于创意行业有着重要的意义。一方面，由于广告创意行业的竞争较为激烈，且广告公司的属性实际上属于面向企业的现代服务业。这导致在广告行业的日常经营中形成典型的买方市场，企业的话语权很高，客户的账款逾期成为业内非常普遍的情况。企业客户以产品抵账而不付出现金的现象更是比比皆是。而广告创意公司往往因被拖欠账款而导致公司运作迟滞，更有甚者因此出现人才流失、企业倒闭的情况。另一方面，广告创意无法避免传播行为，而想要引起社会关注，往往需要大量的优质媒体位置、时段等媒介资源。但由于优质媒介的稀缺性，又会导致广告创意企业陷入卖方市场，处于议价弱势地位，需要支付更多的资金来获取优质的媒介资源。这一现象加上企业拖欠的账款，共同导致了广告创意企业普遍存在付现资金的大量缺口，通过融资来解决流动资金问题成为大多数广告公司必须采取的生存手段。虽然融资能给广告公司带来巨大助力，但由于创意行业的特点、商业形态、经营模式等，广告行业反而融资难、融资贵，这也在一定程度上制约了行业、企业的发展规模和速度。

总体上看，在互联网的冲击下，我国广告、创意行业原本就不够成熟的市场变动剧烈，迭代频繁，市场需求不稳定，整体产业链上下游界定不够清晰且脆弱，非常容易受到各种方面变化的冲击。当前"变幻莫测"的行业环境对创意项目的可行性、经济合理性和投资成功率产生了不利影响。稳健性的融资行为被这种不稳定的风险环境所严重制约，特别是在银行信贷资金的流入方面。广告创意属于人力密集型产业,广告创意公司规模通常较小,真实的经济资产占比较小,创意和技术发明等企业无形资产占比过大,导致在申请银行贷款时难以提供充足的有形资产作为抵押,从而进一步增加了融资的难度。由于不符合银行现行的贷款条件,这些公司往往难以获得担保公司的支持。

(三)从外延式竞争到内涵式发展

一个行业的融资问题,说到底是这个行业内每一个企业的融资问题。随着中国经济的迅速发展和居民生活水平的不断提高,居民的消费水平也在持续增长。人们更加注重物质和精神方面的享受,这为广告创意行业提供了更好的发展机遇和广阔的前景。经济的快速发展给广告创意行业带来了良好的发展契机,但相对而言,面临的风险也逐渐增加。[1]

首先,近年来的创意公司发展十分迅猛。激烈竞争下,面对有限的客户资源,几近相同的技术手段,使得广告公司竞争力有限,经济方面的问题更难以解决。各大广告公司为了提高自身的竞争力,一方面在创意上下苦功,另一方面也在着力加强对广告收入的财务管理。毕竟对广告公司而言,创意才是最主要的收入来源,这种较为单一的收入模式带来了较大的危机,也体现了广告行业财务管理的重要性。中国的创意产业尚处于发展初期,其经济体系也仍在完善的过程中。为了有效推动创意产业的进步,我们可以参考韩国创意产业的发展策略。韩国在文化产业的发展上,遵循了"精准扶持、重点突破"的原则,为选定的优先发展领域提供全方位的资金支持,涵盖创业启动、研发创新、内容创作、制作生产、市场推广以及流通渠道拓展等关键阶段。加强广告收入的财务管理是提升广告行业市场竞争力的重要手段之一。虽然广告创意行业成本结构特殊,但在企业的发展过程中,仍然需要考虑到扩大经营规模、进行固定资产投资等方面。对于创意

---

[1] 韩丽英:《广告公司财务内部控制存在问题及对策》,《财会学习》2020年第6期。

行业而言，创意制作设备的租用和购置、广告载体和媒介购买、行业资源整合并购等，都需要长期稳定的资金支持才能提升创意质量和创意呈现效果。除此之外，此类投资的初始资金需求通常较大，若缺乏适当的长期稳定资金来源，将可能限制创意企业的发展规模、影响作品品质甚至威胁企业财务安全。

其次，在新经济常态下，广告创意行业快速崛起的同时，行业内存在专业人才缺乏的问题。随着社会对广告创意的需求不断增加，广告创意公司大量涌现。这些公司的技术涉及的领域广泛，需要多方协同处理。尤其在专业领域，创新型和专业型人才受到热捧。受到待遇、工作地点和环境等因素的影响，广告创意行业的专业人才越来越缺乏，这也成为阻碍广告创意行业发展的重要原因之一。不断培育有益于创意人才成长的外在环境文化和公司组织文化同等重要，独立创意热店的创始人发起年度创意节的初衷就在于此。

最后，独立创意公司风格化的企业形象传播非常重要。作为主要依赖创意想法为输出产品的公司，许多广告创意公司的设计理念和硬件设施反而是较为相似的，要想崭露锋芒，获得更好的发展，广告创意公司需要稳定自身优势，不断学习和重视培养创新能力，利用新颖的产品设计理念和独特的设计思路，为客户提供新鲜的产品和服务体验。同时，树立公司的品牌形象不仅适用于广告主的发展，对于广告公司的发展也有很大的帮助。近几年创意业的走向，与树立公司的品牌形象竞争息息相关。创意热店为何要喊出"4A的升级版"？W为何要叫自己"野狗"？这些说到底还是广告公司通过精心的策划和独特的设计，以独具特色的宣传手段来塑造自己与众不同的品牌形象，通过这些包装进一步从新的层次上把企业的形象、知名度和良好的信誉等方面展示给客户，从而获得客户的认可，形成对企业的新认知。为了在众多竞争者中脱颖而出，广告公司需要塑造独特的品牌形象，并确立创新的策划理念，结合有效的媒体推广策略、全面的营销方案，来做好自身的宣传工作。只有先包装好了自己，才能吸引适合于公司发展所需要的人才关注，才能证明自己有足够的为广告主包装品牌和产品的能力，才能为自身带来经济效益，为社会带来影响效果。

目前，广告创意企业大都随着我国经济的快速发展而进入高速发展期，这给了广告行业成长的机遇，具有前瞻性的广告公司会敏锐地捕捉成长机会，并主动寻求融资途径，以确保获得稳定的长期的资金支持。但需要注意的是，资本拥抱创意的原始动机并没有根本改变，创意见长的创意公司必须清醒地认识到，广告创意企业必须从外延式竞争转变到内涵式发展的企业经营管理上来，必须牢牢夯实企业长期可持续发展的、内在的组织运行和制度文化等基础性建设上来。

第一，为了规避风险，广告公司要在扩大经营规模、提高行业集中度的同时，转变传统观念，加强财务内部控制，实现更好的外部应对，促进广告公司的健康发展。创意公司应跟紧时代的步伐，与时俱进，建立现代化的财务管理模式，适当分离所有权和经营权，分离投资者和经营者，运用权责发生制和收付实现制革新广告公司目前的财务管理模式。对广告收入设置专门的财务管理部门，制定全面有效的、可操作性强的管理程序，全面提高广告公司的市场竞争力。[①] 可以说，创意想法是广告创意公司最主要的收入来源，但这种较为单一的营收模式也让财务管理对广告行业的发展具有十分重要的意义。尤其是，中国的创意产业起步较晚，创意产业经济体系作为新兴领域，其完善和发挥效应是一个不断发展的过程。在此过程中，我们可以借鉴韩国创意产业的发展经验。韩国根据文化产业的规律，采取"选择与集中"的原则，为选定的重点对象提供从创业到研发、创作、制作、营销和流通等各个阶段的必要资金支持。信息化社会经济的快速发展，使得各行业对广告创意的需求不断增加，这就要求广告创意公司针对不同客户进行分层管理，为不同类别的客户提供专业的服务人员。因此，在实际操作中要重视与客户的情感沟通与交流，根据不同

---

① 朱宇玫：《如何加强广电行业财务管理》，《财经界》2014年第14期。

的客户需求提供相对应的创意产出,以注重培养稳定的客户。

第二,团队意识和团结意识是目前创意行业发展策略的重要内容。创意公司应注重维护内部人员的团结,只有各部门协同合作,才能推动整个公司稳步发展。为了确保公司的持续进步,必须采取措施完善企业用人制度。公司需要积极招录大量专业型人才,为公司注入新鲜血液,以增强公司的创新能力和竞争力。同时,公司也应该提前选拔和培训相关人员,建立科学严谨的培训招聘流程,为公司的未来发展进行全面的规划和布局,在新经济常态下,为行业进步作出积极贡献,成为行业发展的良好典范。

第三,注意资金安全,提升企业风险预案与应对能力。例如,在引资的同时,要注意资金融入对于企业结构产生的影响,包括股权融资对企业控制权的"稀释"作用,在融资时必须根据企业自身的发展情况,判断融资过程和方法的适用性,合理规划、调整股权结构。广告创意公司需要合理进行内部管理,提升企业风险应对能力,增强企业核心竞争力、正视并致力于解决公司甚至行业存在的各种问题,并进行针对性的、合理的应对方案,才能更好地促进广告公司、广告行业的可持续发展,增强经济效益,促进企业获得稳定且迅速的发展,从而在激烈的市场竞争当中立于不败之地。

第四章

智媒时代社会化创意的十问十答

关于社会化创意的产生和创作过程，11位活跃在创意行业一线、一直践行社会化创意的优秀创意人，我们非常有幸与他们一起围绕着关于社会化创意的十个问题，展开深度座谈讨论，并整理出了相关的问题解读和不同回答。你可以看到在他们从业多年的创意实务操作过程中所总结出的经验心得，你也可以看到不同创意人面对同样问题所呈现出的不同思维和思考的智慧。我们认为，这些讨论虽不能让你洞悉社会化创意的所有通关密码，但可以让你走进每一位优秀创意人创意成长的心路历程，也同样可以从这些优秀创意人的十问十答中找到你自己的影子，或是属于你自己的创意钥匙。

一、4A与创意热店的"创意革命"？

在现如今的媒体环境中，人人都拥有创意的想法和能力，创意变得更加"多中心"或"去中心"，广告公司也不再是一个创意的高地。可能全社会都可以有想法、有创造性，尽管当下市面上好的、多元化的创意很多、很精彩，但它们大多都是凌乱无序的。而创意热店实际上充当着一个链接者和桥梁的角色，来将这些创意整合到品牌的世界观里面，因而，创意热店也像是一位整合者。中国创意热店的成长历程，其实是幸运的。任何品牌、任何公司从0到1的发展历程大多漫长且需要机遇，而创意热店作为广告行业一种新形态，恰好赶上了互联网企业发家的大势，因而在发展初期就显露头角，"小而美""高效""4A天敌"成为创意热店代名词，中国广告行业迎来创意热店的时代。

邓　斌[①]

当前，大型战役的整合营销活动逐渐减少，因为高昂的成本并不能保证广泛的受众覆盖。在碎片化的时代，人们的耐心有限，预热活动的效果难以持续。过去，广告主可能会选择全方位的媒体覆盖，但如今媒体的多样化使得这种策略难以实现。因此，小型整合营销活动变得更为有效。

近年来，创意热店的兴起与移动互联网时代的到来有关。传统广告公司如4A，由于成本高昂，创意空间有限，而新兴的创意热店则更能满足品牌对话题性、自发传播的需求。我们公司自2013年成立以来，服务了阿里、腾讯等互联网公司，他们更倾向于灵活、快速的服务。创意热店逐渐得到认可，甚至吸引了国际品牌的关注。

贺师洋[②]

天与空的公司架构与传统4A公司不同，我们打破了部门间的界限，实现了扁平化管理。我们的团队由客户服务、策划和创意人员组成，共同面对项目，提高了效率。在天与空，我们接触的客户和项目更加开放和有趣，因为我们依赖于作品的质量而非全球品牌。这使得我们能够获得更多的创意空间和客户的尊重。

中国的广告体系和广告知识其实是舶来品，我们都源自4A，有4A情结，广告是我们从西方人手上学来的，但这中间也有一个本土化的过程。因为就像中国互联网的应用技术，其实真的是世界首屈一指的，从支付领域到电商平台等各个方面，我们都跑在了世界前列。包括我们媒体及其传播的复杂程度，我相信在世界上也是独一无二的。因此，国外的内容在中国环境中很多时候并没有那么水土相符，这也造就了天与空等创意热店的产生，很多本土化的优秀创意人用一

---

① 拥有20年广告经验，是《金牌文案》一书的联席作者之一，担任过中国国际广告节长城奖-文案奖的三届评委，作品曾获近百个广告奖项。
② 从事广告创意17年，服务过Moto、动感地带、奥迪、361、飞利浦、麦当劳、米其林、奥利奥、妮维雅等知名品牌，曾获戛纳、伦敦、克里奥、纽约、亚太、OneShow等众多国际级奖项的金银铜奖。

种真正符合中国国情的传播方式来推动创意的发展。

中国的技术的爆发，技术的革命，造就了中国独一无二的媒体形态和人的生活形态的改变，颠覆了传统广告和旧有的广告领域的知识体系。

说实话，这个时代所有人都在摸着石头过河。可能最近直播很火，但是我们不知道未来五年之后是不是直播还是那么火。一切都在变革中，但是这个发展方向是媒体变得更大、科技赋能每一个人，大家都变得更加有自主表达和表现自己的空间。就是这样的一种社会现象和形态的特别之处，造就了我们必须在广告领域也要跟上时代的浪潮，所以才造就了这么一批中国的创意热店，他们以自己独立的眼光和解决问题的方法来应对市场上的变化。

当然我也得益于很多西方广告人，他们教会了我许多，但是中国这几年互联网的爆发和人们生活形态的巨大改变，导致了我们的整个传播环境跟西方是有所不同的，我们的广告领域也需要产生变革。

孙江昆[①]

创意是广告行业的核心要素，尽管它可能不再是最引人注目的部分，但其在行业中的主导地位不可动摇。然而，随着时间的推移，创意的范畴已经扩展，不再仅限于广告公司。如今，互联网巨头、创新企业和MCN（Multi-Channel Network，多频道网络）机构等都在展现着各自的创意。

创意已成为整个传播行业的关键，而不仅仅是广告公司。在泛创意时代，创意人才遍布各个领域，广告公司不再是创意的唯一代表。过去，广告公司垄断了影片制作，但现在，随着抖音、快手等平台的兴起，几乎每个人都能成为内容创作者。

广告公司面临的挑战是如何在社会创意的激烈竞争中保持领先地

---

① 有17年广告经验，曾任时报华文广告奖评审和金瞳奖评审，是《金牌文案》一书的联席作者之一。曾服务于阳狮、李奥贝纳、盛世长城、电通、天进、省广、喜邑互动等公司。服务过的品牌包括玉兰油、脉动、美的、招商银行、恒安纸业、珍爱网、唯品会、韩都衣舍、欧派集团等。

位。创意的权重降低,部分原因是媒介渠道的崛起。广告公司在创意表达上受到渠道和形式的干扰,难以维持在媒介领域的主导地位。例如,在短视频领域,MCN 机构的竞争力已经超过了传统的广告公司。这种现象反映了渠道的反噬效应,许多创意人才选择独立发展,而非加入广告公司,这削弱了广告公司在创意领域的话语权。

汪 曦[①]

我也曾在国际知名 4A 广告公司工作过,4A 公司对中国广告市场的发展起到了基础教育的作用,引入了先进的理念,对市场教育和规则制定产生了积极影响。然而,随着时间的推移,4A 公司照搬的模式和文化差异逐渐暴露出不适应市场的问题,导致了一些不良现象,如恶意压价和贬低创意价值。

在中国市场发展的早期,媒介的话语权极大,广告资源稀缺,导致 4A 公司兴盛一时。但随着信息传播壁垒的降低,4A 公司未能适应中国互联网的快速发展和文化冲击,出现了衰落。

我认为,4A 公司的衰落是制度原因和创意与媒介发展路径上的必然趋势共同作用的结果。这种趋势催生了像天与空这样的创意热店,它们在适当的时机应运而生,满足了市场对创新和灵活性的需求。

车厘子(蒙凤樱)[②]

广告行业若仍依赖于传统的解决方案,如仅专注于电视广告、H5 页面和海报等,将无法有效解决品牌面临的实际问题。互联网思维的引入要求我们超越迎合,深入研究并利用其带来的新启发,以创新的形式提供解决方案。

策略与创意之间的分歧往往源于不同的专业背景。例如,创意人员可能倾向于询问是否需要制作电视广告,而实际上,客户的需求可

---

① 8 年广告经验,毕业于英国莱斯特大学,广告与传媒硕士,对全场景营销和数字营销都有丰富的经验,服务过腾讯视频、可口可乐、谷歌、中国银联、阿迪达斯、腾讯互娱、腾讯公益、中国电信等品牌。
② 有 10 年广告和品牌策划经验,兼具品牌策略、传统广告、互动社交营销多方面实操经验。

能远不止于此。正确的做法是思考如何提供能够解决品牌问题的解决方案，而非局限于传统的广告形式。

目前，品牌方已经具备了较强的判断力，并在合作中强调品牌文化和战略定位。尽管他们可能缺乏创意执行能力，但对品牌的认知和行业案例的掌握已经相当成熟。他们寻求的是具有创造性的解决方案，而非仅仅讨论如何制作视频或海报。品牌方不再满足于传统的广告制作方式，而是开始反思各种营销活动的必要性和效益，考虑其对品牌的实际贡献。

黄海波[①]

在 4A 广告公司的黄金时期，视觉艺术占据了主导地位，因为参与国际奖项评选时，评委无法理解中文，因此只能依靠视觉元素来传达信息。随着互联网的兴起，国内文化得到了推动，而像天与空这样的公司则凭借其创意优势脱颖而出。

许多 4A 出身的创意人员对 4A 公司的衰落感到遗憾，但也对其培养了自己充满感激之情。4A 公司曾像培训学校一样，将广告业引入中国，并培养了众多广告人才。如今，中国的媒介和互联网技术发展迅速，在国际上处于领先地位，这是广告业初期所未能预见的。

4A 公司地位的动摇可以归结为四个主要原因：不适应中国的技术创新环境；受到创意热店、咨询公司、MCN 机构等新兴力量的挑战；企业对创意的要求不断提高；以及 4A 公司自身的创意空间有限。相比之下，创意热店提供了更灵活的创意环境和更高效的作品产出。

二、"4A 升级版"的创意热店，创意到底是什么？

2013 年 11 月，笔者正式提出"4A 升级版"，引发了中国广告行

[①] 拥有超过 17 年 4A 广告经验，曾获法国戛纳广告奖、英国 D&AD、美国 OneShow、美国 Clio 等国际顶级广告创意奖项。

业对 4A 转型的大讨论，一时间成为业内的重大新闻事件。同期，笔者联合其他三位创意人创办的独立创意热店"天与空"，就是"4A 升级版"的一次亲身实践尝试。关于创意、社会化创意等概念大家怎么看，并在诸多广告活动中得到实践，所以我们不由得想知道，曾经参与过社会化创意的创意人是如何理解这个概念的？社会化创意会是"创意升级版"吗？

曾　洵

我毕业于视觉传达专业，因此我对广告的初步理解是其必须吸引注意力。在传统媒体环境中，硬广告是主导，如户外广告牌和电视广告。优质的广告虽短暂，却能留下深刻印象，因此我对创意的初步理解是吸引眼球。

随着对广告行业的深入了解，我认识到创意实际上是运用创新思维解决问题的过程。创意可以定义为创造性地解决痛点和问题。每个品牌面临的问题和结合点都不相同。简而言之，创意就是为客户提供一个创造性的解决方案，以解决他们面临的问题。作为广告公司，我们主要关注客户最直接的需求，包括产品、市场和消费者群体。

车厘子（蒙凤樱）

我认为创意是一个广泛的概念，但许多人对其理解仍较为局限。从品牌策略的角度来看，创意的核心在于为品牌提供创新的解决方案，而非仅仅制造奇异的冲突或追求极端的执行效果。

黄海波

创意应该是用最简单的方式去解决客户的商业问题，所以创意应该是一个解决方案。

孙江昆

从业 20 多年，我对创意的理解其实是：创意一直在变化，但创意的内核并没有变。广告是营销的一部分，所以我们主要的使命是帮广告主把它的一些相关信息传递给消费者，进而扩大品牌。那么它一定会有一个链接点，也一定会有一个最终的表现形式。早年间对我来讲，创意是"如何巧妙而具备共鸣感地把品牌的相关信息传递给消费者"，但现在则要更多地想一想，这些信息本身能不能直接地去服务销售等。媒介环境的多元化为创意带来新的挑战，创意的使命发生变化，但内核并没有变。创意的内核都是源自对产品本身的洞察、对消费者的洞察等，进而产出内容、打出传播，最终达成相关的效应和结果。

张峰荣

我将创意视为一种旨在促进产品销售和商业效益的纯粹而直接的工具。随着经验的积累，我意识到创意不仅仅是为了销售，还应具有社会价值，能够推动变革和产生积极影响。我与同仁共同追求的，是创作出具有深远影响力的作品，旨在为社会带来正面的改变，促进行业发展。

尽管广告环境不断变化，创意始终是广告行业的核心要素。

陈伟铃[①]

创意的本质是创造消费者最小的记忆单位。

传播的核心在于将复杂信息简化，以实现让受众记住信息的目标，创意在这一过程中至关重要。然而，许多广告作品却未能达到这一目的，反而将简单信息复杂化，导致消费者难以记忆，从而影响广告效果。

优秀的创意应当能够迅速吸引受众注意，并留下深刻印象，甚至促使他们主动传播。这种创意能够被无损地传递给他人，扩大其影响力。因此，创意的力量在于其能够创造易于记忆的信息单元，这在当前复杂且竞争激烈的营销环境中尤为重要。我坚信，卓越的创意能够

---

① 从业10年，经历了文案、客服、插画、策略等各种岗位，是集品牌战略、传统广告、新媒体创意于一体的综合性创意人。主创作品包括银联"诗歌POS机"、欧莱雅"时间雕刻师"、滴露"洗衣服，多一步"、支付宝"支付就用支付宝"等。曾获纽约国际广告奖、DMAA中国数字营销全场大奖、金投赏金奖、上海广告节金奖、中国新广告奖金奖、艾菲奖、中国广告长城奖等奖项。

超越传统媒体和传播渠道的价值，产生广泛的影响。

贺师洋

创意是将不同元素通过逻辑主线连接起来的过程。在多个领域，如服装设计、建筑、文学和音乐创作中，创造力是不可或缺的。虽然并非所有艺术作品都旨在传达特定含义，但许多作品确实能够传递某种意义。

创意的核心在于"表意"，这需要逻辑作为支撑。正如语言文字能够跨越时间传递信息，这是因为它们基于清晰的逻辑。因此，创造本质上是将旧元素重新组合。

广告创意是将创造性手法与逻辑主线结合的艺术，通过这种方式，我们能够表达特定的意图。这是我对创意维度的理解。

赵道临[①]

从宏观角度来看，创意可以被视为旧元素的新组合。对于创意工作者而言，他们的个人经历和见识在某个思考的瞬间，通过某种逻辑或关系，将原本不相关的元素以新的方式结合起来，从而创造出新的概念。这就是我对创意产生过程的理解。

肖　坤[②]

在广告行业中，创意具有狭义的定义，它应当服务于商业目标，并具备成本效益，即以较低的成本创造较大的商业价值。创意的表现旨在改变人们的行为或观念，或以创新的方式促进销售、解决问题。因此，"性价比"和"改变"可视为创意的两个核心要素。

对于詹姆斯·韦伯·扬（James Webb Young）的"旧元素新组合"的观点，我持有保留意见。虽然创意确实涉及旧元素的新组合，但这一观点仅触及表面。组合的目的是创造新鲜感，进而吸引消费

[①] 从业广告创意14年，中国美术学院客座教授，曾在上海BBDO、上海FCB、上海麦肯·光明等4A公司任职多年。曾获OneShow铜奖、Digital Asia Festival铜奖，服务过的客户有阿里、腾讯、百事食品、惠氏营养品、耐克、安踏儿童、铂金协会、上海庄臣、RIO鸡尾酒、肯德基、百事可乐、星巴克等。
[②] "80后"中获得国际创意奖项最多的新生代创意人之一，拥有北京、上海、广州三地超过17年的4A广告经验。

者，然而，新鲜感本身并不足以保证对消费者的有效刺激。这一点并未在该观点中得到充分阐述，可能导致对创意的误解。尽管这可能并非韦伯·扬的本意，但许多人却将其简化为：组合即创意，这忽略了创意更深层次的价值和目的。

汪 曦

我觉得创意首先一定要结合消费者洞察。这个洞察是很重要的。然后在这个过程当中，我们再结合比如美术形式、艺术形式、文字形式，去唤起消费者的整个意识形态或者是心理上的一种共鸣和反应，进而去促进实际行动，这样就达到了配合销售和营销的目的。这是我对创意在整个商业广告当中的理解。

有趣的是，对于詹姆斯·韦伯·扬的"旧元素新组合"观点，创意人们各执一词。"旧元素新组合"一直是很多广告人认同且常用的创意方法之一，例如，"天与空"名字的由来就是一种旧元素新组合。肖坤虽然"不认同"这一观点，却也将它运用到了创意实操中，网上曾有这样一则描述："2012年，天与空四位创始人之一的肖坤为A.O.史密斯太阳能打造了一个'不一样的日光浴'体验装置。当人走进空间内，就能感受到阳光像水一样洒下来，真正沐浴在日光里。这个装置获得了2012年戛纳创意节的金狮奖。阳光与花洒都是旧元素，结合在一起组成了新创意。"

这是否就意味着打脸了肖坤在访谈中所说的"不太赞同旧元素新组合"呢？

并不是，相反，这恰恰验证了他所说的很多人对这句话的误解。单纯地将旧元素重新组合也许确实会诞生新鲜感，但这种新鲜感并不足以刺激消费者。我们一直说做广告要有人性洞察，要引发消费者共鸣，这才是刺激消费者买单的关键，新鲜感不过是一个加分项。正如贺师洋、赵道临一致强调的关键词"逻辑"，"旧元素的新组合"实际上是需要依附于某种逻辑的。让我们回头再看"不一样的日光浴"，阳光与花洒被联系在一起,是想让人们切身体验到太阳能所带来的绿色洗浴感受,这才是创意的合理之处。

因此,肖坤与贺师洋、赵道临等人的观点看似相悖,实则一脉相承。此外,我们可以发现,以创意的目的为分类依据,创意人对"创意"的理解大致可以划分为三个阵营:第一个阵营是"为客户解决问题"派,其中,不论是设计出身的黄海波、曾洵,还是策略出身的车厘子(蒙凤樱),即便刚入行时对创意的理解各不相同,但在广告行业摸爬滚打十余年后,不约而同地达成了"创意＝为品牌提供创造性解决方案"的共识。客户的问题是什么?我们如何创造性地解决?这或许是每一位天与空人在接到创意简报之后,首先考虑的逻辑思路。第二个阵营是"推动社会改变"派,以杨烨炘、肖坤和张峰荣为代表,当创意已经解决广告主的营销问题,这些创意人跳脱出狭隘的广告营销层面,而从更大的社会层面来考虑创意的价值。社会的问题是什么?如何创造性地解决?这套思路便是社会化创意的逻辑起点,是具有天与空特色的创意解读,也是我们希望越来越多人能通过阅读本书去思考的一个问题。第三个阵营是"让消费者主动传播"派,在这里陈伟铃自成一派。在广告营销中,消费者作为信息传播的接收者和购买行为的决策者,自然是必须顾及的一方。信息爆炸、碎片化的时代,消费者通常没有耐心去接收陌生领域且与自己无关的信息,"简单点"成为创意出圈的关键,当然,让消费者记住是第一步,如果能让他们乐意在各自的人际圈自发传播,那么创意的投资回报率就会大大提升。

正如陈伟铃所说,一个真正的好创意具有超越传播价值的影响力。那么,我们不由得追问创意人:创意好坏的评判标准究竟是什么?或者说,创意真的有好坏之分吗?

曾　洵

我认为一个好创意的评判标准首先是能够落地,很多很好的创意因为没有人去执行而无法得到实现，但这并不代表它不能实现，只是有些人并没有去努力实现这样的一个挑战。比如说我想在太空上做一场直播，可能有些品牌方会认为这就是一拍脑袋想的，但如果是我负责执行这个方案，我就真的会想尽一切办法去联络航空部门，考虑有没有这样的可能。

其次，评价一个创意的好坏，我觉得需要有一个相应的标准，例如，创意的受众是谁？创意面对什么样的一群人在说话？受众能够感知到这个广告，我们就认为这个创意是好的。

车厘子（蒙凤樱）

我认为好坏的标准是合适。可能并没有最好的创意，只能是最合适的创意。因为不管是策略还是创意，肯定是戴着脚镣跳舞，而评判好坏的标准就是在这个条条框框里面找到最合适品牌的一个解决方案。

所以我的理解是合适才是判定一个创意好坏的最佳标准。如果没有条条框框在，我们只会把一个创意做成一个艺术展，而不是广告。

陈伟铃

我觉得评判创意好坏的标准有四点。

第一点是"是否足够独特，能否让人马上记住"。独特其实是广告人向来推崇的，你必须见过很多东西，才知道你有没有见过。我最怕提出一个创意时，别人说国外已经有人做过了，所以一个好的创意一定要具备独特性，这是最基本的标准。

第二点是"是否能够一记就牢"，就是让消费者马上记住，它是有实际的指定动作的，它在告诉消费者要做什么事情，是要买它？还是要干吗？同时，还能够达到零损耗的传播，也就是消费者的自发传播。

第三点是"一定要跟品牌和产品有关联度"。比如，"诗歌POS机"这个案例，只有中国银联可以做，支付宝和微信就不适用，因为中国银联就是用POS机来刷的，所以它有很强的品牌和产品关联度。

第四点是"是否能够持续不断地为品牌积累美好记忆"。我们要不断地积累在消费者心目关于品牌的美好记忆，比如当你想到可口可乐，你永远都会觉得瓶盖打开的那一瞬间有分享的感觉，跟朋友一起喝、吃美食的时候喝，这些点点滴滴就是你对于这个品牌的印象，而这些都是美好的记忆，所以可口可乐能成为一个百年品牌。

我认为以上这四个点，只要满足其中两点，它就是一个所谓的有创意的作品；如果满足三点，那它就是一个能够很好地解决营销问题的作品；如果能同时满足四点，它一定是一个很伟大的作品。其实，任何作品都可以拿这四点去衡量，如果达不到的话，那它一定不是一个好的作品。

贺师洋

任何一个广告的创意，如果说做完之后，投放出去，受众并没有拿到任何有用的信息，不会对他们的生活产生影响，那我觉得这个创意就是失败的。

汪　曦

我认为，在成功的案例中，创意是一个核心要素，但并非唯一决定因素。以我曾负责的"小朋友一元画廊"H5为例，它在2017年8月底广受关注并被央视报道，其成功不仅因为创意，还因为多种因素的共同作用，如线上支付的普及和H5技术的发展。这些因素为创意的实现提供了必要的条件。

创意的重要性在于它指导我们如何利用媒介传播工具，但媒介本身和其他因素同样重要。一个无法传播的创意，无论多么独特，也难以产生实质性的影响。因此，我们不能孤立地评价创意的好坏，而应考虑所有相关因素的协同效应。

张峰荣[①]

创意的核心标准在于其是否源自为客户着想的初衷，即是否真正

[①] 20年广告经验，拥有长达10年的国际4A广告的创意总监及团队管理经验，曾服务过阿里巴巴、腾讯、宝马、奥迪、上海大众、麦当劳、H&M、东风日产、箭牌口香糖（Wrigley）、喜力啤酒（Heineken）、虎牌啤酒（Tiger）、宝洁（P&G）、伊利、中国移动、美的电器、百丽、卡宾服饰、新鸿基地产等。曾获戛纳国际广告奖、D&AD、纽约广告奖、伦敦广告奖、亚太广告奖（Spikes Asia Awards）、亚洲广告奖、香港4A广告奖、中国广告奖等多项国内外奖项。曾受邀参与伦敦广告节、龙玺、釜山广告节评审。

将客户的业务视作自己的业务。只要我们的出发点是出于善意，并致力于帮助客户，无论客户的反馈如何，我们都能问心无愧，因为无法令所有人满意。

从客户的角度来看，他们可能会提出多种要求，包括创意作品需要达到获奖标准、促进销售等，甚至有些客户期望达到如"冰桶挑战"般的轰动效果。这些期望无疑给创意工作带来了巨大压力，因为某些效果是无法预测和强求的。

赵道临

优秀的创意不应是自我陶醉的产物，无论是纯粹追求创意的快感还是完全从品牌或产品的角度出发。曾有一段时间，病毒视频被广泛讨论，但并非所有病毒视频都能真正传播开来。一个好的创意，无论是平面广告、户外广告还是传统电视广告，都应具备病毒性的特点，即不是自我陶醉的。

以我们在杭州实施的"UFO快闪店"为例，尽管人们意识到它是广告，但他们并不将其视为广告，而是作为一种新奇体验。好的创意应该创造新的体验，成为人们茶余饭后讨论的话题，因为人们总是乐于分享新鲜事物。这种体验可以是线上或线下的，正如H5刚出现时，一些形式上新颖的案例能够迅速传播，因为对消费者来说，这是一种全新的体验。

另一种优秀的创意是提出新的观点，这些观点可能是对传统观点的延续，基于对传统观念中某些偏见的质疑。例如，当前许多品牌开始讨论"女子力"，质疑传统观念中的性别不平等，这是理念维度的好创意。

对于创意好坏的评判标准之问，每位创意人都有各自的独特见解，有人认为不能把案例的成功全都归功于创意，因而抛开其他因素单独谈这个议题并不成立；有人认为创意并没有好坏之分，只有适不适合品牌；当然，更多创意人首先是认同创意是有好坏之分的，而其中的评判标准，我们可以归纳出 4 个维度：(1) 理念层面是否独特？(2) 执行层面是否可落地？(3) 传播层面是否新颖？(4) 效果层面是否满足客户要求且与消费者有效沟通？

当你或你的团队想要做出好创意时，不妨多问问自己和同伴上述问题，或许会对你们有所启发。

了解"创意"的基本观点后，接下来回归正题：社会化创意是什么？是"创意升级版"吗？是不是"好的创意"就是社会化创意？

邓　斌

我以前在外资公司做一个广告，一年只要做两波就可以了，夏天一波、春节一波，一波可以做半年。然而，当前的广告环境已变得碎片化，需要覆盖情人节、夏季、春节、"双 11"等多个节点，以及针对不同新产品的推广活动，这导致广告预算和投放策略发生了变化。

如今，广告不仅依赖付费媒体，还强调线上传播和社交网络的自发转发。从这个角度来看，社会化创意应具备社会责任感，能够对社会产生积极影响并引发变革。至少，它应在社交网络上激发自发传播。

赵道临

社会化创意是创意的一个分支，它在社会中具有一定的影响力。优秀的社会化创意应提供全新的体验或促使人们从新的角度审视现有的社会议题，即便不直接推动社会发展，也应激发社会讨论。

社会化创意需满足两个条件：提供全新体验或具有深刻的理念和洞察力。此外，社会语境和时机的选择也至关重要。例如，"后浪"在五四青年节发布，与节日精神相契合，若在清明节则可能效果不佳。同时，创意的成功也依赖于媒体的投入和宣传，如与政府背书的媒体合作，则能够扩大影响力。

总之，社会化创意需具备优质的创意内容、恰当的时机和有效的媒体推广，三者缺一不可。

车厘子（蒙凤樱）

从广告专业人士的角度来看，社会化创意应具备新闻价值。而从用户视角出发，社会化创意是创意概念在社会环境中的具体体现。创意本质上是与人沟通的艺术，社会化创意则是在社会背景下产生，旨在激发广泛共鸣并促进行动的创意。

将社会化创意与普通创意区分开来实际上是狭隘的，因为广告的最终目的在于产生社会影响力。所有创意的终极目标都是能够引起社会广泛影响。广告的本质是广泛传播，而社会化创意正是在社会层面上产生较大影响力的创意形式。

因此，社会化创意与新闻息息相关，因为新闻能够吸引公众关注，成为广告流量的争夺点。具有新闻价值、能在社会上引起广泛讨论和关注的创意，即可被视为社会化创意。

汪 曦

创意的核心在于解决人类在历史进程中不断更新的困境和焦虑。无论是商业还是公益目的的创意，其根本在于适应环境变化和人类前进中遇到的新挑战。

社会化创意可分为四类：第一，它帮助个体在中国的社会环境中表达自己；第二，它关注公益，支持少数群体；第三，它更新观念，推动社会思潮与现代生活方式的同步；第四，它涉及普遍利益，如国家层面推广的公益广告，这些广告关注家庭和谐、关爱老人、环保等议题，与每个人的生活息息相关。

这四类社会化创意共同构成了创意在社会层面的多维影响，体现了创意在促进社会进步和解决普遍关切问题中的作用。

肖 坤

社会化创意是对创意的一种进化，而不是并列关系。

张峰荣

社会化创意应超越单纯的商业销售目标，旨在对社会产生积极影响并激发反思。并非所有创意都能成为社会化创意,它必须对社会有所贡献,无论是为特定群体提供支持与启发,还是引发广泛的社会思考。例如,案例"假装吃大餐"通过模拟体验,提升了公众对山区儿童营养不良问题的认识,激发了更多人参与帮助他们的行动。这种创意通过激发共鸣和集体行动,展现了社会化创意在改善特定社会问题上的潜力。

陈伟铃

创意应具有社会性,这是品牌建设的应有之义。品牌不仅仅是销售产品的工具,它在社会中扮演着特定角色,并承担着一定的社会责任。品牌建设的初衷在于超越短期销售目标,致力于成为社会的一部分,并对社会有所贡献。中国目前很少有百年品牌,因此推动社会化大创意的目的在于帮助优秀品牌实现长远发展,成为能够持续影响未来世代的百年品牌。品牌在进行创意活动时,应考虑其对社会的影响和贡献。

多数创意人都认同社会化创意是创意的升级版,而"影响社会"是创意人谈及这个问题时提到最多的关键词,这里的"影响社会"从个体层面上来说,是指引发每个人的关注,形成自发传播,让少数人的问题被看见、少数人的声音被倾听;从群体层面来说,则是推动社会进步,让理念随着时代更新,将社会的一些问题通过媒介、技术、体验等途径进入大众视野,进而被解决。

一些创意人则认为创意与社会化创意并无本质区别,将"社会化创意"与"好的创意"画上等号。品牌自诞生之初就在社会中扮演着一定的角色,甚至需要承担社会的某种责任,照这么说来,社会化创意本应是与品牌共同诞生并发展,那为何时至今日,全国乃至全世界的品牌林立,社会化创意却是以一个新概念的身份在本书首次被提及呢?这就涉及本章第二个问题,怎样的环境孕育了社会化创意?

三、创意需要超越商业吗？社会化创意是特定时代和环境的产物？

在第二章我们已经提到，人类社会发展的历史，就是出现问题又不断解决问题的历史，以创意手法解决社会问题，促进社会进步的作品，就是社会创意。那么，为什么"社会化创意"会在当今的中国被提出？这个时代需要有哪些条件才会有利于社会化创意盛行？

陈伟铃

品牌建设的核心在于考虑品牌在社会中的角色和责任，而不仅仅是销售产品。品牌应成为社会进步的推动者，这可以通过"三个代表"的理论来考量：品牌是否代表新的生产力，是否能解决社会问题，以及是否能助力实现人类的伟大梦想。

品牌和创意工作者都应思考这些深层次的问题。理解品牌的意义有助于指导创意活动，确保创意具有社会性，从而在消费者心中积累积极的记忆。这些记忆是消费者对品牌印象的基石，有助于品牌成为百年品牌。

中国目前缺乏能够给予消费者深刻记忆的品牌，这表明品牌的社会化程度还不够。创意工作者的任务是帮助品牌实现社会化，以理解社会化创意存在的原因，并推动品牌长远发展。

贺师洋

我觉得无论是传统广告还是当代广告，其实都有一个超越商业价值的目标，这也使品牌溢价产生更多可能。当然，溢价是对企业方而言的，而对于整个社会的文化潮流、法规建设甚至是整个国家的繁荣，我们每个人都是有担当的，毕竟广告是驱动经济的，所以广告行业也需要有担当。其实，中国的品牌现在正在走向世界，特别是最近这五年，那么作为中国广告业，当然就有责任去帮助中国的一切企业去成为全球化的品牌，也有责任去帮中国品牌提升在全球市场上的品牌溢价能力。目前，我国的劳动力成本虽然有所上升，但相对于欧美西方发达国家来说还是偏低，我们的产品竞争力主要还是物美价廉，那其实如何塑造中国品牌，如何让全球市场知道中国不只是提供廉价商品的国家，作为中国广告业肯定是有责任的，这就是社会化创意在中国存在的理由。

肖 坤

现在有个叫作"信息茧房"的说法，其实我个人不太喜欢，就是大家收到的信息越来越垂直了，都是个人喜欢的信息，这种喜好是由用户塑造的，但同时这些信息也会反过来影响用户，用户也在被信息塑造，所以他们的观念可能会更偏激。个人偏好不仅塑造了所接收的信息，同时信息也在反过来塑造个人。例如，对动物福利有强烈兴趣的人可能在推动相关立法方面表现得更为激进。

在性价比方面，广告需要打破信息的垂直界限，确保信息能够触及更广泛的受众，而不仅仅是特定群体。此外，社会化创意应从品牌角度出发，关注社会议题，超越纯商业化的角色。品牌应关注社会议题，因为它们在社交媒体环境中变得越来越形象化和人性化。

社会化创意还应促使广告行业反思广告的本质，即广告不仅是技术和艺术的结合，还应关注社会责任和消费者权利。理解并尊重消费者是社会化创意的重要方面。

孙江昆

社会化创意的未来发展趋势可能是品牌将更加自觉地承担起其作为社会公民的角色，并在表达这一角色时做出更多尝试，以此提升品牌的社会好感度。品牌将逐渐认识到其在社会中的价值，并可能因此获得相应的回报。

然而，社会化创意并非品牌表达的唯一途径。创意的表现形式多样，社会化创意只是其中一种，它能够引发强烈的共鸣。挑战在于寻找能够引起共鸣的切入点，这比一般的广告洞察更为困难。因此，虽然社会化创意是一种有效的表达方式,但品牌不应被局限于此,而应探索多样化的创意策略。

看到这里,你或许已经能够从创意人的回答中洞悉社会化创意在中国存在的缘由:一方面,中国本土缺乏百年品牌,老品牌很难适应新时代的营销环境,新品牌过于急功近利导致很难突破重围成为大品牌、老品牌,这都造成了百年品牌在国内的稀缺;另一方面,中国缺乏国际品牌,在现代化浪潮的席卷下,一些强有力的中国品牌虽然已经有能力走出国门扩张海外版图,但国际对"Made in China"(中国制造)的固有偏见无形中给这些中国品牌打上廉价的印记,显然这是不利于中国品牌走向世界舞台的。所以社会化创意其实是一个更具大局意识的概念,"社会公民"和"超越商业价值"表明中国未来的百年品牌和国际品牌应该肩负的社会责任。

社会化创意是为解决时代和社会的问题而生,同时也需要在时代和社会中汲取养分、得到大环境的支持,上至国家、国际的宏观环境,下至广告圈、创意圈的行业环境,"社会化创意与时代同呼吸共命运",这一观点在诸多创意人的回答中得到印证。

陈伟铃

社会化创意需紧跟时代步伐,与国际普遍讨论的话题紧密相关。联合国每年确定的关键词和我国重要会议的议题都代表了国际和国内的趋势。把握这些趋势有助于创作出引发广泛关注的作品。因此,深入理解时代话题的关键词对于每一个创意简报至关重要。

中国的创意环境十分有利,甲方的接受度高,但问题在于许多创意仍然传统,未能真正解决营销问题,有时仅局限于广告人的自我陶醉。即使广告一时走红,也往往与品牌或产品关联不大,导致难以出现杰出的广告作品。例如,"啥是佩奇"的广告虽成功吸引观众,但其电影本身反响平平。

社会化创意不仅需解决营销问题，也应关注社会问题。优秀的创意应启发人心，甚至能够推动法律变革和人类进步。创意工作者应承担起这一责任。例如，中国银联的"诗歌POS机"项目旨在改善教育问题，尽管面临重重困难，但这样的尝试是有价值的。

在中国，伟大的品牌往往需要政府的支持。同样，社会化创意的实现也离不开政府的推动。如果缺乏政府的支持，创意可能难以广泛传播。

孙江昆

讲一句很土的话，但我觉得是对的，就是"与时代同呼吸共命运"，你所有的创意、所有的想法，一定是跟这个时代紧密结合的，不是放在个体语境里面去考虑，而是放在一个时代语境内去考虑社会化创意，那么它所要传递的信息密度就会变得很大。

赵道临

当前中国与全球顶尖创意之间的差距显著，是由多种因素造成的。首先，创意需要敢于提出并得到市场和社会环境的支持。其次，在整个实施过程中，保持创意的完整性至关重要，这需要合适的媒体环境来培育和传播创意。

尽管如此，我对广告行业的未来持乐观态度。从业15年来，我见证了中国广告行业由初级阶段向多元化和成熟化的发展。随着环境的不断改善和人才智慧的积累，我相信中国的创意人将不断进步，与国际顶尖水平的差距将逐渐缩小。

邓 斌

我国在知识产权和创意领域的规范认知尚待加强。在创作过程中，若发现创意与他人作品相似，即便不知情，我们也会选择放弃或调整，以避免模仿或抄袭的嫌疑。我们坚持原创性，这是我们对自己的基本要求。

对于他人借鉴我们的作品，我们持开放态度。社会化创意的价值在于其社会影响力和广泛传播，被模仿在一定程度上反映了我们作品的影响力。

四、智能科技革命是指科技来革创意的命吗？

如果说上一个问题呈现的是创意所需要的社会环境因素，那么本章第三个问题我们将聚焦全球视野下的技术革命，探讨创意与技术的关系问题。20 世纪 60 年代，威廉·伯恩巴克（William Bernbach）掀起"创意革命"，确立了创意在广告创作中的绝对主导地位。然而，人类对于科技的探索似乎永无止境，特别是当人工智能技术日渐成熟，一些简单的创意类工作已经能被机器替代，例如，阿里的鲁班 AI 人工智能在线设计平台、筷子科技的 AI 创意技术平台；同时，信息爆炸的时代导致消费者的注意力变得极为分散，我们不由得发问：在碎片化的数字媒体和大数据的围剿下，创意在广告行业的主导地位还在吗？

车厘子（蒙凤樱）

创意是广告行业不变的核心和灵魂，社会化创意尤其如此。随着时代的发展，媒介的界限变得模糊，创意不再仅仅依赖于传统媒介，而是需要在新时代背景下找到适合品牌的位置，并解决时代问题。

过去，广告界过分强调科技元素，似乎不使用最新科技就会显得落伍。然而，真正优秀的案例往往采用真实手法呈现，而非单纯追求科技噱头。科技应被视为解决问题的工具，而非创意的主导方向。

尽管如此，科技为创意提供了丰富的创作思路。无论是创意还是社会化创意，科技都是未来必须重视的方向。我们与客户合作开发的科技产品和应用，以及我们自身打造的黑科技产品，都是为了满足现代受众的需求，而非单纯依赖科技提供独立的解决方案。

陈伟铃

无论是新兴媒介还是新技术，均为广告行业带来了新的机遇。科技的发展使我们的创意能够以多种方式触及不同受众。科技为我们提供了便利而非威胁，当前的挑战在于消费者的注意力被多样化的内容分散，从新闻到娱乐节目皆是如此。

因此，创意需要更加综合和跨界。以"一天就消失的大地艺术"为例，该项目在敦煌创作了一幅沙画，既是公益广告，也可视作新闻事件、艺术行为或纪录片。通过这样的跨界项目，我们可以利用不同的媒介形式触及消费者。当创意思维转变以适应这种多元化的传播环境时，科技便不再是挑战，而是推动创意传播的强大助力。

邓　斌

科技拓展了创意的表现形式，从传统的电视、广播、报纸向H5、直播等多元化形式演进。然而，随着时间的推移，受众对任何一种形式都会逐渐产生疲劳，导致其效果递减。例如，H5在最初引起广泛关注后，由于过度商业化而逐渐失去了吸引力。同样，直播在经历热潮之后，流量红利也在减少。

尽管如此，最终产生持久影响的依然是优秀的创意。作为创意公司，技术只是实现创意的手段，我们可以通过合作伙伴来实现技术层面的需求，但创意始终是我们的核心。

贺师洋

科技对创意产业造成了冲击，但也带来了机遇，这是一个充满挑战与可能性的时代。过去，建立全国性品牌相对简单，因为传统媒体环境集中，消费者被动接受信息。然而，现在的媒体碎片化对创意行业构成了挑战，因为传统的大策略和创意模式不再有效。媒体渠道的激增和预算的限制使得建立全国性品牌变得更加困难。

尽管如此，这也是一个最好的时代。技术赋予了每个人发声的权利，推动了社会的变革。技术不仅改变了人类生活方式，还提供了一个更加自由和开放的沟通平台，使每个人都能成为媒体，共享资源。这种趋势不可逆转，它赋予了每个人更多的资源和选择。

社交媒体的兴起使个人能够向全世界发声，技术正推动人类走向更加平等、开放和多元化的未来。对于商业化广告创意而言，必须适应时代潮流，不断创新，因为整个世界都在变化，广告业和广告创意也不能停滞不前。

孙江昆

媒介技术的多元化对创意的影响并非简单的利弊问题。广告自诞生之初便与媒体密不可分，随着媒介技术的发展，广告业也在不断进化。新媒介形式的出现要求创意必须适应和匹配。

当前，媒介正塑造着新的广告形式，而创意面临的挑战在于形式的多样化可能会干扰我们对创意本质的关注。社会化创意的坚持在于挖掘品牌的核心洞察，这是大创意的出发点。

媒介形式的多样化确实增加了创意的难度，但同时也为创意提供了更多的工具和可能性。例如，智能化交互技术的发展使得传播方式更加多样化和便捷。技术本身是形式的一种，关键在于我们能否掌握并有效利用这些形式来服务于创意。

总结来说，媒介技术的发展既是挑战也是机遇，真正的关键在于创意人如何运用这些技术来创造出符合时代潮流的作品。

汪 曦

我认为随着技术的发展，媒介的传递方式变得越来越透明，信息传递的偏差会越来越小，这个时候创意的作用会更加凸显。在过去，创意的地位很容易被媒介的影响力给盖过，但现在创意变得更加提前，我们所谓的利用美术形式也好，艺术形式也好，文字形式也好，或者媒介形式也好，其实我们要做的是在这些形式的基础上，做更多想法的突破，也就是创意。

我们做创意的人，是需要去了解技术的，因为它是一些方式和渠道，能够帮助我们去找到说话的对象。但是我不太赞成唯技术论这样的说法，在做创意的过程中，有时候会遇到有一些创意的同学，可能就是看到最近出了一个新技术，马上就要用，那他这样其实失去了创意本身的本质，会有本末倒置的感觉。我个人觉得技术是一个加分项，它帮助我们去实现想达到的目的，但是我们的核心还是要从问题本身出发，从我们的洞察出发。

肖　坤

我觉得与其说科技对创意产生挑战，不如说科技会对我们这群创意人产生挑战。这个挑战就是你得不断地跟年轻人学习，比如像抖音、快手、直播这些形式，在我们的广告活动中慢慢展现出来，我们也会在一些项目上去做，我觉得挑战来自不断地学习，因为确实媒体环境在变，创意形式也在变，我们一直要去更新东西。我们这个行业就是一个不断更新、不断变化的场景。因此，这个挑战是相对于整个广告行业而言的。

赵道临

我觉得新的媒介形态、新的技术，包括新的场景、大数据，都在解锁更多的创意可能性。数据是不能代替创意本身的，因为数据只能根据现有的一些已经发生的事情，去做归纳总结，或者是所谓的推测未来。但是我认为，创意的第一步是洞察，通过洞察会发现一些数据看不到的、跟人性相关的点，可能是人的一些潜在欲望，我相信这不是数据可以得出来的。然后我觉得不管是新的技术像VR、AR，或者是一些新的媒体，只要是我们用一个开放的心态去拥抱这个行业的变化，它们一定能够为我们解锁更多的可能性。

黄海波

技术的多元化对创意来说当然是好事，因为技术能够让很多天马行空的想法得以实现，所以要拥抱技术，既能为创意提供落地支撑，又能为受众带来各种各样的新鲜感。

总体来看，创意人对这个议题大多持乐观的态度，不论技术再怎么更新迭代，它对创意来说永远只是一种形式，或者说是一种工具，是影响社会化创意成功的加分项，其核心仍然在于人性洞察、社会洞察、时代洞察，这些洞察是难以被技术挖掘甚至替代的，因此创意人始终可以坚信"创意是广告的核心"。我们能做的，当然是发挥科技的优势，选择适配创意的媒介形态和技术工具，让社会化创意发光发热，推动社会进步。

五、社会化创意，头部品牌企业的选择

如果你是一位从业多年的广告人，不知是否有过这样的困扰：当年你怀着满腔热情选择做广告，是想要改变世界，让这个社会变得越来越好，但从业三五年后，你猛然发现自己所做的一切仅仅只是满足了甲方的需求，甲方所获的商业利益多少成为判定你创意好坏的唯一标准。这或许是中国营销环境的缩影，有太多广告主做广告仅仅是为了"抓收入"。在这样的环境下，追求社会效益大于经济效益的社会化创意无疑是一股清流，愿意为社会化创意买单的品牌企业广告主，他们会是谁呢？

孙江昆

社会化创意的实施是那些深谙自身在社会和时代中所承担价值与使命的品牌所特有的行为。这些品牌须先确认其价值观念或世界观，明确其在社会中的定位。尽管许多品牌具备自身的品牌理念、愿景和使命，却常常未将社会化创意付诸实践，主要是因为感觉任务艰巨或认为与业务无直接联系。然而，深入的社会化创意是品牌根基的重要支撑，远胜于仅靠多元化的表面形式来掩饰其对时代缺乏实质性贡献的现实。

尽管如此，也鼓励普通品牌尝试开展社会化创意，以此提升品牌价值和社会影响力。

赵道临

当客户明确表示不需要社会化创意时，我们自然不会提供此类服务。然而，在客户的需求有限但未排斥社会化创意的前提下，我们会尝试将项目发展为具有社会化属性的创意，在满足客户原始需求的同

时，拓展其传播效果。

原因在于，社会化创意通常具备病毒式传播的潜力，能够引发公众讨论，使人们不单纯将其视为广告。这样的创意能够实现广告传播的最大化，从而达到最佳的传播效果。

邓　斌

尽管整合营销传播理论在当今仍具有其价值，但实施大规模整合营销的情况已变得较为少见。目前更常见的做法是进行小规模整合，实现单点突破，例如专注于制作高质量的视频内容，并辅以小型事件或海报来支持。

尽管如此，一些品牌，尤其是初创品牌、互联网品牌或刚获得投资的品牌，为了迅速提高知名度，仍倾向于采用传统理论，进行大规模的广告投放。这些品牌往往已经在特定领域取得了一定的成功，现在希望扩大影响力。

对于与我们合作的大品牌而言，它们不再专注于提高知名度，而是更关注提升品牌形象、产品质量和消费者好感度。为了帮助这些品牌实现目标，我们会采用社会化创意策略。虽然我们过去更注重对个体消费者的洞察，但现在在进行大规模创意活动时，我们会寻找更广泛的社会和文化洞察。

这并不意味着社会洞察将取代消费者洞察，而是要根据不同的客户需求和营销活动来决定。有些客户可能明确要求制作硬广告，而其他客户则希望制作具有话题性的内容。在后一种情况下，我们需要超越消费者洞察，寻找更深层次的社会和文化洞察，如"加油白衬衫""后浪""三十而已"和"乘风破浪的姐姐"等成功案例所展现的那样。

车厘子（蒙凤樱）

并不是说所有的客户都适合社会化创意这条路，还是要跟他们的产品、品牌资产相关联，所以现在有很多全球的品牌客户或者本土的头部品牌在做社会化创意，因为他们越来越知道自己的品牌在社会上的领导地位，越来越注重品牌自身的使命感和社会责任感，他们已经达到了一定的社会高度。现在我们会发现，反而是小品牌每天在做直播，而大品牌比较理性，因为大家都知道直播其实是积累不了品牌价值的，所以社会化营销其实也是提升品牌溢价力的沟通手段和方法。

陈伟铃

我们很多客户都是头部品牌，其实他们面临的所谓的营销挑战并没有那么犀利，很多时候只是基于一个传播的需求吧，纯粹为吸引消费者的注意力，所以他们的创意简报会更加单纯，但对创意的要求就会更高一点，会有做社会化创意的需求。

不难看出，当前愿意为社会化创意买单的客户都是各行业的头部品牌。品牌如人，在社会中扮演着三六九等的角色：普通品牌只是单纯地追求"活下去"，因而更注重知名度、产品销量等；而头部品牌在坐拥知名度和经济基础的情况下，自然会更多地去考虑自身对于社会的价值，以及社会责任的承担，从而更愿意"砸钱"在积累品牌资产这件事上。

这似乎给中小品牌出了一道难题：中小品牌就不能做社会化创意了吗？答案是否定的，大品牌能做的事，普通品牌同样能做。现在很多品牌抱着一种急于求成的心态去做营销，短视频火就做短视频，直播火就做直播，却忽略了品牌愿景、品牌使命等这套品牌的基石资产。但就像社会中即便是环卫工人这样的"小螺丝钉"都有存在的价值，小品牌同样有社会责任与使命，并且需要明确自己的责任与使命。我们更愿意把社会化创意理解为一次长线投资，可能刚开始收效甚微，但它必定具有出圈潜质，就像赵道临所说的，一个社会化创意必定具有"病毒"属性，会被讨论，尤其是在媒介渠道多元化的当下，品牌的社会化创意被看到的机会更多，而且大家不会把它当作广告来看待，甚至愿意自发传播，那么这个时候，传播效应就会实现最大化，品牌资产得到积累，溢价能力得到提升，品牌出圈也不过是一个厚积薄发的过程。

到现在，天与空已经接触过形形色色的大中小品牌，也尝试制作了一些社会化创意案例，那么，广告主对于社会化创意的认可程度到底是怎么样的呢？

汪　曦

客户对创意和社会化创意的认可度正逐年上升。随着经济发展，消费者已超越基本生存需求，个体意识日益增强。品牌价值的认同对于实现品牌溢价和维持其生命力至关重要，创意在连接品牌与消费者、提升品牌喜爱度方面发挥着重要作用。这反映了中国广告主对创意价值认识的演变。

尽管如此，有时客户对采纳社会化创意持保守态度，这需要我们去说服。大品牌通常更为谨慎，而广告人则倾向于寻找更尖锐的切入点以吸引关注。因此，寻找创意与客户接受度之间的平衡变得至关重要。每个案例都需要根据客户的品牌调性和接受程度来定制解决方案，无论是保守还是希望塑造更激进形象的客户，都需要个别化处理。

张峰荣

一般情况下，追求商业利益的创意会比追求社会责任的社会化创意更容易打动客户，毕竟广告属于销售的商业层面，愿意做社会化创意的广告主还是需要有一定的社会责任感，例如银行这样的客户才更愿意去做，因为毕竟是个长远的影响。

赵道临

许多品牌方对社会化创意的第一反应并非源于对社会责任的考量，而是认识到这类创意能够吸引公众关注并引发讨论。在当前的注意力经济中，品牌方更看重创意能否吸引眼球，而对于创意实现的路径——无论是情感共鸣还是震撼效果——并无特定偏好，他们关注的是最终的关注度。

陈伟铃

国内优秀广告营销案例稀缺的根源在于市场营销理念的滞后。许多公司的市场营销仍然遵循传统模式，缺乏对创意的深刻理解和对品牌及产品战略意义的把握。这导致他们制定的简报往往跟随潮流，未能准确识别品牌和产品的实际需求。

广告公司通常受制于客户所给出的简报，缺乏主动性，导致沟通不畅和创意受限。因此，广告公司与客户市场部门的合作模式亟须变革。双方应共同探讨品牌面临的实际问题，明确营销挑战。

每个品牌和产品都有其独特的营销目标和挑战，因此，优秀的创意应基于对这些需求的深入理解。广告公司应首先识别广告主的营销问题，然后制定相应的策略和创意。希望相关书籍能引起更多市场部人士的关注，推动行业进步。

从创意人的回答中可以发现，在中国当下的营销环境中，大多数广告主并没有做社会化创意的意识，更多的是商业利益导向，因而他们对社会化创意的认可程度也是非常有限的。一方面，很多广告主并未意识到品牌与品牌之间的问题并不相通，因而适配的创意也不尽相同，只是一味地盲目跟风热门的营销形式；另一方面，不同类别、不同品牌调性的广告主对社会化创意的认可程度也不同，目光长远、敢于尝试的品牌对社会化创意的接受度更高一些。但值得庆幸的是，在天与空这类创意热店的努力下，越来越多的广告主开始了解并愿意接受社会化创意，这对中国营销环境来说无疑是一件好事。

至此，你对社会化创意在营销传播所处的位置是否有了更明晰的了解？我们来小结一下。首先，毋庸置疑的是，不论是创意还是社会化创意，它们永远是核心，在传播过程中扮演着"大脑"的角色，而创意的内在逻辑仍然是"发现问题、解决问题"，狭义上的创意是要解决品牌问题，广义上的社会创意则是要解决社会问题、时代问题。其次，技术是创意的外在表达形态，科技如潮流般日新月异，消费者纵然热衷新鲜感,创意有了黑科技的加持能够获取更多关注,但技术再怎么变,也不过是一种包装的形式,不变的是创意内核。最后,社会化创意并非单独存在,而是与环境共生,创意要出圈,要升级为社会化创意,是多方力量共同推动的结果,力量既来自时代、国际,也来自国家、政府,还来自广告主和代理商,以及我们。

六、社会化创意方法论的有与无

我们这些创意人做过很多带有公益性质的事件营销案例,有着丰富的社会化创意操作经验,所以第五个问题,我们想问问在策划这些社会化创意时,有无章法可循?具体会遵循哪些方法和规则?

曾洵

对于怎么做社会化创意,我们肯定有一些自己的规则,但是我觉得创意人厉害的点就在于,可以随时打破创意的规则。比如,中国银联的"诗歌POS机"案例,这样一个偏公益性的项目是关于社会的洞察。其实银联一开始给到我们的目标就是要做转化,希望更多的人能够去使用云闪付,这是一个非常金融的产品,是一个冷冰冰的商品,那我们怎么样才能去牵动人的情感诉求?我们选择以社会化创意的方式去回归人类内心最真实的情感驱动和善意。通过对人性的挖掘,去找到一个社会化的观点。另外,比如,我们给安利公益基金会做的"白饭行动",这种公益案例同样也是基于社会化的对比,找到关于山区儿童的营养问题,对比城市儿童的营养和山区儿童的营养,形成一定的冲突,通过一碗白饭就能够去感知山区儿童的生存状况,这其实特别巧妙。

我很喜欢这些比较有温度的社会化创意,它洞察人心,然后通过比较关怀的角度,去引发别人探讨关注这些社会问题,再去寻求一个解决方案。

车厘子（蒙凤樱）

创作社会化创意的方法论可归纳为三个关键要素。首先，必须把握"时代的特点"，即洞察特定时代背景下公众的心理需求和渴望。这些需求在不同的社会环境中会有所差异。其次，重视"跨界传播"。这要求用有限的预算实现广泛的影响力，创造新闻效应，以实现覆盖面广、公众讨论和参与度高的传播效果。最后，强调"全民参与"，确保社会化创意的参与门槛足够低，如通过转发、关注或简单的参与动作即可加入。

在为众多客户服务时，我们始终考虑创意是否能够激发社会化的影响力，并帮助客户在新闻和流量时代获得关注。每个时代的痛点，即人们的真实需求和渴望，是社会化创意的核心。创意应针对这些痛点提供解决方案，以引发共情和共鸣。

社会化创意的过程与制作传统创意相似，包括寻找洞察、转化为行动，并最终改变观念。"洞察-行动-改变"的模式未变，只是内容随着时代而演进。

陈伟铃

我个人是有一套基本方法的，不管是我提的"最小记忆单位"还是"品牌的终极理想就是创造品牌的美好记忆"，其实都是围绕着"社会化创意"去思考，但天与空目前为止没有一套方法论。像旧元素新组合、向新闻学习、创立独特符号，这些都是"最小记忆单位"的一个方法论吧。而对于"持续积累品牌的美好记忆"，我觉得其实是在于找到这个品牌的关联度和它对社会的企业价值。我觉得，我现在所谓的方法论更多还是基于认知层面，没有很系统的方法。社会化创意，其实是要找到全民的共同记忆，才能更好地去切入。每个时代都有它的时代记忆，我就可以根据不同的年龄、不同的时代去帮每个时代的人找到他们的共同记忆，那就很容易成为一个社会化创意。

汪　曦

我从传播、社会、心理、文学和美学这几个角度出发，结合我个人的工作经验和一些感悟说一下吧。

传播角度我认为有两个方法论：一个是最大的能见度和最快的传播速度，就是传播一定要让更多的人看见；第二个是我们要去找方法、找渠道，选择最快的传播途径，因为你的时间越长，中间的变量就越多，所以我觉得传播一定要紧扣这两点。

从社会角度我认为有两个比较重要的点。第一个是最尖锐的矛盾点，这是我们努力的一个方向，如果我们做社会化创意，找到的切入点是这个社会中非常尖锐、非常明显的矛盾点的话，它的力量也会更大一些。这跟叶茂中的冲突理论有点相似，但他的冲突更多是在操作手法上，而我想说的是一种整个社会角度的矛盾点；第二点我认为是最长尾的影响力，好的社会化创意能够改变社会的一些运行法，所以我觉得好的社会化创意是有长尾效应的，能够慢慢地浸染到大家的意识里面去转变他们的思考方式。

从心理角度有两个方面：一方面是最渴望的情感点；另一方面是最默认忽略的情感点。最渴望的情感点意思是，比如我们每个人都有想要的东西，想要自我表达，然后我们去顺应了这种表达，那就是我们渴望的情感点；最默认最忽略的情感点是，我想我已经忘了，已经默认好像这个事就是这样，但是突然你告诉我"不是这样的，我可以做不一样的事情"，这样心理就会发生变化。这两个情感点在社会化创意中都可以引起跟大众的心理共鸣。

从文学角度的话，我个人把它定义为两点：一个是最开放的问题；一个是最肯定的答案。最开放的问题会有点像心理角度的第二点，就是最忽略的情感点，其实很多时候最开放的问题就是提出一种假设、一种可能性、一种思维方式，我们是在提醒你，你还可以这么思考。我们有时候相当于是通过文字的方式把受众再往前推一把。其实我觉得受众也好，还是公共意识也好，有时候也需要有人推我们一把，那这个时候从文学性上来看，很多品牌的标语，就是一个肯定的答案。你的问题可以有千万种，但只有这个答案，能够清晰地推你一把让你去做。

从美学角度来说,一种是最意想不到的形式,因为美这件事是非常主观的,每个人都有自己的审美倾向,但意想不到是一种人类共性的东西,从生理上来说,意想不到这件事情带给人的反应都会更大一些,所以我觉得一种意想不到的方式的美是可以让人觉得很需要的;另一种就是最洗涤心灵的纯美,我们都是从原始人进化而来,每个人的身体里都有基因符号,都是有共性的,对于好风景、好音乐、好环境等纯美的东西,我们人类都会有一种条件反射性的喜欢和倾向。

肖 坤

我一直会强调要紧盯目的,在手法上面尽量回避做过的事情,去追求新鲜感,深挖消费者洞察。因为当我们盯着目的看,就会有更多的方法,条条大路通罗马,对吧?而当我们一直讲手法的时候,其实很容易陷入一种固有的思路、方式上去,大家都喜欢拿解题方案,但实际上你换个角度,可能思路就不一样了,所以我觉得紧盯目的是蛮有意思的。当然,我们也要去学习别人的手法,就像一些国外的案例,他们的手法经常打破旧有规则。

张峰荣

我觉得社会化创意要从国家层面来考虑是否解决了社会的一些困境和问题。例如,改革开放解决了贫穷问题,现在的小康社会推动了一些思想的进步,还带来一些价值观的发展进程。另外,一个好的社会化创意,它可能不仅仅只有商业价值,还会有一些人文关怀;还有一些好的社会化创意,可能不只是解决眼前的一些问题,还有很好的持续性和前瞻性,能解决未来的一些问题。

赵道临

关于社会化创意的方法论,我个人归纳出了八点。

第一是颠覆常识。

第二是切换主观视角。

第三是"老树开新花",也就是老功能的一个新作用。

第四是重新定义。

第五是我们经常会用到的一种方式叫"一本正经地胡说八道"。

第六是给创意找力量，就是你要选一个比较的对象。

第七是善用媒体的特性。

第八是"忘记以上所有"。

当你用前面这些方法去思考问题都没有得到一个很满意的答案的时候，你可能会问自己："我最不可能怎么去做这个创意？"也许当所有路都走过，还不够好不够正确的时候，或许是这条没有走过的路，由于你主观的偏见，觉得这条路不可能走，最终却是一条新的、好的、合适的路。对于一些资历比较浅的新人，我会对他们进行这样一个培训，这是一套比较基本的方法论。但是我相信创意的方法不止10种，也不止100种，甚至会有成千上万种。我希望这些方法是一个起点，是新人们去认知创意、逐渐掌握创意的一个入门的法则。在团队头脑风暴陷入僵局的时候，我有时候会从这些角度去提出问题，尝试着从这些角度去问他们，可能会激发出一些能够推进项目的创意吧。

邓 斌

我觉得做社会化创意的关键在于形成社会关注。像我之前总结的一些创意法则，比如"向新闻学习""创造不正常"，都可以融入社会化创意的方法论。

比如，新闻里有五要素：who、when、where、what、why，这些要素里面至少得有一两个不同寻常才能叫作新闻。你想，如果一个正常的人在正常时间、正常地点做一件正常的事，就上不了社会新闻，这从广告角度来说也是一样，五个要素总要有一个稍微有点区别，这样才能爆出来。所以我认为广告的本质就是创造不同。

其实我们想创意可能也不见得一定会用这5w去做，但是对初学者来说的话，这些方法可以帮助他们往不同的方向去想，像不同的人、时间、地点，可能更容易想到一些更有趣的创意，所以它是一个方法论。有很多创意人,想创意时喜欢看参考,参考平面、视频等,但我不会去看那些参考片,因为看过之后可能就只放在脑子里,是一种沉淀。对我来说,我会找到一个原点,再去思考这个原点怎么发散、怎么解决,然后会有新的不同的东西来刺激你找到一个兴奋点。

所以我说的"向新闻学习"也好,"创造不正常"也好,其实都是激发大家灵感、扩展创意思路的一些方法。

孙江昆

社会化创意要求创意人员具备宏观视野,不仅关注品牌本身,而且要超越品牌,关注其在社会中的角色和责任。并非所有创意人员都能从如此广阔的角度思考,他们可能更专注于创意的巧妙、趣味和吸引力。

对于社会化创意,关键在于品牌是否能够与创意人员的想法同步,即品牌是否愿意探讨作为企业公民对世界的看法。品牌需要有明确的世界观,并愿意维护和强化这一世界观,同时在适当的时机凸显自己的角色。

社会化创意的难点在于找到与品牌世界观相契合的机会,这需要品牌有意愿在社会议题上发声。并非所有案例都能持续进行社会化创意,因为这依赖于品牌与创意人员之间的共鸣。此外,不是所有项目都适合采用社会化创意的方法,特别是那些更侧重于产品本身的项目。尽管社会化创意是提升品牌社会使命感和价值感的有效途径,但应根据具体情况恰当运用。

说到创意和社会化创意的方法论,每位创意人都摸索出了一套自己的法则,虽然各人有各人的想法,我们还是从中归纳出了一套具有共性的社会化创意法则。

首先要明确的是,其实做社会化创意和做传统创意并无本质上的区别,流程依然是先找洞察,再落实到行动,最终推动人类观念和社会文明的改变。

那么，该如何找社会化创意的洞察呢？其实，社会化创意的洞察分两类，第一类是和传统创意一样的"消费者洞察"，时代在变，但人心不变，很多人性洞察放在任何时代、任何社会都适用，我们不妨多多参考一些经典的广告案例，看看它们的人性洞察是什么；第二类是社会洞察和时代洞察，这就是我们之前反复提到的"社会问题""时代问题"，时代的更迭总是会导致社会在观念、文化、形态等很多方面产生不适应性，这些不匹配、不适应不是表象，而是痛点，社会化创意就是从这些痛点出发，进而提供创新性的解决方案。

找准洞察的下一步便是行动，也就是常说的执行阶段，这一环节的难点在于如何在信息爆炸的碎片化时代实现传播范围最大化，这就关系到创意的质量。创意人对此有各自的解决办法，不论是制造冲突，还是跨界传播，抑或向新闻学习还是其他，都是捕捉创意灵感时可以试一试的途径，目的无非是抓住用户眼球，这样才有机会出圈。

推动改变或许是社会化创意整个发酵过程中难度最大的环节，因为改变往往不是一蹴而就的事，而且也难以去度量社会的某种改变究竟是哪些因素在共同发挥作用。但这也是社会化创意中至关重要的临门一脚。那这一步该如何实现？这就要求品牌肩负起社会公民的使命。社会化创意具有可持续性，绝非做一次就能立马推动社会进步，所以品牌需要做好"砸钱"的准备，追求更长远的品牌溢价和社会价值，而绝不仅仅只是短期内的商业利益。当然，我们也要相信好的社会化创意有着"低成本创造大效益"的能力，这是传统创意难以企及的，当具有人性和社会洞察的社会化创意被推至公众视野，就很容易引发他们在情感上的共鸣，甚至形成自发传播，在水波纹式的圈层传播中越传越远，其中的投资回报比可见一斑。

最后，就像曾浉所说的，"创意人厉害的点就在于可以随时打破创意的规则"，我们对社会化创意方法论的探讨仅仅是为大家提供了创意发散的方法和思路，而不是硬性要求大家必须这样做。创意的诞生绝非经验主导或照样画葫芦，这样生产出来的创意就不是真正意义上的创意。所以，当你的灵感遭遇瓶颈时，可以来看看创意人的回答，也可以试着忘掉所有的章法和经验，或许会有意外的惊喜。

七、社会化创意的可持续性之问

迄今为止，我们已经积累了不少社会化创意"爆款"案例，获得了很高的关注度，诸如"今天不说话""肤色和平""一天就消失的大地艺术""诗歌 POS 机"等带有公益性质的案例。这些案例是初代社会化创意，分别把自闭症儿童、种族歧视、文化遗产、山区儿童等社会问题和弱势群体置于公众视野，在社会上引发了一定的回响。但与此同时，我们会担心它们的可持续性，从策略层面上来说，是否足以支撑这个创意成为一个可以长久发展的创意。事件被引爆之后，社会问题得以暴露，那这个问题到底能不能被解决？社会化创意到底是一场一劳永逸的短暂秀，还是由一场场小广告活动厚积薄发的长线战役呢？

陈伟铃

对于项目持续影响力的维护确实存在不足，往往更注重短期效果。以"一天就消失的大地艺术"为例，有建议将其打造成长期 IP，这不仅解决了与敦煌 IP 的合作问题，还传递了珍惜美好的价值观，同时具有公益价值，如提升对敦煌莫高窟风化问题的关注。

社会化创意的可持续性在当前环境下难以实现。一方面，广告行业普遍缺乏长期投入一个项目的"匠心"，倾向于追求短期成果；另一方面，商业价值的认识较为浅薄，通常仅限于满足消费者需求和收取费用。

将项目如"一天就消失的大地艺术"转化为旅游 IP 可扩大其商业价值，但这需要额外的人力和物力投入。尽管许多案例有成为 IP 的潜力，但由于行业局限性，广告公司往往缺乏运营 IP 的经验和资源,需要与其他专业公司合作推进。

邓 斌

以前可能因为传播媒体比较单一,所以传播的形象绝对不能变,这样可以比较持续、统一地去影响别人。但现在信息爆炸,大家每天看的不只是广告,同时还有很多新闻娱乐八卦等,所以很多信息过来后,你必须给他们一些稍微强一点的刺激的东西才比较容易记住。其实你看市面上做得比较好的创意,如果客户是比较有追求的,他们也就比较愿意去做一些投入。所以说实话,做出好的、可持续的社会化创意,更重要是看广告主,他们有追求,愿意投入,愿意信任你,愿意持续去做这些东西是非常重要的。

孙江昆

以我们在2018年9月给欧派衣柜做的"太空情书"为例。该项目在2019年通过直播的形式进一步发展,尽管表达方式不同,但都围绕家庭仪式感这一核心主题。

我们认识到,创意表达不一定要局限于某一固定形式,而是应不断寻求新的演绎和表达方式。对于"太空情书",并非一定要制作续集,而是应根据是否能够持续带来新意来决定其发展。

在后续的工作中,我们注意到家庭仪式感的重要性,并发现社会中离婚率上升的问题。通过深入研究,我们发现离婚率高可能与夫妻间缺乏陪伴有关。因此,我们围绕"家庭"这一核心概念,探索了新的社会洞察和矛盾点。随着时间的流逝,围绕"家"的概念所衍生出的洞察和矛盾点也在不断变化,我们的创意工作也应随之调整,以反映这些新的社会现象。

曾 洵

我们做的广告活动用了很多艺术装置,但往往等项目结束之后,会发现其实它们的价值远没有被完全开发。就好像我们做的"一万种可劲造",在装置基础上发展成了造物节,这其实就是创意的另一种延伸和重复利用,把这个创意运用得非常好,很适合这个品牌,用更多的资源来服务这个创意，让它像滚雪球一样越滚越大。

所以，我们作为创意的产出方，也希望在源头对创意做一些改变。从社会化创意的效果来讲，比如转化率这个东西，有人会觉得社会化创意可能不见得能够解决转化率的问题，但我认为，其实它只是没有在短时间内集中地解决这个问题，达成 KPI。比如，直播可能在一个小时之内浓缩所有的资源，但我们可能是把它的价值放大了，因为一场直播做完，很多人什么都没有记住，甚至连直播的明星都没有记住。而社会化创意更多的是一个日积月累的过程。

车厘子（蒙凤樱）

现在的大环境之下，大家都很焦虑，对创意的极致性和坚持度不够，很多人都顺应趋势开始去做直播，去做价格战，而且很多品牌在很多时候觉得并没有必要去做有创意的东西，因为创意会花费大量的费用和时间，所以他们很难有做社会化创意的意识。

愿意做社会化创意的品牌还是希望自己的品牌理念能够辐射更多人，能够让更多的人改变观念，然后产生行动，所以品牌通过社会化营销来改变自身的社会责任和品牌形象，对品牌跟广告公司来说是一个双方获益的过程，品牌能够把它的营销积淀成一个品牌动作。比如，我们给老板电器提的"守护我家的濒危失传菜"，客户就会觉得这是一个非常好的品牌动作，不只是搞噱头，而希望能把它做成一个为中国菜申遗的动作，每年都会往下落实，这也是客户内部比较推崇的一个创意，就不是飘在天上，而是真正认真落在改变用户的观念、改变行动上，同时全民参与的门槛又比较低。

赵道临

评估一个创意项目时，需要区分客户的目标是短期还是长期。以一个杰出品牌为例，即使创作出了卓越的创意，如果客户方每年更换策略，那么创意也无法得到持续发展。诸如 Nike、阿迪达斯和可口可乐等品牌，多年来均围绕一个核心理念持续传递相同的价值观，这种一致性对品牌产生了深远的影响。创意的持续性需要双方的共同努力：广告公司需提出有力的创意，而客户则需愿意长期采用。无论广告公司还是客户，都可能在一年后对某个创意产生厌倦，但对消费者而言，重复性才是关键。如果创意质量上乘，持续十年的重复使用也不失为良策。

在这个问题上，创意人达成了共识：社会化创意应该是由一场场小活动构成的持续性的长线战役，以此达到厚积薄发的效果。不过，我们首先要明确一点：持续并不代表一成不变。随着时代的进步，社会问题也有所变化，那么，社会化创意的持续性就体现在不断地更新、优化内在的一些洞察和形式，就像耐克、阿迪达斯等国际品牌所遵循的 big idea（大创意），社会化创意其实也是有内核和主线在其中的，或许会有很多小战役来适配当下的一些节点性的社会问题，但 big idea 始终如一，那么品牌所传递的价值观、所要解决的问题，就可以放在时间的长河中慢慢解决了。

但在现实环境中，尤其是在当下的起步阶段，要实现社会化创意的持续性，可能还面临着诸多的局限和挑战。第一，做社会化创意的广告人少。很多广告人、创意人缺乏"匠心"，宁愿多做一些案子多赚一些钱，也不愿沉下心来把一个案子做到极致。当然这跟现实因素不无关系，现阶段愿意做社会化创意的人少之又少，其中占多数的是一些所谓"功成名就"的广告人，该拿的奖也拿了，该赚的钱也赚了，到达这个境界，才会有一定的思想高度来反哺社会。第二，做社会化创意的广告主少。很多广告主缺乏"耐心"，这在前面的问题中也有谈到，愿意做社会化创意的广告主往往是一些大品牌，在不愁商业利益的情况下，舍得投入，有一定的胆魄和觉悟愿意"放长线钓大鱼"。第三，做社会化创意的合作方少。社会化创意绝不仅仅是光靠广告圈的力量就能做起来的，这中间需要依靠太多太多的外部力量，就像陈伟铃所说的，广告人可能真的更多是产出创意，而怎样去更好地运作一个 IP，需要和其他专业公司一起合作。

八、社会化创意功能价值的理性解读

用近年来比较流行的一个词来说,"品效合一",这会是社会化创意的一个功能价值吗?在企业做营销的过程中,要得到传播声量和产品销量的同时提升并非易事,可以试试用社会化创意来解决。创意人似乎对社会化创意提升品效的能力都抱有信心,也更看重它在提升传播声量方面的长远影响,品和效之间其实更像是相辅相成的关系,品牌的传播声量高了,消费者的品牌好感度提升了,大家还会不愿意买你的东西吗?

赵道临

个人认为,社会化创意若要带动产品销售,其议题必须与特定功能或需求相关联。仅有理念碰撞而缺乏具体功能关联的社会化创意,除非品牌美誉度高,否则难以直接带动销售。

在当前的媒介环境中,消费者购买行为往往受到多重因素的影响,而非单一创意所致。初次接触广告可能未能立即促成销售,但随后通过不同媒体的多次接触或推荐,可能会最终促使消费者采取行动。这种综合作用比单纯讲述产品功能更为有效。

作为创意人员,我们的责任是提出并执行创意,而商业转化则涉及媒体、销售能力、促销活动等多方面因素。例如,李佳琦之所以能够成功销售产品,部分原因是他能提供最低价格。直播销售侧重于价格优势,而广告人则侧重于品牌建设和话题创造,注重提升品牌价值。

社会化创意能够激发人们的感性思维,优秀的创意应能引发讨论,不仅仅被当作广告来看待。从商业角度来看,它应能促使人们以直觉和感性的方式进行思考,甚至做出购买决策。消费者之所以会以直觉或感性的方式做出反应,是因为创意触动了他们的情感,提供了价值输出，而无须理性逻辑推演。

例如，创意可能不是提供促销优惠，而是通过激励的话语如"你很棒，坚持下去"或"生活不只是眼前的苟且，你还有别的可能"来鼓舞人心。有时品牌可能会提出挑战性的问题，引发思考和讨论。从宏观角度来看，社会化创意旨在使社会变得更好，同时也促进产品销售。因为当品牌在做一些伟大的事情时，消费者会对其产生好感，从而促进交易。

孙江昆

社会化创意需要品效两方面都有成绩。一方面，品牌的传播声量、好感度相对务虚一些；另一方面，效果的增量、产品销售这块，我们会提前跟客户讲清楚。因为每一个创意简报下来的时候，都有一个很明确的需求。如果我是对促销节点营销的时候，那么我不仅要有声浪，还要有转化，对吧？所以最后去评价一个创意表达好坏的时候，你会多维度地去看这件事：一方面，它的声浪、互动量是否达到了客户想要的结果；另一方面，最后的转化有没有达成客户想要的数据。

对于销售达成这个问题，到底是因为这个广告而达成的，还是因为品牌过往所做的所有广告行动，加上这个广告所达成的？其实是叠加效应，所以我们做社会化创意最终要承担两个使命：对于一些不熟悉我们品牌的人，要告诉他我们存在在这里，而且我们有这样的世界观，让他对我有好感；对于那些立刻要购买的人，我会给他一个抓手的位置，让他顺便可以达成我们销售转化的目的。

曾 洵

在实现客户转化率的过程中，我们发现客户更注重传播声量，因为长远来看，传播声量能带来更为有效和持续的转化。品牌首先要让人们了解其身份，从而在告知过程中积累品牌好感度。我们的目标是首先达到客户的传播声量，然后在此基础上触发转化机制。

尽管直播带货等直接营销方式可能在短期内带来销售转化，但品牌价值中有许多无形资产。我们应该向客户明确，我们在传播声量方面有优势，但在销售转化方面可能还有提升空间。我们会根据客户的需求，提供创意解决方案，并设定KPI和硬性要求。

跨界合作是近年来创意领域的一种解决方案。它通过创造新的冲突和可能性，产生化学反应，同时涉及资源整合。两个品牌的联合发力，可以推动事物的发展。跨界包括跨媒介、技术和传播形式，我们的理念是"跨越一切沟通平台"，包含资源、受众、媒体和技术的沟通。

然而，跨界合作在执行层面可能面临挑战。例如，在地铁站创造装置艺术展需要经过审批、报备和与地铁方的磨合。一些跨界合作可能非常巧妙，而有些可能只是跟风。有时客户会要求方案中包含跨界合作，这可能导致市场上出现许多跨界案例，但缺乏真正的创新。

贺师洋

站在天与空的立场上讲，其实我们什么都做的，我们思考的是"当代的广告创意是什么？"所以什么样的方式有效、有用，能引起社会化的话题，能让我们的创意有更强的社会传播性，我们就做什么，这更偏向于整合和更大象限的思考，所以大家经常会觉得天与空产出的东西很难去定义它，因为其实这个东西是跨了几个象限的。我做出来的有些作品，可能是个装置，可能是个社会化的议题，可能是个新产品，可能是个影片，但是无论它的形态是怎样的，我们都需要达到最终的一个目的，就是要有自传播性、有社会影响力。

肖　坤

我认为跨界只是个手法，很多跨界的新鲜感完全是缺乏洞察的，就是两个品牌嫁接在一起，这样消费者肯定会感到疲劳。

陈伟铃

在广告行业中，尽管跨界合作的理念被频繁提及，但在实际执行时往往受限于客户的传统需求，如拍摄电视广告等，导致创新的局限性。这种被动局面使得广告公司难以充分发挥创意。

在评估创意时，我特别关注跨界合作是否真正凸显了品牌价值。以"后浪"为例，其演讲形式的影片实现了跨界，获得了广泛传播，甚至"后浪"一词也成为年度热词。然而，对于品牌本身，其影响力究竟有多大，人们最终记住的是"后浪"还是 bilibili，这一点值得怀疑。此外，这种概念是否能解决 B 站的商业生态问题，也是我关心的重点。

不可否认，"后浪"是一个具有社会影响力的创意，它引发了社会各界的广泛讨论。但作为广告，其核心价值应在于推动品牌发展和解决商业问题。因此，跨界合作应超越形式上的创新，深入挖掘如何通过合作真正提升品牌的商业价值。

黄海波

我是学美术出身，所以视觉一直是我的强项。我们做任何事情，都有"符号性"，是视觉先导的，哪怕是"加油白衬衫"，也是找了衬衫这样一个符号，说"每个人的最开始都是一件白衬衫"，你看他就是有画面思维的。

当然，我们不是单一地用视觉去解决商业问题，更多的是在想解决方案，想方案时觉得应该要有视觉、要有一句最核心的话，比如"加油白衬衫""我不想洗碗"，有了这句最核心的话之后，需要有一个画面，这个画面是能够加强记忆的。至于做跨界，也是在为甲方想解决方案的时候，为了有话题性地去解决问题而用到的一个比较有震撼性的表现形式。

以做跨界联合见长的创意热店，比如天与空，创意人时常秉承"万物皆可跨"的理念，尝试跨媒体、跨行业、跨文化、跨时空等，一定程度上掀起了广告圈跨界合作的风潮，这似乎也印证了跨界联合是解决品牌问题的一剂良药。同时，他们没有把它当作包治百病的良药，创意人不会把跨界生搬硬套到每一次营销传播活动中去，他们的回答倒是反映了当下一些品牌做跨界合作的误区：第一，广告主盲目跟风，看到别人跨界取得了很好的效果，就点名要求也要做跨界；第

二、代理商帮品牌做跨界合作时，缺乏洞察，单纯追求新鲜感，忽视了跨界双方结合的内在原因与逻辑，消费者见多了这样的跨界自然会感到视觉疲劳。这些所谓的"跨界合作"，显然不会长久，虽然或许能在小范围内得到传播、短时间内提升销量，但长远来看，并不利于沉淀品牌资产，尤其是在这个人人都能向世界发声的时代，用户见多识广且挑剔，如果没有找准人性洞察，那么很有可能这次跨界合作就是无效的，广告主的钱也就白花了。

可以明确的是，社会化创意会一直存在，并将解决社会问题、推动时代进步，这不是空谈。不论在读此书的你是广告主、市场部、广告人，还是社会各界人士，或是学生，只要你看完有所启发，哪怕只是了解了社会化创意的概念，它就会有成长的机会，直到它广为人知并为人所用的那一天，"社会化创意"本身就是一个社会化创意。

九、创意热店的未来出路会是升级版的 4A 吗？

创意热店的兴起就是以 4A 升级版的名义而出现的，那么创意热店将来发展的出路会是升级版的 4A 吗？听上去这句话是没有道理的，可是我们前面分析过，创意热店迟早投入资本的怀抱已是事实，资本的原始属性可以容下创意的傲慢与任性肆意吗？在谈及创意热店的未来发展方向之前，我们问了创意人一个犀利的问题，也是网络上很多网友提出的疑问：他们在做创意时只会不断地用一些新的噱头来做事件，从而博取外界眼球，引发大众关注。创意人自此被贴上了"事件营销""哗众取宠""高调"等带有偏见的标签，如何看待这些评价的呢？继往开来，创意热店的明天会好吗？

赵道临

对于天与空而言，外界的批评有时认为我们的一些作品过于追求吸引眼球。然而，吸引公众注意是广告传播的基本要求，默默无闻则难以产生广告效果。我们追求的是在吸引公众的同时，能够创造更深层次的意义和社会价值。

虽然无法断言我们已经完全实现了这一目标，但可以肯定的是，这是我们不断努力的方向。目前，相较于全球顶尖的创意水平，中国创意行业仍存在一定的差距。我们致力于缩小这一差距，并在创意领域实现更深远的社会影响力。

车厘子（蒙凤樱）

很多人会把天与空当作一个事件营销公司，但实际上我们并没有定位在一个线上传播，或者一个社交公司，我们其实算是一个为品牌提供创意解决方案的综合公司。

另外，因为天与空其实是非常高调的公司，一开始我们做了很多出名的社会化事件，所以很多人会以为天与空只会做事件、做爆点、做噱头，在这个方面，我们应该需要借此机会回答很多广告人对天与空的偏见。天与空的每个人，都认为我们广告人是有使命感去改变社会的，就是用善的力量去改变社会，因为我们相信广告是能够改变观念和行为的。一个伟大的品牌是有使命感和责任感的，所以我们做事件的出发点不是为了引爆而引爆它，整个还是从广告人的使命、品牌的使命和责任感，去驱动品牌完成具有社会影响力的传播，把品牌广告升级到社会影响力的一个动作，所以我们才会说社会化创意是我们作为一个头部广告公司的使命感和责任感所在。

孙江昆

坦率地说，通常只有广告业内的人士会讨论此类话题。由于创意传播的目标是覆盖所有消费者，这几乎是不可能的，也给创意带来了新的挑战。

过去，广告的目标是打磨品牌，使其更加闪亮。然而，现在品牌难以被注意到，并非因为品牌的打磨不够，而是因为干扰因素太多。品牌迫切需要在消费者中建立存在感和形象价值，因此需要被讨论众所周知，如果一个创意非常符合常规，它就不太可能引发讨论。创意中的矛盾和冲突是引发讨论的关键。

因此，在今天的传播中，我们会考虑使创意更加尖锐，以提供讨论的价值和空间。例如，"后浪"之所以成功，是因为它提供了丰富的讨论维度，激发了不同年龄段人群的发声欲望，从而引发了现象级的传播。相比之下，"入海"的讨论量较少，因为它直接针对年轻人的感叹，而老一辈人对此无感，因为他们已经经历了那个阶段，因此没有形成广泛的讨论。

肖 坤

关于天与空被评论为"做噱头""博眼球""哗众取宠"的观点，个人认为这种关注并非全然负面。首先，控制公众舆论本就困难；其次，在广告普遍缺乏关注的时代，能够吸引公众注意本身就是一种成功。只要我们的作品在价值观上是正面的，不为客户带来风险，那么在传播上的效果对客户就是有益的。此外，对于外界的误解，时间会证明一切。我们公司成立六年，业绩持续良好，客户的认可便是最有力的回应。因此，我们不会过分受这些评论的影响。

张峰荣

公众对我们的偏见在所难免，因为并非所有人都能深入理解创意背后的动机。尽管如此，我们坚信只要初衷正当，就应坚持自己的道路。无论是为了客户还是我们自身，一旦创作出具有社会正面影响的案例，我们就会全力以赴地传播。我们认为，让更多人了解和参与这些创意，比鲜有人关注要好得多。因此，我们将持续努力，以确保有价值的创意能够触及更广泛的受众。

邓 斌

我们公司虽然制作了大量的影视作品，每月多达数十条，年产量可达七八十条，但公众对我们的认知往往局限于我们是做事件营销的公司，这已成为我们的一个标签。这一标签对我们既有利也有弊。其利在于凸显了我们的核心竞争力，而弊则在于客户可能会产生一种印象，认为只有需要做事件营销时才应选择我们。

不得不说，天与空的创意人不愧是一群大胆乐观的"叛逆者"，面对社会上的诸多非议，他们没有感到失落，反倒觉得这是一件好事，至少让更多人记住了这家公司。从他们的言论中，我们感受到了每一位天与空人对社会化创意的信念感和使命感，每个人都深信社会化创意存在的价值，都认为自己有使命通过广告去推动社会变得更好。

但创意热店的明天，是不是仅仅有信心就能发展好呢？

某种程度上来说，4A 的衰落对于中国广告业是件好事：相较于以往的"4A 独大"，当下中国的营销环境愈发多元化，独立创意公司成为新锐主力军，数字营销公司、公关公司、咨询公司做起广告生意，甚至甲方客户也尝试自组广告创意部门，还有 MCN 公司在短视频和直播赛道遥遥领先，以字节、腾讯、阿里为首的互联网巨头不断扩张商业版图。

与此同时，天与空在 2020 年经历了两件大事：2020 年春天，天与空正式加入中国 4A；2020 年夏天，天与空被因塞集团收购。一时间，外界舆论四起，有人说"天与空向 4A 投降"，有人调侃"4A 升级版降级了"，还有人问"天与空的独立精神还在吗？"

所以我们在浏览这些新闻和评论的时候，不禁思考，时下火热的创意热店明天会好吗？是否会重蹈 4A 公司的覆辙？

邓 斌

对于创意热店而言，挑战无处不在，但当前时代为创意人才提供了前所未有的机遇。本土创意人得以崭露头角，甚至能够自主选择客户，这标志着创意公司地位的提升。

创意热店之所以愿意考虑并购路径，是因为相较于传统广告公司，创意公司具有较低的成本和门槛。然而，随着公司成长，追求长期利益和更规范的运营成为目标。面对未来，创意热店要么独立上市，要么被上市公司并购，以实现价值并确保长期发展。

创意热店众多，规模和追求各异。有的旨在打造百年老店，有的则未作长远规划。对于规模较大、运营规范的公司而言，目标可能是持续发展20年、50年甚至更久。这需要长期的战略规划和持续发展的思维。

贺师洋

公司的规模和形态是多样化的。许多国际大型广告机构也是从小型创意工作室逐步发展起来的。它们由单一办公室扩展到多个，并随着客户全球化的需要而实现全球化扩张。没有任何公司从一开始就拥有庞大的办公室网络，它们都是由小到大逐步发展的。

中国的创意热店同样遵循这一发展路径。然而，这些创意热店能否持续经营数十年甚至更久，则受到多种因素的影响。正如改革开放期间中国企业的发展历程一样，许多企业由家族式经营开始，逐步转变为具有完整商业架构的现代化企业，创意热店也面临着类似的转型挑战。

这些热店未来的发展不仅需要培养新一代的创意人才以接替老一辈的创始人，还要求整个广告行业维持健康和可持续的发展。当前，广告行业面临的一个主要挑战是创意人才的断层，这在行业中普遍存在。尽管行业对新人的需求一直存在，但更突出的问题是缺乏高质量的创意人才。因此，创意热店如何打破这一局面，实现持续发展和传承，是整个行业需要共同面对的问题。

陈伟铃

（笔者问：我始终感觉到，天与空还缺少一个部门，就是负责社会化创意和IP持续运营的部门。）

对，这就落到一个很重要的问题，就是广告公司会认为它的价值在于不断地产出新的idea，而不是一个idea做一年两年，但这其实恰恰是做社会化创意的公司该做的。

孙江昆

面对广告、互联网、MCN 等公司的激烈竞争，天与空的核心优势在于我们专注于打造与社会需求和话语环境相契合的品牌价值观和世界观。我们的目标是寻找精准的洞察点并有效表达，而非仅仅追求流量。

MCN 机构可能更关注吸引眼球的形式，如娱乐性内容，而我们作为品牌和创意人，致力于发现社会化创意的核心。广告公司的优势在于洞察力，这是创意不可或缺的一部分。我们追求的是作品发布后能与观众建立持久联系，而非仅获得高点击量。

我们不像 MCN 机构那样频繁变换表达形式，而是致力于构建企业品牌与受众之间的桥梁，寻找合适的沟通点，以放大媒介效果。因此，天与空的核心在于发现深刻的洞察和合适的表现形式，以此传播信息，为品牌赋予更多价值。

汪　曦

天与空加入中国 4A 广告协会，此举标志着天与空参与更广泛的行业合作与发展。这不应被简单理解为追求名利，而是体现了创意公司在行业中的集体力量和协作精神。尽管传统 4A 公司近年在创意方面可能有所衰落，但它们依然掌握着大量媒体资源和话语权，因此仍具有重要影响力。

一个健康的市场需要多元化的参与者，包括本土创意机构和独立创意联盟等。这些组织旨在汇聚创意人才和公司，共享资源，促进良性竞争，并共同制定适应时代的行业规则。

我预计，4A 公司不会消失，至少外资 4A 公司在短期内不会消亡，也不会被本土公司完全取代。它们的存在为中国市场带来了更丰富的层次，类似于森林生态系统中的不同生命形态。最终，我们期待与中国的外资 4A 公司一道，共同构建一个多元、健康的广告生态系统。

十、热情、学习、使命感,创意新人缺吗?!

有人说,没有创意的人不要加入广告业;有人说,安分守己的人不要加入广告业;有人说,没有热情的人不要加入广告业……那么,广告业到底需要什么样的人?最后一个问题,让我们来看看创意人们,对广告新人有怎样的看法和寄语。

陈伟铃

许多年轻人对于广告行业的职业定位缺乏清晰认识,不清楚自己工作的意义和职业发展方向,容易随波逐流。当他们意识到自己的工作能够对品牌或产品产生实质性影响时,可能会增强对职业的责任感。责任感的缺失在他们抱怨工作标准过高或客户不合理时表现得尤为明显。这些抱怨者可能并不适合广告行业,因为他们未能理解广告工作的深远影响,包括改变品牌形象、决定品牌命运,甚至影响时代的主流价值观。

对于新入行的年轻人,建议他们观摩顶尖作品,如奥斯卡获奖电影、戛纳广告节作品等,以培养高水平的审美和创意思维。只有心中充满优秀作品,才能在需要时将其内化并组合成新的创意。如果脑中只有平庸之作,很难产生卓越的创意。

曾 泂

一个创意人,他一定是一块海绵,把他所有平常看到的、听到的、接触到的东西都吸收进去,然后持续不断地去追求创意。创意人要热爱社会,要有非常敏感的社会观察。

车厘子(蒙凤樱)

现在的年轻广告人太浮躁了,他们对广告的理解和基本功其实是有很多缺失的。像我们那个年代,虽然可能只有电视广告,但每天的基本功是很扎实的,而互联网改变了广告人的基础实力和扎实的基本功。

我之前面试过好几个文案和美术，他们开了很高的薪资，然后我就问他们，为什么你觉得你能拿到这么高的薪资？文案说"我觉得我挺厉害的，一个人能写好几篇10w＋的推文"，美术就说"我可以做长图"。然后我们就讨论"你觉得写10w＋和做长图本身是个创意吗？"就是大家开始更注重模式和形式，而不是创意，感觉大家的基本功其实是很欠缺的，所以还是需要打磨基本功。

说实话，碎片化时代和年轻化沟通、共鸣都不是做不好创意的借口，你还是要沉下心来去真正地热爱这个行业，然后带着这种使命感前进。我经常跟很多年轻的广告人说，很多时候你需要栽了跟头才知道我所拥有的这些是不够的，永远需要学习，跟时代学习、跟竞争对手学习，也要跟前辈学习。

孙江昆

对于广告新人来讲，首先，这一代人其实跟我们这代人是不太一样的，所以说他们要对这个行业抱有兴趣，抱有好奇，我希望这代人真的能够把爱好变成工作，把兴趣变成工作，所以首先对他们来讲，广告不是一个谋生的东西，而是兴趣所向，只有这个东西才能支撑你走得更远，如果你只是为了谋生的话，你的广告生涯会越走越窄。

另一点是，你要试着去理解、接纳并且会使用各种各样的表达形式。比方说，行为艺术也好，展示也好，短视频也好，或者是BBS里面写写帖子也好，公众号也好，你都要能够了解并且最好是能掌握。这些是对他们素养的最基础要求。

最后，还是一句老话，"不要只看形式不看内核"，今天很多时候因为各种花式的形式，所以你就会失焦，把焦点放在形式上面，而不放在内核层面的表达里面。当下有太多没有营养的形式了，我希望这些形式能够有营养，能够去承载我们想表达的世界观、价值观。

汪 曦

我觉得从年轻人的角度来说，入创意这个行业，要把它分为硬件和软件吧。硬件就是有一些技术性的东西，如果你是个美术，你要把自己的美术功底打好，如果你是一个文案，你就需要多读书，这些硬性的技能还是要磨炼好。而像软件上的东西，可能会比较难一点，我认为这跟每个人的教育背景、思考方式都还蛮有关系的。我希望如果年轻人有心入创意这一行的话，应该要跳出广告行业来看待很多问题，多去涉猎不同的学科，去学心理学、传播学、社会学，甚至医学、经济学。因为我觉得创意是在为商业社会甚至是人类社会服务的一个行业，非常具有综合性，如果你对整个社会没有一个客观全面的认知的话，就算你硬件再好，到后面也会出现后续不足、乏力、高度达不到的状况。

还有一个小的生活上的建议，适当减少一些社交网络或者网络媒体的摄入。虽然广告也是流行文化的一部分，但我反而会鼓励年轻人多看一些严肃文学，或者严肃评论，或者真正深度的电影。坦白说，我们自己是在制造流行文化，制造一些快餐式的东西，但是如何去自洽？是在为消费主义服务呢，还是在实现自己的个人价值、推动社会进步呢？这里面其实广告人还是有蛮多矛盾点的。但是如果要平衡和自洽这个问题，我觉得适当地切断一些跟流行文化的距离，以一个审视者的角度来看待它，不要深入其中，也不要迷失于其中。

肖　坤

第一个是热情，热情太重要了。我觉得这热情不是虚的，不是说我想干、我想去做，而是真的对创意感兴趣，或者是对创意有成就感。第二个是耐心，很多年轻人都有热情，但是因为广告行业有太多的挫折，就像我们想 idea，有时候想 20 个、100 个，可能最终都被客户否定了，一个创意都没被选上，这是需要新人们去承受的，或者是有耐心。因为要解决一个商业问题，要去做一个有性价比的传播、有性价比的创意，或者是投入产出比高的一个东西，它必须花时间，需要耐心，需要去被否定。如果很多显而易见的道理摆在那里，但是答案却不是那么显而易见，我就要去不断地诘问，不断地尝试，所以过程是需要耐心的。

黄海波

做广告最有趣的事情是能够做一行了解一行。

张峰荣

我觉得就是简单一点吧，如果爱这行就踏踏实实地做下去，因为现在诱惑太多，首先必须要热爱，否则你做得很痛苦。还要抵得住诱惑，不要忘记自己的初心，你选择了想用创意来做广告，用创意来帮助别人改善社会，那就是要靠自己坚持下去，如果你选择赚钱，我觉得广告未必是最好的选择。

赵道临

在我领导的团队中，我倾向于给予年轻成员广阔的创作空间，甚至一些最佳创意源自实习生。作为创意团队的领袖，我并不坚持必须使用自己的创意。

这一代年轻人成长于互联网高度发展的社会，他们获取的信息量与我们年轻时不可同日而语。我乐见他们身上展现出的不驯、叛逆和创造性思维，他们愿意质疑那些看似理所当然的社会常规，探究其背后的原因。我非常欣赏这些年轻人身上的闪光点，即使他们提出的创意并不完美，我们也会视其为宝贵的灵感火种，探索如何进一步发展和完善。对于年轻人，我的期望是他们能够推动中国创意产业进入一个真正的黄金时代，并期待他们能够超越前辈，甚至在国际舞台上大放异彩。

第五章

社会化创意的方法论

这么有洞察、有创意、现象级的精彩案子你是怎么想到的？我们常常会带着这个问题追问那些优秀的创意人，我们得到的答案往往会有以下两种：一是回答你，这需要你自己实践积累，仿佛是说没有什么捷径可循，这是个性化的、用心的投入时间和精力累积；另一种回答是，肯定了创意是可以通过知识学习而获得收益的，跳脱创意领域来学习创意，越是差距遥远的、广泛的知识学习和启发越是具有价值意义。没有理论的学习与启示，创意人就会陷入盲目和被动，成功了不明就里，失败了只是教训，理论影响人的思维，思维决定人的行动。就社会化创意而言，把握好有关创意和社会的知识理论，才能实现创意进阶，达成解决社会问题的创意目的。

在上一章，我们根据对社会化创意案例研究和创意人的采访笔记，整理出关于创意，甚至关于行业的"十问十答"，而其中提到了很多相关学科的理论和知识，例如企业社会责任、品牌形象论、接受美学、公共关系、说服理论、对话理论、权变理论、危机传播、公共信任、框架理论、媒介事件以及政治传播等，未能一一详尽诠释。在本章，我们将会对这些专业的理论和知识进行诠释，从概念释义、理论演化再到知识应用，不仅仅是想要以详尽的梳理来回应前文提到的那些社会化创意实例，也是对于社会化创意方法论、知识观的一种归纳和启示。本章理论的收入与阐述讨论是开放性的，也希望这一章能够对创意人的创新思维练习与启示有所帮助，能够让这本书为热心于社会创意的创意人打造一本"工具书"，导引并渐渐展开一张有关社会化创意的理论与实践研究的知识图谱。

一、企业社会责任

笔者从2008年参加教育部和日本电通合作举办的中国高校广告学专业师资高级研修员班开始，一直关注企业社会责任这个概念了。当时电通公司里有个部门叫社会贡献部，专门负责对接中国教育部这个项目和我们这些来自中国高校的老师们，CSR专题是我们在东京电通研修的重要一课，后来笔者专注研究公益广告的时候，就此系统学习了企业社会责任理论。可是说实话，在这里提出这个知识点，真正的原因是我们在访谈这些优秀的创意人时，他们在描述社会化创意业务接洽创作的过程中，特别提到接洽甲方企业积极支持社会责任的态度和肯定社会创意理念，所给予笔者的启示。

自2005年以来，我国政府关于企业履行社会责任的指引文件和相关政策不断颁发完善，中国企业社会责任运动也逐步进入了一个新的发展阶段，呈现出全社会参与、全方位加速和中心扩散的特征，政府部门、公众、媒体、员工、消费者、社会组织、社区、投资者、研究组织和其他企业利益相关者的社会责任意识开始觉醒。2012年，国务院国有资产监督管理委员会（简称"国资委"）发布通知，要求中央企业必须发布企业社会责任报告，并强调企业履行社会责任的情况将被纳入央企考核体系。2022年3月16日，国资委宣布将成立社会责任局，以更好地组织指导中央企业深入实施创新驱动发展战略、积极履行社会责任。从参与企业社会责任的企业数量看，根据中国社科院城市与竞争力研究中心与企查查大数据研究院联合发布的《2020中国企业发展数据年报》，2020年，我国共有4 457.2万户企业，然而，当年发布社会责任报告的企业则不到2 000家。这不足五万分之一的社会责任报告发布率，一方面说明我国企业在社会责任的参与度上有待提升，主体大多数是以中、大型企业为主，2021年，超过八成的社会责任报告主体是上市公司。另一方面，这一现状也说明社会化创意发挥作用的舞台是巨大的，创意传播的甲乙双方有着广泛而又充分合作的媒介空间。

（一）企业社会责任概念与理论溯源

企业社会责任是指企业在追求经济利益的同时，还应承担起对社会的责任，为社会作出积极贡献。这一概念强调企业不仅要对股东和员工负责，满足他们的合法权益，同时也要考虑其运营活动对社会和环境的影响，积极履行社会责任，促进社会和谐与可持续发展。[①] 企业社会责任理论要求企业改变把企业利润作为唯一目标的经营理念，强调加强对人的价值的关注，强调企业对环境、消费者和对社会的价值贡献。

18世纪中后期，当英国完成了第一次工业革命后，现代企业的概念开始逐渐崭露头角。然而，真正意义上的企业社会责任观念在那时并未出现，而是被限制在企业主个人的道德领域内。进入19世纪，虽然社会达尔文主义思潮盛行，经济学家亚当·斯密（Adam Smith）的"看不见的手"理论得到了广泛接受。可是从企业角度看，企业社会责任仍然是一种外在的、道德约束的力量，大多数企业并未主动承担起这一责任，并没有形成一种有影响力的社会责任理念，企业的不良行为常常会给社会带来诸多负面影响。直到19世纪中后期，随着现代企业制度不断健全和完善，社会劳动阶层对自身权益的维护意识逐渐增强，政府也开始出台相关法律法规来抑制企业的不良行为，现实中越来越多企业开始积极推动企业自身履行社会责任的进程。一些企业更是从管理制度上，不断增强履行社会责任的意识。可以看出，企业社会责任理念由外而内的形成与发展，是企业发展历史的必然趋势。

---

① 《中国企业社会责任发展与变迁：国企肌理的重塑｜旗舰报告》（2023年12月15日），腾讯网，https://new.qq.com/rain/a/20231215A052O600，最后浏览日期：2024年5月25日。

(二) 主要观点的理论依据与争议

1. 支持企业承担社会责任的理论

(1) 责任铁律

戴维斯（K. Davis）所强调的"责任铁律"是指"商人的社会责任必须与他们的社会权力相称"。戴维斯认为，企业对社会责任不负责任的回避将会导致社会所赋予权利的不断丧失。所以他所指的社会责任应该是指企业需要考虑那些超出经济、技术和立法要求之外的方面，从而实现企业追求的传统经济目标和社会利益。[①] 应基于责任铁律原则，从企业权利和义务有机统一的角度来界定企业社会责任，使得企业在自愿基础上承担以人为本、全面、协调和可持续发展的义务或责任。

图 5-1　企业社会责任四层次模型

(2) 企业社会责任四层次模型

卡罗尔在 1979 年提出了一个到现在依然被广为引用的概念，就是金字塔形的企业社会责任四层次模型，便是经济责任、法律责任、伦理责任和慈善责任，并且这四种责任所占比例为 4∶3∶2∶1（见图 5-1）。其中着重强调经济责任的重要性和首要性，卡罗尔认为，企业社会责任包含在特定时期内社会对经济组织在经济上、法律上、伦理上和自行裁量上的期望。总结来说企业社会责任就是一个由"经济"到"社会"的责任渐进过程。

(3) 公共责任理论（public responsibility）

普雷斯顿（Preston）和波斯特（Post）在《私人管理和公共政策：公共责任的原则》一书中认为，大多数企业所认为的社会责任概

[①] 牛松：《论西方企业社会责任的发展路径及经验》，《安徽大学学报》（哲学社会科学版）2011 年第 3 期。

念主要关注的是企业的经营行为会对社会所造成的影响，从其含义上来说界定比较模糊。所以他们用"公共责任"一词来代替"社会责任"，从而强调企业在公共生活的特定环境下的组织管理功能。①

（4）长期利益理论

20世纪70年代初的一些学者将企业的利益区分为短期利益与长期利益，而且认为企业所承担的社会责任有利于企业长期利益的最大化。这一观点也反驳了社会中反对企业承担社会责任的声音。长期利益理论被提出后，企业社会责任的研究重心不再是企业是否应该承担社会责任，而是企业该承担什么样的社会责任以及如何承担社会责任发展。

（5）利益相关者理论（Stakeholders）

"利益相关者"一词最早指的是那些没有支持组织便不复存在的集团。该理论与"股东至上"理论相反，利益相关者理论认为，虽然公司的所有权属于股东，但是公司也需要考虑到雇员、客户、供应商、债权人等与公司存在利益关系的相关各方的利益。一些学者研究发现，利益相关者理论本身具有不确定性和不稳定性。在社会的发展过程中，关于利益相关者的定义仅在西方的定义到20世纪90年代中期就多达27种之多。

在解读利益相关者理论时，我们可能过于聚焦经济利益，而忽略了企业对社区环境等社会责任元素的影响。利益相关者理论虽然强调企业与利益相关者之间的关系，但企业社会责任的本质更深远，它不仅关乎利益分配，更体现了企业的"社会性"与"利他性"。企业不仅是追求利润的经济实体，也应是积极履行社会责任、促进社会福祉和环境保护的社会实体。因此，全面理解CSR要求我们超越纯经济的视角，重视企业在社会和环境中的广泛角色和责任。②

---

① 参见郑若娟：《经济伦理：理论演进与实践考察》，厦门大学博士学位论文，2006年。
② 李彦龙：《企业社会责任的基本内涵、理论基础和责任边界》，《学术交流》2011年第2期。

(6) 对社会负责任的投资 (Socially Responsible Investment, SRI)

SRI 运动来源于 17 世纪带有道德筛选意味的投资。而现代的 SRI 运动始于 1971 年的柏斯全球基金把认为不合道德的公司剔除出他们拥有的所有股票组合之外。此外，投资于社会责任，也称为伦理投资或环保投资，是一种将资本用于推动社会正义、环境保护和良好治理的投资理念。这种理论的核心在于：通过资本市场的力量，激励企业不仅追求经济利益，而且积极履行其对社会和环境的责任。伦理投资者在决策时，会考虑企业的社会责任表现，如其环境保护措施、社会影响以及公司治理情况，选择那些在促进可持续发展方面表现突出的企业进行投资。这种投资方式不仅反映了投资者的价值观，也为促进企业采取更为负责任的行为模式提供了经济激励。通过这种方式，资本的力量被用来支持那些对社会有积极贡献的企业，进而推动整个社会向着更加可持续和公正的方向发展。

(7) 企业公民理论 (Corporate citizenship)

企业公民理论起源于 20 世纪 50 年代。到了 80 年代，企业公民概念逐渐由实践进入企业社会责任研究领域。该理论认为，企业在社会中的角色不仅仅是经济实体，更是社会一员，应当承担起相应的社会责任和道德责任。基于这一理论，一些学者认为，社会赋予了企业生存的权利，那么企业就应该为社会的美好发展而合理利用资源行使这一权利，因此企业更应该为创建稳定和谐的社会作出贡献。[①] 2004 年，世界经济论坛对企业公民的内涵作了进一步探讨，认为企业公民理念应该包括四个方面的内涵：一是好的公司治理和道德价值，主要包括遵守法律、现存规则以及国际标准等；二是对人的责任，主要包括员工安全计划、就业机会均等、反对歧视、薪酬公平等；三是对环境的责任，主要包括维护环境质量、使用清洁能源、共同应对气候变

---

① 李国平、韦晓茜：《企业社会责任内涵、度量与经济后果——基于国外企业社会责任理论的研究综述》，《会计研究》2014 年第 8 期。

化和保护生物多样性等；四是对社会发展的广义贡献，主要指对社会和经济福利的贡献，如传播国际标准、向贫困地区提供要素产品和服务等。

自 90 年代末期以来，全球化企业公民的概念在国际舞台上逐渐获得重视，特别是当 34 家世界顶级跨国公司在 2002 年 1 月的全球经济论坛上签署了"全球企业公民：对 CEO 和董事会领导的挑战"联合声明时，这一概念的重要性被进一步强调。这份声明不仅凸显了企业对其运营社区的重要责任，更重要的是，在全球化的大背景下，它强调了企业应承担的全球性社会责任。通过这样的公开承诺，这份声明标志着企业责任观念的一次重大转变和提升，即从传统的以盈利为中心的企业运作模式，向更加注重社会责任和可持续发展的全球企业公民角色转变。这不仅体现了全球化背景下企业角色的演变，也反映了社会对企业行为的期望正在发生深刻变化，企业不再仅仅被视为经济实体，而是被期待成为促进全球福祉和可持续发展的积极参与者。

（8）战略管理理论

20 世纪 80 年代中期迈克尔·波特（Michael Porter）出版了极具影响力的著作，即竞争三部曲中的第二部——《竞争优势：创造和维持卓越绩效》。他在书中提出价值链分析框架，进一步拓展了前一本著作对企业战略和竞争的分析，为企业如何在产业内获得优势定位和在竞争中获得并维持竞争优势提供具体指导。[1] 到了 20 世纪 90 年代后期，迈克尔·波特作为哈佛大学的知名竞争战略学者，将企业战略管理理论与企业社会责任相结合，提出了一种创新的观点：企业可以通过积极履行社会责任来获得竞争优势。这个理论框架强调了企业社会责任与经济性能之间的正向关系，反驳了传统观点中 CSR 活动仅仅是成本负担的看法。波特认为，企业的社会责任活动，如环境保护、社会公益和员工福利等，不仅是对社会的贡献，同时也能够为企

---

[1] 徐二明、肖建强：《战略管理研究的演进》，《管理科学》2021 年第 4 期。

业本身带来长期的好处。这些好处可能表现为增强的品牌价值、更好的员工满意度和忠诚度，以及与利益相关者的更强关系，最终转化为企业的竞争优势。波特特别强调了 CSR 与企业核心战略的整合，认为企业应该将社会责任活动融入其业务模式和价值链之中，而不是将其视为外围活动。

在波特的观点中，社会和企业之间存在着一种双向的、互利的关系：社会负责创造有利于企业健康成长的环境，而企业则应通过其商业活动来解决社会问题，实现社会价值。这种观念提倡企业在追求经济利益的同时，也应考虑其对社会的影响和责任，从而实现可持续发展。波特的这一理论为企业如何通过实施 CSR 战略来实现竞争优势提供了新的视角和方法论，促进了企业社会责任在理论和实践中的进一步发展和应用。

鲍恩（Bowen）在 20 世纪中叶对企业社会责任的早期探讨中，提出了将 CSR 视为一种纠偏机制的观点。鲍恩认为，自由市场经济体系虽然在促进效率和创新方面具有显著优势，但它也可能导致一系列社会问题，如不平等、环境破坏和资源过度开发等。在这个框架下，企业社会责任被定义为企业主动采取行动来解决这些由市场机制无法完全解决的社会问题的一种方式。鲍恩的这种定义强调了企业在其经济活动中应当承担的社会角色和道德责任，提倡企业应超越单纯的利润最大化目标，主动识别和解决其业务可能引起的负面社会影响。这包括采取措施减少环境污染、提高劳动条件、促进公平交易和投资于社区发展等。通过这种方式，鲍恩将企业视为社会进步和解决社会问题的关键参与者，企业社会责任成为补充和纠正自由市场缺陷的一种手段。这一观点不仅扩展了企业角色的理解，也为后续 CSR 理论和实践的发展奠定了基础，强调了企业在促进社会福祉和可持续发展中的积极作用。

（9）社会回应理论（corporate social responsiveness）

社会回应理论的焦点是企业如何才能很好地履行社会责任，以此角度说明它是社会责任的行动导向,因为这在内容方面与社会责任研究的本质是一致的。① 自 20 世纪 70 年代中期以来,基于将企业视为整个社会环境中的一个角色,不仅必须满足一定的社会期望,而且应该考虑如何对不断变化和提升的社会期望作出回应,一些研究者提出用"社会回应"代替社会责任。现代环境问题是伴随着工业化与现代化进程产生的。由于早期企业在立法上强烈的个人本位主义使人们在对企业的认识上一直停留在把企业看成仅仅是股东共同出资共同受益的组织体,追求股东利益最大化也就成了企业的唯一目的。这在很大程度上忽略了企业作为社会一员所应承担的责任,尤其是企业对于环境所应负的责任。②

同样地,阿克曼(Ackerman)和鲍尔(Bauer)在批评早期对企业社会责任定义的过程中,提出了一个重要观点,即过往的定义过于关注企业为什么要履行社会责任,而忽略了如何履行社会责任的实际操作和过程。他们认为,仅仅强调企业履行社会责任的动机是不够的,更重要的是要关注企业如何通过具体行动对社会做出积极的回应。

基于这一批评,阿克曼和鲍尔建议企业在履行社会责任时应采取三个方面的行动,其中之一是监控和评估外部环境条件。这一建议强调了企业需要持续关注和分析其运营环境中的变化和趋势,包括社会、经济、政治和环境等方面的条件。通过有效的监控和评估,企业能够更好地理解其活动对外部环境的影响,识别潜在的社会责任问题,并据此制定相应的策略和措施来积极响应这些挑战。这种方法不仅有助于企业更加主动地识别和解决可能由其业务活动引起的问题,也使得企业能够更好地适应外部环境的变化,从而在长期内保持可持续发展。此外,通过监控和评估外部环境条件,企业还能够发现新的

---

① 张智远:《基于企业社会回应角度的企业社会责任分析》,《统计与决策》2012 年第 22 期。
② 参见章娅:《企业环境社会责任探讨》,复旦大学硕士学位论文,2008 年。

商业机会，这些机会往往与社会责任活动相结合，能够为企业带来竞争优势，实现社会效益和经济效益的双赢。

阿克曼和鲍尔的这一观点，强调了 CSR 不仅是一种道德或伦理上的承诺，更是一种战略行为，需要企业通过具体的实施过程和行动来落实。这对于理解和实践企业社会责任具有重要意义，强调了企业在履行社会责任时应采取的积极和主动态度。这个概念非常有助于企业社会责任的实施，所以社会回应管理理论成为企业社会责任管理实践的重要方法之一。

（10）企业社会绩效（Corporate Social Performance，CSP）

20 世纪 70 年代，CSP 作为一个由企业社会责任衍生的综合性概念引起了人们的广泛兴趣。塞西（Sethi）首先提出了包含社会义务、社会责任和社会回应的企业社会绩效维度。[①] 在他看来，社会义务是"指企业回应市场压力或法律约束的行为"，其标准是经济和法律；社会责任却超出了社会义务的范围，"是指将企业行为提高到一个水平，使之适应现行的社会规范、价值和绩效期望"；社会回应则是企业行为对社会需求的适应，涉及企业在一个动态社会系统中长期的角色。他认为，社会义务与社会责任之间的区别在于企业对待社会期望的态度和行为水平。社会义务通常被视为公司为应对市场压力或遵守法律约束而采取的最基本、被动的反应。这意味着企业仅仅满足最低的法律要求和市场期望，以避免负面后果，如罚款、诉讼或公众形象受损。在社会义务的框架下，企业的行动通常是出于外部压力的驱动，而非内在的价值观或道德信念。相较之下，社会责任代表了一种更为主动和前瞻性的行为模式，其中企业不仅仅是为了满足法律要求或避免市场压力，而是主动将其行为提升至更高的水平，以满足或超越当前的社会规范、价值观和绩效期望。这意味着企业会在其决策和操作中主动考虑到对环境、社会和治理（ESG）因素的影响，力求对社会

---

① 吴定玉：《国外企业社会责任研究述评》，《湖南农业大学学报》（社会科学版）2017 年第 5 期。

作出积极贡献，如实施环保措施、提供公平的工作条件、参与社区服务和促进可持续发展等。

社会责任的实践超越了避免负面影响的最低标准，反映了企业对于其在社会中角色和影响的深度认识及承诺。这种主动性不仅有助于构建企业与社会的良好关系，增强品牌价值和企业声誉，而且也能够促进长期的商业成功和可持续发展。通过主动承担社会责任，企业表明了它们愿意并能够在促进社会福祉和环境保护方面发挥领导作用，这在当今越来越多强调企业伦理和社会贡献的商业环境中尤为重要。

2. 反对企业承担社会责任的理论

(1)"股东至上"理论（Stockholder supremacy）

该理论认为，公司的所有权属于股东，因此，公司最重要的目标就是最大限度地为股东创造财富。"股东至上"观点始于阿道夫·伯利（Adolf Berle）。在1932年与梅里克·多德（Merrick Dodd）就公司的目的进行的著名的辩论中，阿道夫·伯利认为，股东是公司的唯一所有人，因此，所有授予公司的权力都只有在为了股东的正式利益时，才可以行使。[1]

虽然这一理论最早被阿道夫·伯利和加德纳·米恩斯（Gardiner Means）在他们的经典作品《现代公司与私有财产》（1932年）中探讨，但米尔顿·弗里德曼（Milton Friedman）是最著名的倡导者之一。弗里德曼在1970年发表的一篇有影响力的文章中明确指出，企业的唯一社会责任是利用其资源并从事旨在增加其利润的活动，只要它保持在游戏规则内，即进行开放和自由竞争，而不欺诈和欺骗。弗里德曼的这一观点引发了广泛的讨论和争议，尤其是在企业社会责任的背景下。[2] 批评者认为，这一理论忽略了企业在社会和环境中的广

---

[1] 贾明、向翼、王鹤丽、张喆：《从企业社会责任（CSR）到企业可持续商业（CSB）：反思与未来》，《管理评论》2023年第5期。

[2] 王鹤丽、童立：《企业社会责任：研究综述以及对未来研究的启示》，《管理学季刊》2020年第3期。

泛角色和责任,仅仅关注短期的利润最大化可能导致对员工、消费者和社会整体福祉的忽视。他们主张企业应考虑更广泛的利益相关者,包括员工、客户、供应商、社区和环境等,而不仅仅是股东。

尽管存在争议,但"股东至上"理论仍然对许多公司的运营和战略决策产生深远影响,特别是在强调短期财务表现的市场环境中。然而,随着全球对可持续发展和企业社会责任重视程度的提高,越来越多的企业开始采纳更加平衡的视角,考虑到除了股东之外的其他利益相关者的利益,以实现长期的成功和可持续发展。

(2) 委托代理理论(Principal-Agent)

在公司理论中的委托代理理论认为,在公司中股东是受益人,而不是股东的利益。米尔顿·弗里德曼认为,管理者应专注于为股东创造价值,批判企业过分承担社会责任。他认为,这可能分散企业资源,影响股东、员工、消费者利益最大化。弗里德曼主张企业通过核心业务促进经济效率,而社会责任应交由政府和非营利组织承担。①

关于企业社会责任与资本主义制度的关系,存在一种理论观点认为,当企业在承担社会责任方面发挥过大的作用时,它们可能不仅在经济领域占据主导地位,还可能在社会政治领域扮演更加重要的角色。在这种情况下,强大的企业可能会通过其影响力干预或塑造社会政策和价值观,从而对资本主义下的民主政治体制和自由市场原则构成威胁。这一观点担忧,如果企业的社会责任活动超越了其作为市场参与者的角色,进而影响到政治决策和社会规范,可能会破坏市场竞争的公平性和政治决策的独立性。因此,这种理论强调在推动企业社会责任的同时,需要谨慎平衡企业的经济活动与其在社会政治领域中的作用,以保护资本主义体系下的民主和市场自由。米尔顿·弗里德曼认为,公司管理者越来越认同企业社会责任不仅仅是尽可能为股东赚取更多利润的观念,这已经形成了一种趋势。然而,他指出这种趋

---

① 刘玉健、赵子铱:《企业 ESG 表现对短债长投行为的影响研究》,《中国管理信息化》2024 年第 2 期。

势对自由社会的基础构成了根本性的破坏。

(3) 企业社会责任与资本主义制度的关系

该理论表达了对企业社会责任扩展影响的担忧，认为企业在积极承担社会责任的过程中，除了在经济领域占据主导地位外，还可能扩展到社会和政治领域，从而对资本主义的民主政治体制和自由市场经济制度构成威胁。这种观点担心，企业通过其在社会责任活动中的作用，可能过度影响政策制定和社会价值观的塑造，导致企业权力超越了市场和政治的适当界限。这不仅可能削弱市场机制的效率和公平性，还可能影响民主过程的纯粹性和公正性，因为企业的利益可能与广泛的公众利益不完全一致。因此，这一理论强调需要在推进企业社会责任与维护资本主义制度的健康运行之间找到合适的平衡点。弗雷得曼认为公司管理者认同企业的社会责任，应该不只是尽可能多地为股东赚钱，这已经成为一种趋势，但是它对自由社会的基础造成了彻底的破坏。

3. 社会责任机制的建立

(1) 企业社会责任标准的形成 SA8000

进入 21 世纪以后，企业社会责任守则的数量显著增加，反映了全球对企业在社会和环境领域责任的日益重视。据不完全统计，全球范围内的 CSR 守则已超过 400 种，这些守则涵盖了广泛的领域，包括环境保护、劳工权利、公平交易、反腐败和可持续发展等。对于跨国公司而言，这一发展趋势意味着它们不仅需要遵守自身制定的社会责任守则，还必须符合各种行业性、地区性、国家性以及国际性的 CSR 守则。① 这种要求来源于不同利益相关者的期望和需求，包括消费者、员工、投资者、非政府组织（Non-Governmental Organizations, NGO）、政府机构和国际组织等。每个群体都可能有其特定的关注点和期望，企业需要在其全球运营中综合考虑这些多元化的要求。

---

① 参见陈驰：《品牌企业对供应商的企业社会责任（CSR）管理研究》，重庆师范大学硕士学位论文，2016 年。

这种复杂的守则体系要求跨国公司在全球战略和运营中展现出高度的灵活性和适应性。企业需要投入相应的资源和努力，以确保其政策、实践和报告能够满足这些多层次、多领域的标准和预期。此外，跨国公司还需要建立有效的监督和评估机制，确保遵守各种 CSR 守则，并通过透明和积极的沟通策略与利益相关者保持良好的互动。

因此，在这个时候建立一种全球一致的企业社会责任标准成为消费者、企业和社会的共同期望，从而来提高企业社会责任审核的透明度和公信力。1997 年初，NGO 经济优先权委员会负责制定的"社会责任国际标准"将最初名为 SA2000 标准的草案最终定名为"SA8000 社会责任国际标准"。SA8000 标准是全球第一个可用于第三方认证的社会责任国际标准，目的是改善全球工人的工作条件，最终实现公平而体面的工作。

（2）社会责任报告

随着中国经济的高速发展，特别是制造业发展迅猛，中国成为"世界工厂"，包括劳工问题在内的企业社会责任问题日益突出。由此带来中国社会的一个显著变化：从 2000 年开始，政府、企业、社会团体组织和消费者对企业社会责任的关注程度超过了以往。特别是，从 2005 年开始，一些知名企业、高等院校、研究机构，开始通过课题研究、主办论坛、调查研究等形式，大大推动了企业社会责任观念在中国的传播。中央电视台等主流媒体也经常报道相关内容，并且和国家的相关部门联合举办了企业社会责任颁奖典礼晚会等活动，使企业社会责任管理概念在中国不断得到启蒙。[①] 近年来，企业社会责任报告的形式和内容经历了显著的演变，反映了企业社会责任在全球经济中日益增长的重要性。最初，企业倾向于发布专注于环境影响的报告，随着时间的推移，这种报告已经发展成为更加全面的可持续发展报告。这种演变标志着企业开始认识到，除了环境保护之外，社会和

---

① 参见徐耀强：《我国企业社会责任管理研究》，华中师范大学博士学位论文，2017 年。

治理因素同样对企业的长期成功至关重要。

(三) 企业社会责任的启发

观察西方国家与中国在企业社会责任实践上的变化，可以发现两者之间存在一定的差异和不同的发展路径。在西方国家，企业社会责任的发展经历了从早期的自愿性行动到日益受到法律法规和内部规则约束的过程。早期，西方企业对 CSR 的关注主要是出于道德和伦理的考虑，许多企业通过慈善捐赠、环境保护和社区参与等行动来展示其对社会责任的承担。随着时间的推移，公众对企业行为的期望上升，社会对企业在环境保护、社会公正和治理透明度方面的要求日益增强，企业社会责任的实践逐渐从"过度活跃"的公共论战转向了更加制度化和规范化的阶段。这一转变体现在企业开始建立和完善内部规则和标准，以确保其业务活动符合或超越外部法律法规的要求，同时也满足利益相关者对可持续发展和社会责任的期待。

相比之下，中国企业社会责任的发展较晚开始，但近年来发展迅速。随着经济的快速增长和全球化进程，中国企业越来越意识到承担社会责任的重要性，不仅是为了满足国际市场的要求，也是为了促进社会和谐和可持续发展。中国政府对企业社会责任也给予了高度重视，通过制定相关政策和指导原则，鼓励和引导企业积极履行社会责任。与此同时，中国企业在实践 CSR 时也展现出了特有的特点，如强调企业与政府和社会的合作，以及在环境保护、扶贫和社区服务等方面的活动。①

总的来说，西方国家的企业社会责任实践已经从早期的自由自发活动，转变为更加依赖内部规则和标准的阶段，强调可持续性和透明度。而中国的企业社会责任实践虽然起步较晚，但正迅速发展和成熟，体现出中国特色和对全球标准的逐步接轨。两者的发展均显示出

---

① 姚瑶、张卓瀚：《企业社会责任在企业管理中的作用探析》，《中小企业管理与科技》2024 年第 2 期。

全球化背景下企业社会责任重要性的增加，以及对可持续发展和社会福祉贡献的共同追求。企业社会责任的理论和实践演化是分阶段的、多维度的。它是企业为寻求可持续发展与社会共生的自主性活动，从最初侧重于社会公众传播认知的阶段，转变为在企业的经营和行为中全面、全过程地实践社会责任。企业社会责任的实践本身也是企业形象建设的过程，其中，企业形象不仅是企业个体的经营管理行为和活动的反映，同时也是企业所处的社会舆论、经济伦理、历史文化和道德习俗等环境文化因素内化后的综合体现。

从西方国家和我国企业社会责任的实践变化对照来看，西方国家企业在经历了曲折的企业社会责任"过度活跃"论战之后，企业社会责任的变迁已进入内部规则主导阶段。在这一背景下，企业开始重视企业社会责任战略的规划，包括公益元素在内的公共性因素在企业中得到越来越多的运用，像善因营销、战略性慈善营销已随处可见。[①] 对于社会责任理论的未来发展与展望，大部分的学者还是认为 CSR 的未来发展肯定是不能与过去半个世纪所积累的理论成果发展相背离，必定需要基于不同的社会形态以及不断发展变化的社会环境去不断更新和构建一个更加系统化和偏向实践化、可操作性强的 CSR 理论构架。在任何国家，社会对企业应当承担的社会责任都有着一定的规定与期许，如果企业无法做到自觉履行社会责任，则必定将受到来自社会各方面的批评与压力。因此，通过对企业社会责任理论的研究，可以对未来企业和社会进行更好的规范与引导起到积极的推进作用。而社会化创意重要的一个创意动机就是相关社会责任的考量和创意执行实施所产生的社会效果，企业社会责任理论的相关约束效果以及其反作用于企业的益处都会使得社会化创意在未来业界内拥有一片无限发挥的天地。

[①] 邬盛根、李迎曦：《当下我国企业形象建构的缺失与重构——基于企业社会责任理论与实践视角的考察》，《广告大观》（理论版）2014 年第 2 期。

二、品牌形象论

每一个广告都是品牌的长期投资,大卫·奥格威的这句话,很多广告人都知道。奥格威强调产品品牌形象塑造的重要性和方向性。20世纪50年代是美国企业快速发展产品日益丰富的年代,企业与企业之间的竞争思路就是实现差异化营销,罗瑟·瑞夫斯首先提出了独特的销售主张,到了六七十年代以后,企业与企业之间的同质化程度越来越高。奥格威作为广告界的传奇人物,对现代营销和广告理论作出了重大贡献。他特别强调品牌形象的重要性,并从品牌定位的视角出发,提出了塑造产品的外在品牌形象来创造产品差异化的概念。奥格威认为,一个成功的品牌形象不仅仅是公司标志或广告的视觉表现,更是消费者对产品或服务的总体感知和情感连接。这种感知包括品牌的个性、价值、质量、传承和消费者的使用体验等多个方面。①

自20世纪60年代奥格威提出了品牌形象的概念以来,学术界对品牌形象的内涵、构成维度、模型测评等方面进行了研究,70年代,艾·里斯等提出了品牌定位理论,认为品牌形象是从消费者角度对品牌的感知。在这个阶段,品牌形象及其评估理论的发展确实涵盖了企业和消费者两个不同的视角。从企业的角度来看,品牌形象被视为一种重要的战略资产,可以用来增强市场竞争力、提高消费者忠诚度,并最终影响公司的市场表现和财务成果。而从消费者的角度来看,品牌形象影响着他们的认知、情感和行为反应,是他们决策过程中的一个关键因素。

到了20世纪80年代及其后期,随着品牌并购活动的增加,品牌资产(Brand Equity)的概念得到了广泛的关注和深入的研究。

---

① 李晓青、周勇:《中外企业品牌管理研究综述》,《商业研究》2005年第21期。

品牌资产理论关注的是品牌价值的量化,即品牌对企业经济价值的贡献。这包括品牌知名度、品牌关联、感知质量、品牌忠诚度和其他专有品牌资产,如专利和商标。品牌资产强调了品牌形象对消费者偏好和购买决策的影响,以及这些影响如何转化为企业的财务性能。在品牌资产的研究框架下,研究者开始更加系统地探讨品牌形象的评估理论,尝试开发出可以准确衡量品牌价值的模型和工具。这些研究旨在帮助企业理解和管理其品牌资产,以便更有效地利用品牌形象作为竞争优势。例如,大卫·艾克(David Aaker)的品牌形象模型和凯文·莱恩·凯勒(Kevin Lane Keller)的顾客基础品牌价值(Customer-Based Brand Equity,CBBE)模型都是在这一时期提出的,它们为品牌管理提供了重要的理论基础和实践指导。[1]

品牌形象及其评估理论的发展反映了对品牌价值认识的深化,从简单的品牌形象构建转向了对品牌资产价值的综合评估和管理,这对于企业在日益激烈的市场竞争中维持和增强其品牌优势具有重要意义。从20世纪90年代开始,很多学者开始从品牌识别角度探讨企业如何通过构建品牌的识别系统来塑造鲜明的品牌形象。其中,贝尔(Biel)融合了品牌形象个性化和认知学派的理论,提出品牌形象是基于消费者认知的、与品牌名称相关联的一系列属性和联想的组合。凯勒在其关于品牌知识的理论框架中,确实继承并发展了品牌形象的概念,特别是借鉴了赫佐格(Herzog)和纽曼(Newman)等人在品牌形象总括说中的定义。凯勒认为,品牌形象不仅仅是消费者对品牌的一般印象,而是消费者对品牌的多方面感知,这些感知反映在消费者记忆中的品牌联想之中。

通过这种对品牌形象的综合理解,凯勒的理论为品牌管理提供了一个全面的分析框架,帮助企业识别和强化品牌联想,优化品牌战

---

[1] 李东、邢振超:《四种营销传播理论的比较——从 USP 论、品牌形象论、定位论到 IMC 理论》,《学术交流》2006 年第 11 期。

略,以在消费者心中建立和维持一个积极且有力的品牌形象。卡普费雷尔(Capferret)也从信息加工角度出发,提出了品牌形象是消费者对品牌认知的结果。他指出,营销者努力创造与目标消费者形象一致的品牌形象。①

大卫·艾克也与凯勒的观点类似,凯勒的品牌知识模型确实提供了一个全面和丰富的视角来理解品牌形象,将其视为由一系列品牌联想构成的复杂结构。这些品牌联想包括但不限于品牌的属性、好处、价值、文化、个性以及用户身份等,覆盖了从具体到抽象的各个层面。品牌联想的内容、强度、独特性和数量共同决定了品牌形象的质量和强度,进而影响消费者的品牌知识和品牌资产。②

(一)品牌形象论的四种视角

1. 品牌形象的总括说

学者们将消费者对品牌的心理反应纳入品牌形象的研究,确实采用了心理学的术语和概念来更深入地理解品牌形象的本质。这种方法强调了品牌形象不仅仅是外部刺激的集合,更重要的是消费者内心的反应和处理过程。通过将品牌形象定义为消费者对特定品牌持有的"联想"或"知觉",研究揭示了品牌形象在消费者心理中的构成和作用机制。

路易斯·狄克特(Louis Cheskin)指出,品牌形象是产品给消费者的整体印象。这一学术流派的品牌形象定义虽然比较模糊,但是明确指出了品牌形象是基于消费者的感知认知的。因此这类定义也是含义最广的品牌形象概念。③

2. 品牌形象的象征意义说

这个流派所强调的品牌形象理解,侧重于消费者心理和社会文化

---

① 高辉:《品牌形象理论和实证研究述评》,《现代管理科学》2007年第1期。
② 《凯勒的品牌权益创建理论》,MBA智库,https://wiki.mbalib.com/凯勒的品牌权益创建理论,最后浏览日期:2024年10月11日。
③ 王长征、寿志钢:《西方品牌形象及其管理理论研究综述》,《外国经济与管理》2007年第12期。

层面对品牌的解读，认为品牌形象超越了物理属性或功能性，深入品牌所代表的意义和象征。这种观点认为，尽管许多产品在功能上或物理属性上可能相似或同质化，但消费者基于个人经验、社会文化背景、情感联系等因素，会赋予每个品牌独特的意义。这些意义构成了品牌的象征价值和文化内涵，是区别于竞争对手的关键。①

史蒂芬·索莫斯（Stephen Sommers）认为，品牌形象实质上是产品所体现的意义，即消费者对产品象征所持的感知。西奥多·利维（Theodore Levitt）等学者进一步提出，人们在购买产品时，不仅受到产品功能属性的吸引，同时也被其所蕴含的象征意义所吸引。并且无论这个意义在不同的人看来有任何不同的含义，但是由于这个意义的本身就相当宽泛难以界定，这类品牌形象概念相对来说还是比较广义的。

3. 品牌形象的个性说

该流派学者认为，品牌形象其实具有类似于人的相应个性特征。学者乔治·瑟吉（Ernest Dichter）进一步将品牌形象扩展为产品是像人一样具有独特的个性形象。每当消费者把产品作为一种象征物来消费时，他们寻求的并不单单是产品和品牌的功能，而是其象征意义。该流派早期的研究就已经有所分化，一方面是研究品牌形象个性特征，另一方面是研究品牌形象与消费者个性形象之间的关系。

4. 品牌形象的认知心理说

品牌形象的认知心理说着重于理解消费者如何通过认知过程来感知和评价品牌形象。这个理论框架强调品牌信息的处理过程，包括品牌信息的接收、解释、存储和回忆，以及这些过程如何影响消费者对品牌的态度和决策。认知心理学在这一领域的应用揭示了消费者对品牌形象构建的内在机制，以及品牌如何通过影响消费者的认知过程来塑造其形象和市场地位。

---

① 参见［美］里斯·特劳特：《定位：头脑争夺战》，王恩冕译，中国财政经济出版社2002年版。

(二) 品牌形象研究的四种模型[①]

1. 大卫·艾克品牌形象模型

大卫·艾克提出的品牌形象模型通过综合产品、符号、品牌个性以及组织四个关键维度，提供了一个全面理解品牌形象的框架。在这个模型中，产品维度强调的是消费者在考虑购买时首先关注的要素，如产品的基本功能、品质、特性、价格、服务质量、购买便捷性，以及购物环境和过程的愉悦性。这些要素直接影响消费者的购买决策和品牌忠诚度，是品牌形象构建的基础。符号维度关注品牌传达的文化意义和象征价值，通过视觉标识、广告信息等传递品牌的独特故事和价值观。[②] 品牌个性维度则将品牌人格化，使品牌拥有类似人类的特质，如亲切、可靠、创新等，帮助消费者建立情感联系。组织维度在品牌形象构建中扮演着至关重要的角色。它不仅仅体现了品牌背后的企业形象和社会责任感，而且深刻地影响了消费者对品牌的信任和认同。通过展示企业的价值观和经营理念，品牌能够与消费者建立起更为深厚的情感联系，这在当前消费者越来越重视企业道德和社会责任的市场环境中尤为重要。[③]

2. 凯文·莱恩·凯勒模型

凯文·莱恩·凯勒的品牌知识模型是从品牌资产的视角出发，深入探讨品牌形象的构成。他将品牌形象分为两大部分：品牌知名度和品牌联想，这两个要素共同构成了品牌资产的核心。品牌知名度涉及消费者对品牌的认知程度，是消费者能否识别或回忆起品牌的基础。品牌知名度的高低直接影响品牌能否成为消费者的选择。高品牌知名度可以通过重复曝光、广告宣传、口碑传播等方式实现，是品牌形象建立的先决条件。品牌联想则更加注重品牌形象的内容和质量，是指消费者心中与品牌相关联的各种信息、特性、感受和经验。这些联想

---

① 李小平：《品牌形象理论研究综述》，《科技视界》2014 年第 29 期。
② 李丹玉：《基于品牌资产模型的企业品牌形象塑造》，《中国市场》2014 年第 9 期。
③ 孙立：《品牌形象模型理论研究》，《合作经济与科技》2012 年第 3 期。

可以基于品牌的属性（如质量、用途）、所带来的利益（功能性利益、情感利益）或者品牌的态度和价值观。品牌联想的强度、独特性和积极性对于构建强大的品牌形象至关重要，能够显著影响消费者的品牌选择和忠诚度。①

3. 克里斯南品牌形象理论

克里斯南（Krishnan）的模型确实在凯勒的顾客基础品牌价值模型的基础上进行了深入研究。凯勒提出的 CBBE 模型强调了品牌资产是建立在消费者对品牌认知的基础上的，特别是消费者对品牌的知识和情感的累积。凯勒的模型强调品牌认知、品牌忠诚度、品牌联想、其他专有品牌资产（如品牌专利和商标）等要素对品牌资产的贡献。②

4. 贝尔品牌形象测量理论

贝尔在 1993 年提出的品牌形象理论深刻地阐述了品牌形象是如何在消费者心中形成的，指出品牌形象的构建不仅依赖于产品或服务本身的特性，还包括产品使用者的形象以及产品生产者的形象。这一理论认为，品牌形象的核心来源于消费者对品牌相关特性的联想，这些联想既包括直接观察和体验到的产品的硬性属性，如质量、性能和设计等，也包括与品牌相关的软性属性，如品牌个性、用户形象和生产者声誉等。③

综上所述，未来企业与企业之间竞争的真正差距是声誉上的差距。换言之，企业缺乏真正的社会声誉，品牌形象的改变仅仅只停留在了市场营销表面，就是没有构建与我们这个社会进行良好沟通的机制和强而有力的品牌形象传播。根据以上四种品牌形象模型理论，结合中国市场特点及营销实践，不断丰富和完善符合我国的品牌形象理论和实践应用，优秀的品牌形象将会带领企业在残酷竞争的市场中走向成功的彼岸。而社会化创意就是这样一个消费者真实参与、消费体

---

① 参见朱潞:《基于 CBBE 模型的 D 集团品牌建设优化研究》，四川师范大学硕士学位论文，2023 年。
② 王帅:《品牌形象典型模型比较性研究》，《内江科技》2012 年第 33 期。
③ 李小平:《品牌形象理论研究综述》，《科技视界》2014 年第 29 期。

验及其他消费者的口碑等因素综合而形成的交互创意平台，使其品牌形象传播有效地源于品牌、又汇聚于品牌，达到可持续的企业品牌战略目的，帮助企业打造长期的品牌形象。

三、接受美学

一部伟大的作品，应该具有哪些典型的内容和形式特征？你可以想象是一部你所熟悉的文学作品，你也可以拿本书中任何一个社会化创意的案例，直接进行深刻分析和说明其中缘由，从这部作品本身、作品创作者、接受者等角度来剖析，找到这些优秀作品被"接受"的内在规律性和成功基因。我们的这份好奇心，早在古希腊时期解释学研究者们那里就有同样表现。对于"接受"这个问题的关注始于古希腊的解释学（Hermeneutics），这也是接受美学可追溯的最久远的理论起点。在古典解释学向方法论解释学过渡的历程中，作出重要贡献的是德国哲学家弗里德里希·施莱尔马赫（Friedrich Schleiermacher）和威廉·狄尔泰（Wilhelm Dilthey）。汉斯-乔治·伽达默尔（Hans-Georg Gadamer）还对其著名的"理解的历史性""效果历史""视界融合"等原则展开了细致深入的探讨并成为接受美学直接的理论来源。

作为解释学在文学领域的直接延伸的接受美学，于20世纪70年代在联邦德国的康士坦茨大学诞生。被誉为接受美学"双子星座"的学者汉斯·罗伯特·姚斯（Hans Robert Jauss）和沃尔夫冈·伊瑟尔（Wolfgang Iser）作出了巨大的理论贡献。作为接受美学的两位创始人，姚斯和伊瑟尔建构接受理论的出发点是一致的，都将读者在整个文学活动全程中的重要作用作为自己理论的基点，但是他们采取的途径和切入的角度则各具特色。[①] 20世纪80年代后期，接受美学

---

① 杨丽慧：《接受美学理论渊源及其对教育的新启示》，《兰州学刊》2004年第3期。

又逐渐与其他学科交叉融合发展，到了后期接受美学理论发展到美国，通过不断融合经验主义与英美传统的个人主义思想，逐渐演变为具有广泛实践性的读者反映批评理论。

（一）接受美学"双子星座"学者观点

1. 汉斯·罗伯特·姚斯的"期待视野"

1967年，接受美学的代表人物姚斯在康斯坦茨大学发表演讲并据此撰写了题为《文学史作为向文学理论的挑战》的论文，该论文被认为是接受美学理论的宣言性文章。文章中引入了"期待视野"这一概念，这一概念同时也是接受美学理论的主要概念之一。[①]

姚斯的理论框架，通过生产、流通和接受三个环节，展示了文学作品意义构建的复杂社会文化过程，强调了创作者、文本本身及接受者之间的动态互动。这一框架不仅拓宽了文学研究的视野，还深化了对文学作品在社会文化环境中角色的理解。姚斯指出，文学作品的创作不是一个孤立的行为，而是深受创作者的个人经历、文化背景和时代精神的影响。一旦作品完成并进入流通阶段，它的影响力和接受度受到出版机制、批评界、媒体以及市场策略等多重因素的共同作用。最终，当作品被读者接受时，这一过程不仅涉及个体的阅读体验，还包括文学作品如何在更广泛的社会文化背景下被理解和评价。通过这种方式，文学作品的意义在创作、传播和接受的连续互动中不断演变，反映了文学不仅是艺术表达，也是社会文化交流的重要媒介。

在艺术接受的过程中，读者或观众的角色远远超出了传统所认为的被动消费者。这一观点强调，艺术作品的接受和理解不仅仅是一个接收信息的单向过程，而是一个复杂且动态的交互过程，涉及个人的主动参与和创造性思维。在这个过程中，读者或观众通过自己的感知、经验和文化背景来与艺术作品进行对话，表达对作品的赞同或拒绝，对艺术内容进行解读，并给予个人的评价和意义。这种积极的审

---

① 何云清、李文戈：《接受美学理论发展研究》，《边疆经济与文化》2018年第6期。

美活动意味着艺术作品的意义并非固定不变,而是在不同的接受情境中可能呈现出多样化的解读。读者或观众的个人背景、心理状态、审美偏好等因素都会影响他们对艺术作品的理解和评价,使得艺术作品的接受成为一个高度个性化且主观的过程。这样的过程不仅丰富了艺术作品的解读和体验,也促进了艺术与观众之间的互动,使艺术作品成为一种生动的、能够激发思考和情感共鸣的文化实践。

因此,艺术接受的这一视角强调了艺术作品与观众之间的动态互动性,以及观众在艺术交流过程中的主体性。这不仅挑战了传统关于艺术接受的观点,也为理解艺术作品的多维度意义和社会文化功能提供了新的理论框架。通过认识到艺术接受是一种积极的审美活动,我们可以更深刻地理解艺术作品如何在不同的文化和历史背景中被重新解读和赋予新的意义。因此,美学实践并不仅限于艺术作品本身,而是包括从创作、流通到接受的整个过程。在这个过程中,每个人都不仅仅是作品的接收者,也是其意义构建的参与者。通过这种参与,艺术作品得以在社会中发挥其教育和启蒙的作用,从而对社会态度和文化理解产生深远的影响。

2. 沃尔夫冈·伊瑟尔的"文本的召唤结构"

沃尔夫冈·伊瑟尔是接受美学的另一位代表人物,也是康斯坦茨学派的代表人物之一,与接受美学的创始人姚斯在理论上相互补充,被誉为"接受美学的双璧",两人一起使得接受美学在世界范围内形成了广泛的影响。与姚斯注重在宏观上开拓美学研究维度不同,伊瑟尔更注重微观研究,强调文本对读者的作用以及文本与读者相互作用的过程。伊瑟尔将自己的接受美学研究叫做作用美学或效应美学。姚斯所创建的文学史哲学更多依托哲学阐释学的基本原则,伊瑟尔的美学则体现了作为"精密科学"的现象学的方法和精神。[1]

伊瑟尔的"文本的召唤结构"概念是接受美学领域一个创新且有

---

[1] 刘涛:《解读伊瑟尔的"召唤结构"》,《文艺评论》2016年第3期。

深远影响的理论贡献。他在构建这一理论时,巧妙地融合了英伽登(Roman Ingarden)的"作品存在理论"和伽达默尔的"视野融合理论",提出了一个全新的视角来理解文学作品和读者之间的互动关系。

英伽登的"作品存在理论"强调了文学作品的多层次性,认为作品的意义并不是直接呈现的,而是需要通过读者的主动解读才能得以显现。他区分了文学作品中的实在层和意向层,指出文本中有些部分是由作者明确表达的,而有些部分则需要通过读者的想象和推断来填补。[1] 伽达默尔的"视野融合理论"则关注理解过程中的主体性和历史性,认为理解是读者自身视野与文本所呈现的视野相融合的过程。这一过程不仅涉及对文本内容的解读,也包括读者自我认识的深化。

在这两个理论的基础上,伊瑟尔提出的"文本的召唤结构"概念进一步深化了我们对文本和读者互动的理解。他认为,文本本身具有一种独特的结构机制,这种机制激活了文本和读者之间的互动,促使读者参与文本的意义构建过程。这种结构机制并非作品的外在属性,而是其内在的结构性特征,它通过设定空白、暗示和预设等方式,召唤读者的参与,引导读者填补文本中的空缺,构建个人化的文本理解。

伊瑟尔的这一理论突出了文学接受过程的主动性和创造性,强调了读者在文学作品意义构建中的核心作用。通过"文本的召唤结构",读者被邀请进入文本世界,与文本进行互动对话,从而在这一过程中既重构了文本的意义,也丰富了自己的经验和视野。这个概念为理解文学作品的接受过程提供了一种新的理论框架,强调了文学阅读是一个动态的、互动的过程,是文本、作者意图和读者参与三者共同作用的结果。在接受美学的领域,伊瑟尔和姚斯都作出了各自的重要学术贡献,尽管他们关注的维度有所不同。姚斯强调文学作品的社会功能和读者的主观参与,而伊瑟尔则更多地集中于文本本身的召唤结构和读者的主动想象力。这两位学者的理论互补,共同丰富了我们对文学

---

[1] 姚君丹:《"期待视野"和"召唤结构":让文本解读多元有界》,《江苏教育研究》2021年第1期。

作品和读者互动的理解。

（二）接受美学的相关概念和知识点

1. 文学文本和文学作品

在接受理论中，文学文本和文学作品是两个性质不同的概念。文本是指作家创造的同读者发生关系之前的作品本身的自在状态。而作品是指与读者构成对象性关系的东西；从字面上理解，文本确实是一种硬载体，它以文字符号的形式固定并储存着各种审美信息。这种理解强调了文本作为物理实体的特性，即信息和内容通过书写、印刷或数字化的方式被记录和传递。在这个层面上，文本是文学、艺术作品或任何形式的信息传达的基础，它提供了一个结构化的方式来组织和展示内容，使得信息能够跨越时间和空间被保存和分享。①

因此，作品的最终形态是多维的、开放的，允许并鼓励多种解读和感受的存在。因此，从文本到作品的转变本质上是一个审美感知的过程，这一过程体现了文本与读者之间的深层互动。②

文本与作品之间的关系揭示了审美体验的复杂性和主体性。文本提供了审美探索的起点，而作品则代表了这一探索过程的终点，它是文本在读者心中经过审美感知、解读和内化后形成的独特产物。这个过程不仅体现了文学和艺术的深度和广度，也强调了个体在艺术创造和欣赏中的重要角色。这种区分有助于我们理解文学作品如何在作者的创作和读者的阅读之间建立起一种动态的、互动的关系。

2. 反对历史客观主义

美学理论家们对 19 世纪兰克（Ranke）所代表的历史客观主义观点提出了批判。兰克主张历史学家应当追求展现"事实本身"，试图通过客观的历史叙述来揭示过去事件的真相。然而，进入 20 世纪，随着美学和文学理论的发展，这种对历史的客观主义理解受到了质疑。

美学理论家们强调，文学作品的含义或意义并非永恒不变、客观

---

① 王钟陵：《论姚斯的接受美学理论》，《江苏社会科学》2012 年第 3 期。
② 方建中：《论姚斯的接受美学思想》，《求索》2004 年第 5 期。

存在的，而是在不同的历史、文化背景和阅读过程中不断变化的。他们认为，历史研究并非单纯追求客观事实的复原，而是一个不断随着人们认知发展而演变的经验研究过程。在这个过程中，历史研究者的视角、价值观和认知框架也受到所处历史条件的深刻影响。这种历史观构成了接受美学文学史观的基础。在接受美学中，尤其是通过伊瑟尔和姚斯等人的工作，这一理念得到了进一步发展。该理论强调文学作品的意义在于在读者的接受过程中被激活和重构，而这一过程受到特定的历史和文化背景的影响。接受美学认为，文学史应当考虑作品在不同时代被接受和解读的方式，以及这些解读如何反映了变化的历史条件和审美标准。

从这个角度出发，文学作品的历史意义被视为动态发展的，而非固定不变的客观实体。这种观点促进了对文学和历史研究的新理解，强调了历史条件、文化背景和读者接受过程在文学作品意义构建中的作用，为文学史研究提供了新的视角和方法论。这种理解突破了纯粹客观主义的局限，认识到历史研究和文学解读是一种主观与客观相互作用、不断变化的过程。姚斯将结构思维与历史思维相结合，认为文学作品的结构应该被视为更高级的结构，它是在作品的历史演变和公众态度的互动中产生的一种过程。姚斯还引入了科学哲学家波普尔（Popper）的"期待水平"概念，为接受美学理论界定义了一个新的独特研究领域。

3. 接受实验分析

由姚斯撰写的《提出挑战的文学史》，与伊瑟尔的《本文的号召结构》共同标志着接受美学实践的开端，这两部作品为文学理论和文学史的研究提供了全新的视角。它们强调了文学作品与读者之间互动的重要性，认为文学作品的意义是在读者的接受过程中动态构建的，而不是静态固定的。这一理念不仅挑战了传统的文学研究方法，也为理解文学作品在不同文化和历史背景中的变迁提供了新的工具。

在接受美学的进一步发展中，研究逐渐分化为两个主要方向：接受的历史研究和接受实验分析。接受的历史研究关注探索文学作品在历史时期内的接受情况及其变化过程，这包括对神话、文化现象以及文学作品本身在不同时代背景下的演变和影响的研究。这种方法强调文学作品和文化现象是随时间演进的，其接受方式和意义随着社会、文化和历史条件的变化而变化。通过分析文学作品在不同历史阶段的接受情况，研究者可以揭示作品意义的多样性和复杂性，以及文学与社会历史的深刻联系。接受实验分析更多关注读者在阅读过程中的心理反应和行为表现。这一方向的研究者通常会通过实验的方法，收集和分析读者在阅读文学作品时的各种数据，如阅读时间、阅读速度、阅读时的情绪反应等。通过接受实验分析，研究者可以更具体地了解读者在阅读过程中的认知过程、情感体验和审美判断，以及这些因素如何影响读者对文学作品的接受和评价。

接受美学不仅为文学作品的解读提供了一种动态的视角，也为理解文学与读者之间的复杂互动关系提供了理论支持，强调了历史和文化背景在文学接受过程中的作用。通过这一理论框架，文学作品被视为一个开放的、活生生的交流空间，其中作者、文本和读者共同参与意义的构建和重构。这种理论的提出和发展，不仅丰富了文学理论和批评的方法论，也为文学史的研究提供了新的视角和方法。总之，接受美学实践领域包括接受的历史研究和接受实验分析两个主要方向，它们一起丰富了我们对文学作品接受和阅读的理解。

接受美学作为一门新兴学科，它的发展方向与理论研究尚值得广大学者深入研究。这样一种文学研究中的新兴的方法论突破性地把文学评论的关注点由作者和作品转向文本和读者之间的关系，不断强调读者的主观能动以及译者作为特殊的读者在连接原文与目的语的过程中发挥着主观能动作用。但是对于接受美学理论的未来发展还是应追根溯源，从其理论的开放性入手寻找发展新方向。[①]

---

① 祁建华、李全华、高建辉：《接受美学视角下的图书馆美学实践——以楚雄师范学院图书馆为例》，《楚雄师范学院学报》2015 年第 9 期。

接受美学反对孤立、片面、机械地研究文学艺术，反对结构主义化的唯文本趋向，强调文学作品的社会效果，重视读者的积极参与性接受姿态，从社会意识交往的角度考察文学的创作和接受。这些都具有积极的价值，细心的读者会发现，"空白、留白和否定所导致的不确定性"所呈现的开放性的文本召唤结构，也正是本书许多现象级的社会化创意经典案例的文本呈现姿态和社会价值实现的真正秘诀。

四、公共关系

"公共关系"（Public Relations）是一个涉及多维度的概念，涵盖了组织与其外部环境和特定公众群体之间的关系。其核心在于通过战略性的沟通与互动，塑造和维护组织的公共形象，增强其在社会中的影响力和声誉。

公共关系可被理解为公开的各种关系，以及组织与特定公众群体的关系建设。这一领域通过宣传和沟通手段，与公众建立积极联系，形成有利的公众舆论，支持组织的目标。包括新闻发布、社交媒体互动、危机管理、事件策划等多样活动在内，公共关系在不同组织中主要强调塑造正面形象，增强信任和支持。在公司、非营利组织、政府和军事机构中，它们分别可以促进品牌认知、公共影响力、政策支持和国家形象。

（一）公共关系理念的流变

1. 初创时期

"公众必须被告知"

美国后内战时代的工业、铁路以及公共事业的发展都为 20 世纪公共关系的创立准备了能够进行发挥的舞台。这一时期造就了大众传媒并且为了推动商业利益，广告代理人这一公共关系职业也诞生了。1903 年，美国新闻记者艾维·李（Ioy Lee）在纽约开办了一家宣传顾问事务所，向客户提供新闻咨询并收取劳务费。李的经营理念就是:"公众必须被告知。"西方社会把他誉为"公共关系之父"。李是公共关系职业化的奠基人,而他在公共关系的发展史上具有里程碑的作用。但是他并没有对公众关系舆论进行科学的分析。因此,后有学者评价他的工作"只有艺术性,而无科学性"。但是至此表明了公共关系作为一种职业开始出现。

"投公众所好"

1923年,爱德华·伯内斯(Edward Bernays)在纽约大学开设了一门公共关系课程,这一事件成为公共关系学科首次进入大学教育的标志性时刻。伯内斯是公共关系理论的奠基人之一,被认为是公共关系学科的创立者。有些人将其视为"公共关系之父",通过这一举措奠定了公共关系教育和研究的基础,并为该领域的发展和专业化铺平了道路。

伯内斯不久后出版的《舆论之凝结》(*Crystallizing Public Opinion*)进一步推动了公共关系理论的发展。这本书在1923年的发布,被广泛认为是公共关系理论正式诞生的象征。在书中,伯内斯探讨了舆论的形成过程以及如何通过战略性的沟通活动来影响和塑造公众观点。他强调了公共关系专业人员在管理组织与公众之间的关系、构建良好的公众形象以及处理危机情况中的重要作用。《舆论之凝结》的发布不仅标志着公共关系作为一门独立学科的诞生,也为公共关系专业人员提供了理论和实践的指导。伯内斯的工作强调了公共关系在现代社会中的重要性,特别是在商业、政治和社会活动中的应用。从那时起,公共关系的教育和研究开始逐渐兴盛,公共关系学科在全球范围内得到了发展和认可。大学和学术机构开设了更多的公共关系课程和专业,培养了大量公共关系专业人才。同时,公共关系理论和实践的研究也不断深化,涵盖了危机管理、品牌传播、社会媒体战略等多个领域,促进了公共关系作为一门独立学科的发展和成熟。[1] 爱德

---

[1] 刘海龙:《宣传的理由:重读伯内斯的〈宣传〉》,《国际新闻界》2014年第36期。

华·伯内斯在公共关系领域的贡献是多方面的,其中"公共关系咨询的双重作用"这一概念是他的重要理论之一。这一概念强调了公共关系专业人员在组织与公众之间起到的桥梁作用:一方面,他们帮助组织理解和适应公众的期望和需求;另一方面,他们也帮助塑造和调整公众对组织的认知和态度。伯内斯通过这一理论指出,公共关系的实践不仅仅是传递信息的过程,更是一个战略性的管理过程,涉及组织形象的构建、品牌信誉的维护以及危机的应对等多个层面。

1952年,伯内斯编著的《公共关系学》(*Public Relations*)进一步从理论层面总结了20世纪美国的公共关系实践。这本书不仅回顾了公共关系领域的发展历程,也提出了一系列公共关系的理论和方法,为公共关系专业人员提供了实践指南。《公共关系学》的出版,促进了公共关系学术成果的发展,加深了公众和学术界对公共关系重要性的认识。

伯内斯的工作对于公共关系领域的影响深远。他不仅在公共关系的理论基础上作出了贡献,更通过实践活动展示了公共关系在商业、政治和社会活动中的应用价值。他的理论和实践指导了公共关系专业的发展方向,帮助公共关系作为一门独立学科在全球范围内得到认可和发展。[1] 通过伯内斯的工作,公共关系被更广泛地理解为一个涉及沟通、关系建设和问题解决的综合性专业领域,其重要性在当代社会中愈发显著。伯内斯的公共关系思想核心在于"迎合公众偏好"。他认为,公共关系工作的首要任务是明确公众的价值观和态度,然后根据这些信息,有针对性地开展工作。[2] 他提出的公共关系人员应该履行社会责任和义务等观点为公共关系学的建立奠定了理论基础。

"一种管理艺术和一门科学"

1924年,《芝加哥论坛报》发表的这篇具有里程碑意义的社论,

---

[1] 胡百精、董晨宇:《现代公共关系的哲学基础与民主悖论——以伯内斯的公关思想为研究和批判个案》,《新闻大学》2013年第2期。
[2] 胡建新:《公共关系理论在美国的历史演进及其启示》,《湖南大学学报》(社会科学版)2007年第3期。

标志着公共关系作为一项专业职业、一种管理艺术以及一门科学的重要地位在公众视野中的确立。这篇社论的发表,不仅肯定了公共关系在现代社会中的重要性,也反映了当时社会对于公共关系专业认知的一个转变点。①

1937年,美国斯坦福大学便开设了公共关系学专业。自此,公共关系不仅在实务界获得重视,还在学术界成为大学课程的一部分,表明其作为一门专业学科的地位已经牢固确立。

2. 成熟时期

公共关系学理论成熟时期是在20世纪40年代到70年代。第二次世界大战给社会带来了急剧的变化,也在一定程度上促进了公共关系加速发展。《公共关系杂志》刊物的创立,还有一系列重要理论陆续出现,形成了完整的公共关系学科思想。相关教育基金会相继建立,也标志着公共关系理论建构上的成熟。②

(1)"双向对称"论

美国学者卡特利普(Scott M. Cutlip)和森特(Allen H. Center)对公共关系领域的贡献是深远和持久的。他们的合作及各自的著作,特别是《有效公共关系》($Effective\ Public\ Relations$)、《公共关系咨询》($Public\ Relations\ Practices$)以及《当代公共关系导论》($Introduction\ to\ Contemporary\ Public\ Relations$),为公共关系的理论发展和专业实践提供了宝贵的知识和指导。

在1952年出版的《有效公共关系》中,卡特利普和森特确实为公共关系领域贡献了重要的理论框架,其中包括了"双向对称"公共关系模式的提出。这一模式被视为公共关系实践和理论发展中的一个划时代的概念。"双向对称"模式强调了公共关系活动应该是一个基于互相理解和平等对话的过程,而不仅仅是组织向公众单向传递信

---

① 周士琳:《国外对公共关系的研究》,《现代外国哲学社会科学文摘》1986年第11期。
② 胡建新:《公共关系理论在美国的历史演进及其启示》,《湖南大学学报》(社会科学版)2007年第3期。

息。在这一模式中，组织不仅向公众传递信息，同时也积极倾听公众的反馈和意见，从而在组织与公众之间建立起一种平衡和对称的沟通关系。这种双向的互动过程有助于组织更好地理解公众的期望和需求，同时也使公众能够对组织的决策和行为有更多的参与和影响。"双向对称"公共关系模式的提出，标志着公共关系实践从简单的信息传播和形象塑造，向更加注重双向沟通和关系管理的转变。它促进了公共关系作为一门科学和艺术的发展，强调了在组织与公众之间建立持久和谐关系的重要性。这一模式的提出，不仅对公共关系理论研究产生了深远影响，也为公共关系专业人员在处理公众关系和危机沟通中提供了重要的指导。

随着公共关系领域的不断发展，"双向对称"模式成为公共关系研究和实践中讨论最为广泛的理论之一，其核心理念——强调双向沟通和互相理解——继续影响着现代公共关系专业的理论构建和实践方法。[①]

由于其在公共关系领域的开创性意义和深远影响，卡特利普和森特的《有效公共关系》被誉为"公共关系圣经"，并被视为现代公共关系思想的基础。这本书不仅为公共关系专业人士提供了重要的理论框架，也为学术研究和实务操作指明了方向。[②]

"双向对称"的新模式在一定程度上超越了原来社会中"单向沟通"的模式，科学全面地界定了公共关系中传播沟通上的双向互动特征。"双向对称"模式到现在依然是现代公共关系活动采用的基本模式。

(2) "公共关系工作六部曲"

英国著名公共关系学专家费兰克·杰夫金斯（Frank Jefkins）是一位出色的公共关系教育家和公共关系学理论家，著有《市场学、广

---

① 参见［美］唐·米德伯格：《成功的公共关系》牛宇闳等译，机械工业出版社，2002年。
② 卢山冰：《公共关系理论发展百年综述》，《西北大学学报》（哲学社会科学版）2003年第2期。

告学和公共关系学词典》《公共关系·广告·市场营销》《市场学和公共关系媒介设计》《公共关系学》《公共关系与市场管理》《公共关系与成功企业管理》等著作。他提出的"公共关系工作六步曲"在公共关系理论的发展中具有划时代的意义，这一理论框架通过将公共关系工作划分为六个连贯的步骤，为公共关系专业人员提供了一种清晰且系统的工作方法。首先，通过对当前环境和形势的全面估计，确立了公共关系规划的基础，这包括识别组织面临的挑战和机遇。接着，基于这一分析确定具体的公共关系目标，这些目标既要具体明确又要可衡量，为活动提供明确的方向。之后，识别和定义目标公众，这是确保信息传递有效性的关键一步。然后，选择最适合的传播媒介和沟通技巧，这需要根据目标和目标公众的特点来决定。接下来，编制详细的预算方案，确保有充足的资源支持计划的实施。最后，通过评价结果来衡量公共关系活动的成效，这不仅可以帮助组织了解活动的影响，还为未来的公共关系工作提供了宝贵的反馈。这一框架不仅提高了公共关系活动的有效性和效率，也推动了公共关系作为一门科学和艺术的发展。

（3）RACE 公式

马斯顿提出的 RACE 公式为公共关系领域提供了一个极为重要的过程框架，该框架以其简明性和深刻性在公共关系实践和理论中占据着核心地位。RACE 代表了公共关系活动的四个核心环节：研究（Research）、行动（Action）、传播（Communication）和评估（Evaluation），将公共关系活动视为这四个环节构成的一个连贯过程，为公共关系专业人员提供了一个全面而系统的工作指导。

RACE 公式不仅为公共关系工作提供了清晰的结构和方向，还强调了公共关系活动是一个循环和迭代的过程，其中每个环节都是紧密相连的。通过持续的研究、行动、传播和评估，组织能够有效地管理与公众的关系，构建和维护良好的公共形象，同时不断优化和改进公共关系策略。马斯顿的 RACE 公式因其实用性和全面性成为公关系领域的经典理论之一，深刻影响了公共关系的教育和实践。在马斯顿的模型中，公共关系活动始于"调查研究"。他强调，只有基于彻底和细致的研究，才能做出切合实际的公共关系策略和决策。RACE公式的重要性在于其对公共关系活动过程的全面分析和系统化管理。[①]

马斯顿的 RACE 公式与杰夫金斯提出的"公共关系工作六步曲"在公共关系理论和实践中都占有重要地位，尽管他们关注的角度和侧重点存在差异，但都为理解和实施公共关系活动提供了宝贵的框架。马斯顿的 RACE 公式突出了公共关系活动的循环性和动态性。这一模型侧重于公共关系实践的每一个阶段，强调了从问题识别到策略实施再到效果评估的整个过程，体现了公共关系活动的战略规划和执行的系统性。相比之下，杰夫金斯的"公共关系工作六步曲"则更加注重公共关系决策过程的分析，通过详细划分公共关系活动的六个基本步骤：估计形势、确定目标、确认公众、选择传播媒介与技巧、编制预算方案以及评价结果，为公共关系专业人员提供了一个决策和实施的详细指南。这一模型着重于公共关系活动的规划和决策过程，提供了一个更加细致的工作框架，帮助公共关系专业人员在实践中做出更加精确和有效的决策。[②]

(4) 职能模式

格罗尼（James E. Grunig）和亨特（Todd Hunt）提出的公共关系职能模式是公共关系领域内一个重要的理论贡献，这个模型对于理解和实施有效的公共关系策略具有重要意义。在他们的模型中，格罗尼和亨特特别强调了组织与公众之间双向影响的重要性，这种双向影响是通过公共关系机构的传播活动来实现的。这个模型认为，公共关系的核心目标是建立和维护组织与其公众之间的互惠关系，公共关

[①] 卢山冰：《公共关系理论发展百年综述》，《西北大学学报》（哲学社会科学版）2003年第2期。

[②] 卢山冰：《公共关系理论发展百年综述》，《西北大学学报》（哲学社会科学版）2003年第2期。

系活动不仅要向公众传递组织的信息和立场，同时也需要倾听和理解公众的反馈和需求。通过这种双向的沟通过程，组织可以更好地调整其策略和行为，以满足公众的期望，同时也可以促进公众对组织的理解和支持。

格罗尼和亨特的模型进一步细化了公共关系的实践，将其分为四种基本类型：新闻宣传（Press Agentry/Publicity）、公共信息（Public Information）、双向非对称（Two-Way Asymmetric）和双向对称（Two-Way Symmetric）公共关系。这四种类型分别代表了不同的公共关系策略和目标，从单向的信息传播到更加复杂和动态的双向交流和关系建设。特别是双向对称模型，它被认为是实现理想公共关系状态的最佳实践，强调了在组织和公众之间建立基于相互理解和信任的长期稳定关系的重要性。这一模型提倡的是一种平等、开放和诚信的沟通方式，旨在通过有效的对话和协商解决冲突，达成共识。格罗尼和亨特的公共关系职能模式为公共关系专业人员提供了一个全面和多维度的工作框架，强调了在不同情境下选择和应用不同公共关系策略的重要性。他们的工作不仅丰富了公共关系的理论体系，也为公共关系实践提供了实用的指导，帮助组织更有效地管理与公众之间的关系。因此掌握了双方的信息，就能够向组织管理层提供客观、全面和系统的建议。

（5）公众分类理论

格鲁尼格根据社会学家布鲁默（Herbert George Blumer）和哲学家杜威（John Dewey）对大众与公众的划分，对公共关系的公众进行了界定，分类为非公众、潜在公众、知晓公众和行动公众四大类。而上述这四种公众是一个连续发展的过程，也就是从非公众到潜在公众到知晓公众再到行动公众的发展过程。并且进一步依据四个独立的变量提出了公众的情境理论，该理论把不同情境中的公众划分为八种，大大细化了人们对公众的认知，同时也使公共关系理论的专业化向前迈进了一大步。

(6) 角色理论

20世纪70年代，美国威斯康星大学和圣地亚哥州立大学的研究人员进行的一项调查研究，为公共关系职业角色的理解提供了重要的见解。这项针对美国公共关系协会（Public Relations Society of America，PRSA）成员的调查揭示了公共关系人员在实践中主要表现出的两种主要角色：传播的技术人员（Communication Technicians）和传播的管理者（Communication Managers）。①

同时也是从公共关系管理角度对公共关系人员所作出的岗位分类，为公共关系组织人员的构成奠定了理论基础，在一定程度上解决了公共关系部门人员构成等现实问题。②

3. 创新时期

20世纪70年代后，美国公共关系管理整体研究呈现不断上升趋势，一大批学者都开始对公共关系管理进行研究，其中公共关系管理理论成为主要理论思潮。

(1) 目标管理

公共关系目标管理作为一种系统化的管理方法，其核心在于通过设定明确的目标并采用有效的管理技巧来指导组织的公共关系活动。这种方法强调了公共关系目标在整个管理过程中的基础性作用，即通过明确的目标来规划、执行和评估公共关系策略和活动。在美国的公共关系实践中，这种管理通常基于三项基本目标：领先指标、线性指标和趋势指标，这些指标帮助组织量化和跟踪公共关系活动的效果，从而做出更加精确和有针对性的决策。

(2) 管理阶段论

哈纳（Hana）、福特（Ford）以及汉尼斯（Hannes）等人提出的公共关系管理"五段论"模型，以及柯特利普（Kurtlip）和森特

---

① 参见［美］菲利普·科特勒：《营销管理——分析、计划、执行和控制》，梅汝和等译，上海人民出版社，1999年。
② 吴贤军：《试析公共关系理论演进的阶段和趋势》，《闽江学院学报》2011年第3期。

（Center）的"四段论模式"，在公共关系领域内提供了对公共关系实践的系统化指导。这些模型虽然从不同的角度出发，但都旨在通过明确划分的阶段来优化公共关系管理的过程，确保公共关系活动能够有效地识别、规划、执行和评估。①

这些理论模型为公共关系专业人员提供了宝贵的参考和指导，帮助他们在不断变化的社会和组织环境中有效地管理公共关系活动。通过这些模型的应用，公共关系工作能够更加精确地定位问题，设计和实施有效的沟通策略，以及评估和调整公共关系方案，以实现组织的目标并维护其与公众之间的良好关系。这些不同的管理阶段理论各有其独特的侧重点和应用价值。它们都是由不同学者在特定学科背景下，针对公共关系活动在不同时期、不同阶段和不同侧重点上进行的深入分析和研究。每种理论都对公共关系领域产生了积极的影响，为公共关系的实践和学术研究提供了重要的理论支撑和实用框架。

（3）格罗尼公式

格罗尼提出的公共关系管理公式通过一个细致且全面的七步过程，为公共关系专业人员提供了一个系统化的管理框架。这个模型从"觉察"开始，强调了公共关系活动的连续性和循环性，确保公共关系实践不仅是对当前情况的响应，而且也是对未来可能情况的预测和准备。② 以下是对该模型每一步的简要说明。

觉察（Awareness）：是公共关系管理过程的起点，涉及对潜在问题或机会的识别。通过对外部环境的监测，组织能够觉察到可能影响其声誉和利益的因素。

构筑（Construction）：在问题或机会被识别之后，下一步是构筑对这些问题或机会的理解，包括其原因、影响以及可能的解决方案。

规定（Definition）：在对问题有了深入理解后，需要规定具体的

---

① 胡建新：《公共关系理论在美国的历史演进及其启示》，《湖南大学学报》（社会科学版）2007年第3期。
② 卢山冰：《公共关系理论发展百年综述》，《西北大学学报》（哲学社会科学版）2003年第2期。

公共关系目标和策略，这些目标和策略应该旨在解决或利用识别的问题或机会。

选择（Selection）：涉及选择实现公共关系目标的最佳策略和工具，包括确定最有效的传播渠道和方法。

确认（Confirmation）：在实施任何行动之前，需要确认所选策略和工具的适当性，确保它们与组织的整体目标和价值观相一致。

行为（Action）：这一步是公共关系计划的实际执行，涉及根据规划采取具体行动，如发布新闻稿、组织活动或开展社交媒体宣传等。

最后一步是对执行结果的评估和反思，这不仅包括对活动效果的测量，也包括对整个过程的评估，以识别改进的机会，并为未来的公共关系活动提供洞见。

格罗尼的公共关系管理公式通过这七步过程，详细描述了从问题识别到行动执行再到后续的反思和评估的整个公共关系管理流程。这个模型强调了公共关系实践的策略性和系统性，为公共关系专业人员提供了一套全面的工作指南，帮助他们有效地管理组织与公众之间的关系，提升公共关系活动的效果。整个公式体现了公共关系管理的系统性和动态性，强调了在公共关系管理过程中对问题的持续关注、策略的调整和成效的评估。这种方法不仅有助于有效解决当前问题，也为未来的公共关系活动提供了宝贵经验和洞见。[1]

(4) 杰夫金斯的计划管理

杰夫金斯在提出公共关系计划制定时强调了四个基本法则，这些法则对于确保公共关系计划的有效性和实现性至关重要。[2]

确定公共关系工作的目标：这是制定公共关系计划的首要步骤。明确的目标不仅能指导整个计划的方向，而且有助于后续评估计划的有效性。目标应具体、可衡量、可达成、相关和时限性的（SMART

---

[1] 郭俊良：《论媒介公共关系的理念与运作模式研究》，《中外企业家》2015年第30期。
[2] 卢山冰：《公共关系理论发展百年综述》，《西北大学学报》（哲学社会科学版）2003年第2期。

原则）。

　　估计所需的人力、时间与资金：有效的资源管理是成功实施公共关系计划的关键。这包括评估完成目标所需的人员数量、时间安排和预算。资源的合理分配可以确保计划的顺利进行，同时避免资源浪费。

　　选择成员、时机来实施项目：选择合适的团队成员和确定最佳实施时机对于项目的成功同样重要。团队成员应具备所需的技能和经验，而正确的时机可以增加计划的接受度和影响力。

　　确定项目实施的可能性：这涉及对人力、设备和预算等实际条件的评估，以确定计划的可行性。考虑这些实际因素可以确保计划的实施不会因现实条件的限制而受挫。

　　遵循这些法则，公共关系计划的管理不仅会更加系统和有组织，而且更有可能达成预定目标。这些法则确保了公共关系计划从策划到实施的每个阶段都是经过深思熟虑和周密安排的。杰夫金斯在提出公共关系计划制定时强调了四个基本法则，这些法则对于确保公共关系计划的有效性和实现性至关重要。[①]

　　4. 全球化时期

　　进入20世纪90年代，随着全球化的加深以及互联网和数字技术的迅速发展，公共关系领域迎来了新的发展趋势，特别是公共关系营销（Marketing Public Relations，MPR）和网络公共关系（Online Public Relations）成为这一时期最有代表性的发展方向。

　　(1) 公共关系营销

　　这一概念的发展确实标志着公共关系与市场营销学科的进一步融合，反映了在现代商业环境中，组织越来越重视在营销战略中整合公共关系元素，以构建全面的沟通策略。1986年，营销学家菲利普·科特勒提出了"大营销"（Mega marketing）概念，这一概念扩展了传统市场营销组合的范围。

[①] 卢山冰：《公共关系理论发展百年综述》，《西北大学学报》（哲学社会科学版）2003年第2期。

在科特勒的"大营销"框架中,他将传统的"市场营销组合"4Ps,即产品(Product)、价格(Price)、促销(Promotion)和销售渠道(Place)发展为 6Ps,新增了政治(Political power)和公共关系(Public relations)两个要素。这一拓展体现了营销战略不仅需要考虑产品和市场的传统要素,还需要关注组织在政治和社会层面的影响力以及与公众的关系。政治(Political power):指组织在其营销战略中考虑和利用政治力量和政策环境,包括与政府机构的关系、政策倡导和法规遵循等,以支持其市场目标和运营。公共关系(Public relations):强调组织需要通过与公众的有效沟通建立和维护积极的关系和形象。这包括利用公共关系活动来增强品牌认知度、管理公众印象和应对危机情况。

科特勒的"大营销"概念强调了在复杂的商业和社会环境中,营销战略需要超越传统的产品和市场焦点,涵盖更广泛的社会、政治和公共关系维度。这一理念的提出,不仅促进了市场营销和公共关系学科之间的融合,也为组织提供了一个更为全面和战略性的视角来规划和实施其营销和公共关系活动。通过整合政治和公共关系元素,组织能够更有效地在多元化的利益相关者之间建立联系,优化其整体沟通策略,以支持长期的品牌和市场成功。这一变化强调了公共关系在整个营销策略中的重要性。1995 年,市场营销专家帕托拉(Patola)和汉姬(Hanjee)在其著作《市场营销》中强调,公共关系的目标是影响公众对公司的看法。1996 年,科特勒在《营销管理——分析、计划、执行和控制》一书中提出,在某些情况下,公共关系的成本效益甚至高于广告,但同时强调公共关系与广告的规划应该是协同进行的。

(2)网络公共关系

20 世纪末 21 世纪初,随着互联网的广泛应用,人类在传播沟通领域经历了一场革命,网络公共关系应运而生。米德伯格(Middelburg)在 2001 年出版的《成功的公共关系》一书中深入分析了互联网如何根本性地改变了现代商业活动，尤其是公共关系领域。互联网的发展不仅极大地加速了信息的传播速度，还拓宽了沟通渠道，更新了交互作用规则，改变了品牌界定方式，并加强了公共关系在商业中作为沟通伙伴的角色。这些变化对公共关系专业人员提出了新的挑战和要求，同时也提供了前所未有的机遇。

互联网使信息能够以前所未有的速度传播，让公共关系活动的影响几乎可以即时看到，同时也要求公共关系专业人员能够迅速响应公众的反馈和舆论变化。社交媒体、博客、论坛等多种新兴的在线平台为公共关系提供了多样化的沟通渠道，这些渠道使得组织能够更加直接和个性化地与公众沟通，但也要求公共关系策略更加精细和多元。

互联网时代的公众期望与品牌进行双向、互动的沟通，这要求公共关系专业人员不仅是信息的发布者，也是听众的倾听者，能够在互动中建立信任和关系。

互联网使得品牌故事和价值观的传播更为重要，品牌不再仅仅通过传统广告定义，而是通过与公众的互动、内容营销等方式塑造和维护。公共关系在帮助组织构建和维护其在线声誉、处理网络危机等方面发挥着越来越关键的作用。

米德伯格的这些观察揭示了互联网对公共关系实践的深远影响，强调了公共关系专业人员需要适应这些变化，采用更加灵活和创新的策略来保持其工作的有效性和相关性。互联网不仅提供了新的机遇，也带来了挑战，要求公共关系领域不断进化和创新，以在快速变化的数字时代中维持其核心价值和作用。[1]

（二）公共关系理论实践与社会化创意发展

我国最早的公共关系教学和研究始自民国时期，燕京大学新闻系在 1934 年从美国引入，广东、北京、上海等地的一些涉外服务机构和外资合资企业设立了公关部。比如，1984 年广州白云山制药厂组

---

[1] 郭俊良：《论媒介公共关系的理念与运作模式研究》，《中外企业家》2015 年第 30 期。

建了第一个国有企业公关部。1986年，明安香等人出版了国内第一本公关著作《塑造形象的艺术：公共关系学概论》……"公关热"就此开始。[①]"公关热"在1989年达到了一个顶峰，此后便急转直下，在形象道德、社会需求、核心价值、政治认同危机下，公关界陷入焦虑境界。

20世纪90年代的公关理论研究，分为前述传统文化取向的"复兴派"、贴近意识形态的"特色派"、致力于培育专业公关市场的"市场派"。一直延续到90年代中期，在学术上一些概念和观念之争并未产生激烈的冲突和分化。另外，专业领域的"两报两刊"也维系着公关共同体。90年代中后期，公关共同体开始走向分化，主要原因乃是公关事业建设重心的调整和转移。我国社会转型时期一些公共事件频繁爆发，社会需要公关应对危机，公关理论与实务研究开始复苏，呈现出活跃态势。包括政府、企业和非营利组织在内的不同领域的公关实践、区域形象塑造、新品上市传播、财经公关、健康传播等具体实务需求，都取得了显著的成果。此外，更加细分的课题，例如，新闻发言人应答技巧、企业领袖修辞和社交媒体平台维护等，也有丰硕的实践成果。

与广告受众相比，公关的受众群体更加广泛，特别是现在数字时代的广告越来越追求精准营销，广告受众即产品消费者的广告传播效率目的基本可以实现了，而公共关系所讲的受众甚至称之为社会公众。就受众群体特征和规模来讲，公共关系与社会化创意的受众群体是同构的、一致的。社会化创意关注社会问题、关注社会与公众的公共诉求和商业利益，如果说社会化创意需要更多社会公众参与、平等对话和化解风险的话，那么公共关系学关注研究公共关系中的公共性问题，真正把公众置于理论与实践的核心，才能真正为社会公众所理解与接受。公共关系理论流变中各个学派的观点，能够启发和推进我

---

① 胡百精：《启蒙与奠基：廖为建的公共关系教育实践与理论研究》，《新闻春秋》2016年第2期。

们社会化创意的社会问题分析和策略性思考,这也是我们在此梳理和突出公共关系理论流变的初创期、成熟期、创新期和全球化时期四阶段知识点的积极作用和启示意义所在。

五、说服理论

进入20世纪,工业化、城市化、科技化、市场化进程不断加快发展,原先占据统治地位的传统共同体学说(又名"家园共同体"),即个体、共同体、社会三者呈现较为简单的关系状态,地位被冲击和弱化,分别表现为:个体层面自我意识强化,个人主义盛行发展;共同体层面家庭功能矮化,地位下降,家国同构体制丧失主导地位;国家层面国家管理功能分化,由单一的共同体转化为分散、多中心的共同体。这些社会变化使得三者之间的关系愈发交错复杂,传统共同体逐渐丧失统治地位,取而代之的是逐渐在洪波中兴起的说服理论。

学者卡尔·霍夫兰(Carl Hovland)坚信,说服是塑造和改变人们态度的核心,即通过给予特定诉求,引导接受者的态度和行为与劝说者的期望方向相趋近。霍夫兰视说服为信息交流过程,并在1959年提出了一个具有影响力的说服模型。这一模型明确了态度改变的四个关键要素:说服者、说服对象、说服信息和说服情境。在这个模型中,说服者通过传递信息和操控环境,与说服信息一同构成外部刺激,进而影响受众的态度。说服可能带来说服对象态度改变或维持原有态度这两种结果,而说服结果与说服对象态度中的情感成分紧密相关。

(一)说服理论的溯源与主要观点

1. 亚里士多德的说服研究

亚里士多德(Aristotle)是世界古代史上伟大的哲学家、科学家和教育家。马克思称其为古希腊哲学家中最博学的人物,恩格斯称他是古代的黑格尔。亚里士多德认为，修辞演讲是对听众进行说服的过程，其目的是让听众形成某种判断，并促使他们认同、赞成、采纳自己的观点或采取某种行动。因此，如何达到最大的劝说效果应该成为修辞学的研究重点。亚里士多德提出了属于技术层面的三种基本说服方式，分别是人品诉求（ethos）、情感诉求（pathos）和理性诉求（logos）。人品诉求是指修辞者的道德品质、人格威信，亚里士多德称人品诉求是"最有效的说服手段"，因此，演讲者必须具备聪慧、美德、善意等能够使听众觉得可信的品质，"人格对于说服几乎可以说是起支配作用的因素"，"当演说者的话令人相信的时候，他是凭他的性格来说服人，因为我们在任何事情上一般都更相信好人"。

2. 多温·卡特赖特的理论研究

20世纪40年代到60年代，对传播的说服效果即考察受传播者的态度沿传播者说服意图的方向发生的变化，成为传播学研究的一个重要领域。首先涉足这一领域并取得丰硕成果的是卡特赖特（Caterpillar），他曾对1941—1945年美国扎伊尔战争公债的宣传活动作了研究，发现要想说服有效必须遵守以下原则：（1）信息需要突出并且吸人眼球，具有易于为众人接受的特点；（2）促进信息转化为易于被受众接受和解的；（3）让受众群体尽量认识到信息对其有利无害，尽量使其认识到接受传播者的信息可以达到较多有益的目标；（4）受众群体所采取行动的途径要简单、具体、直接。①

3. 拉扎斯菲尔德的二级传播论与舆论领袖

拉扎斯菲尔德（Lazarsfeld）作为传播学的又一奠基人，作为对传播研究方法影响最大的一位，擅长运用实证调查、实验研究与经验研究。拉扎斯菲尔德将调查访问和多变量资料分析结合起来作为一种科学工具以测试民意，并在哥伦比亚大学建立应用社会研究局，研究局所收集的资料为其经验主义研究提供了数据支撑。关于

---

① 王雅琴：《探析卡尔·霍夫兰的说服研究》，《东南传播》2008年第12期。

1940—1948年伊利县选民在选举竞选问题上的研究，拉扎斯菲尔德希望能够证明大众传媒对于选民在总统竞选过程中具有直接且强有力的效力营销，他假定在总统的竞选过程中，选民会受到大众传媒中有关候选人新闻报道和专题报道的影响而更换候选人。但实验结果表明，在600个样本容量中仅54人曾从一个候选人转变为另一候选人，且这种转变起因并非全为大众传媒的影响。结合此次调研结果，拉扎斯菲尔德不断总结，与其助手共同完成了《人民的选择》一书，此书也被后世称为"社会科学史上最复杂的调查研究之一"。在《人民的选择》中，拉扎斯菲尔德总结了许多传播理论，其中对后续传播研究影响力最大的是传播效果研究、二级传播与舆论意见领袖理论。

拉扎斯菲尔德与其研究团队将大众传播产生的效果分为"无变化""小变化""强化""结晶""改变"五种，其中"无改变"与"小变化"即直接阐述效果如何，需要加以解释的是"强化""结晶"与"改变"。"强化"是指大众传播对受众既有态度的巩固和加强的效果；"结晶"是指使原来意向未明、态度未定者的态度明确起来的效果；"改变"是指使受传者的立场和态度发生逆转性变化的效果。

二级传播与舆论领袖意见理论是指在人们做出投票决定的过程中，有一些对他们施加个人影响的人物，即所谓的意见领袖，大众传播的传播模式并不是直接"流"向一般受众，而是要经过意见领袖这个中间环节，即"大众传播→意见领袖→一般受众"，这就是两级传播概念的产生。①

4. 卡尔·霍夫兰——说服理论的集大成者

卡尔·霍夫兰（Carl Hovland）1936年在耶鲁大学获得博士学位后，在耶鲁心理学系留任，系著名心理学家，也是传播学界重要的领

---

① 参见张定红：《效果研究：信息类型和传播效果史》，兰州大学硕士学位论文，2012年。

袖人物。在耶鲁学习期间一直是心理学学科带头人克拉克·赫尔（Clark L. Hull）的追随者，但第二次世界大战的大规模爆发使其转变研究方向至心理对人的行为的影响，研究说服与态度的关系、态度的形成与转变、说服的方式、技巧与能力等领域。霍夫兰的说服传播研究实验，主要探究了说服内容、说服者、说服情境、说服对象这四个因素对说服效果的作用，在四个因素与说服效果（受众态度的改变）之间建立起内在联系。在霍夫兰的说服理论中，主要研究内容以及成果包括下列四点。

第一，说服者的可信度是影响说服效果的关键因素。说服者可信度的差异会影响受众对传播内容的认知与判断，从而进一步影响受众的态度。霍夫兰认为，影响说服者可信度的因素主要有两方面。说服对象对说服者的信赖程度会受到说服者自身的品行修养、道德高低以及传播意图是否明显等因素的影响；说服者的年龄、背景相似性、演讲风格等因素也会影响说服对象对说服者专业程度的认知。

第二，说服效果受到传播信息的内容结构和呈现方式影响。霍夫兰对恐惧诉求在信息内容方面的运用进行了深入研究，发现恐惧信息较其他类型信息而言，更容易引起受众的注意，并且会产生较大的影响力，从而促进态度改变的发生。在信息的呈现方式层面，不同受众对"显性结论"与"隐性结论"的接受程度、"一面之词"与"两面之词"的说服力差异以及"首因效应"与"近因效应"在说服过程中的发生方式等都是霍夫兰的实验所主要涉及的内容。

第三，说服效果因受众体质的不同而有所差异。霍夫兰主要研究了群体趋同性和影响受众可说服性的具象因素。群体趋同性是指个体长期融入群体环境后，受到群体共同价值观的潜移默化影响，进而自愿遵循群体规范，并将群体的期望视为自身努力的重要动力来源，以满足群体的相关要求。霍夫兰认为，智力水平和动机水平是影响受众可说服性的两大主要因素。具体而言，群体的智力水平决定了受众如何接收并处理传播的信息；而一旦个体的智力水平达到社会的平均标准，其个人动机，包括人格需求、情感变化、防御机制以及激发兴趣的阈值等，则会成为决定受众是否易被说服的关键要素。

第四，说服情境也会影响说服效果。在说服过程中，说服情境始终作为背景存在，其中正在进行的其他事物也会影响受众态度的改变。霍夫兰认为，情境因素对受众群体态度的影响主要分为预警和分心两种。当个体知道即将接收与自己意见相悖的说服内容时，其自身防御机制会增强其原有立场产生"预警"。预警会导致个体在说服过程中更可能坚持原有立场，导致说服效果不明显。受众注意沟通内容的过程被情境中的外部客观信息干扰的现象被称为"分心"，以此降低个体对所接受信息的防御机制作用。受众对说服内容、说服信息的接受度会因适度的分心情境而得到一定程度上的提高，说服效果也会随之提升。

集大成者霍夫兰总结完善的说服理论针对传播研究对传播效果的重视具有直接影响，其在研究中提出的新概念和新名词都成为后人研究的一些起点，这极大地推动了传播理论的发展并为其奠定了进一步发展的坚实基础。但霍夫兰及其团队在说服研究中也有其局限性，主要体现在未考虑到使用传媒的讯息或者宣传节目，而是将重心放在人际传播之中，也没有研究现实社会生活中的媒介运动和大众传播。

5. 丹尼斯·麦奎尔——劝服矩阵理论

1981年，麦奎尔完整地阐发了他的传播/劝服矩阵。这个矩阵从根本上讲是心理学"S-O-R"模式在劝服研究领域"彻底地"系统化。但不同的是，麦奎尔显然厌倦了内在与外在、强大效果与有限效果的无休止争论，而沿袭了耶鲁研究的架构——资讯处理模式而形成说服矩阵（the communication/persuasion matrix），将劝服变量分为自变量和因变量。自变量又名输入变量（横轴）：信源、信息、信道、信宿和目标五个要素。因变量又称为输出变量（纵轴）：暴露、关注、喜欢、理解、认知精确度、技巧取得、同意、记忆储存、取出、做决策、根据决策行动、认知重整、改变信仰这13个单元。一横一纵，可形成 65 个空格，可以一一对应矩阵式思考。

麦奎尔提出的更为全面的媒介框架，在非常短的时间里将媒介研究从中观层面上升到了宏观层面，使媒介上联社会体制，下接社会公众的地位得到了清晰的展现，使得研究者对于劝服变量的研究与认识更为全面。① 同时，麦奎尔提出的说服矩阵也有相应缺点，主要表现为三点：一是其割裂了变量与情境的联系；二是模式化使言说本身的地位遭到弱化；三是未能拥有自己的思维内核。

（二）说服理论在社会化创意的说服实践

综上所述，亚里士多德的理论还是处在古典说服学的阶段，他的《修辞学》是总结演说家们为实践经验写出的授课讲义。按现代说服学的术语，亚氏的理论是"规律式理论"，不是"规则式理论"。"规律式理论"着重从说服者已有的经验中总结规律：在特定的传播环境下，人们对不同的信息刺激会作出何种反应。"规则式理论"力图通过说服传播参与者（包括客方）的动机和意图来解释传播行为，着重探讨人们遵循怎样的规则来达到自己的目标。② 有人把规律式理论称作"机械论"，把规则式理论称作"行动论"。机械论将被说服客方看作受环境控制的被动者；行动论将说服活动参与者看作力图对环境施加影响的主动者。近年来，"行动论"在学术界越来越流行。一些说服研究者在批判"机械论"的基础上，提出了"交互模式说"，强调说服是一个双方积极参与的信息符号互动过程。尽管"交互模式"在人际说服中作用显著，但其是否适用于大众媒介传播仍存在争议。观察广播、电视台对收视率的重视以及大众如何影响媒介发展并改变其传播内容，我们可以初步判断其适用性。在"交互论"的支持者中，有学者认为，在说服过程中主客双方作用对等，说服的关键在于建立共识，说服的实现是信息来源和接受者共同努力的结果。然而，也有

---

① 参见李凌霄：《媒介角色再认知》，内蒙古大学硕士学位论文，2019 年。
② 季桓永、李静、胡丹：《说服抵制的形成机理及其对定制化营销的启示》，《长春理工大学学报》（社会科学版）2015 年第 1 期。

学者认为，说服者并未真正说服他人，而是为对方提供了说服自己的刺激源。尽管学者们在主客体影响力上存在分歧，但"交互模式论"依旧是当代说服学的主流观点。

说服首先遇到的问题是如何看待说服者的形象和信誉，在这个问题上，中西古代哲人有着显著的差异，中国的先秦诸子，尤其是儒家，则对说服者的个人道德提出了实实在在的要求。庄子说："不精不诚，不能动人。"在"德"与"言"的关系中，孔子主张"先行其言而后从之"，说服者应当先具有道德修养，后发表道德的言论，"以德服人"。孟子明确提出"仁言不如仁声之入人深也"，即高尚的品行赢来的声誉比道德的言论更有说服力。演说者凭借的恰恰是"仁言"，而不是"仁声"。① 也就是说，演说者的首要任务是在演说中运用言辞建立个人的品格形象。另外，说服是讲原则、战略、技巧、社会效果等问题。从传播学说服理论出发，提供科学的方法论。具体体现在如下三点。

个人差异论，每个人因其自身价值观、需求等的不同因而对外界信息的理解和接受程度各有差异，因此，想要说服内容被说服对象接受，在选择说服方式时就需要注意关注受众人的心理和个体差异，确保信息能够被说服对象所理解、所注意和所接受。

社会关系论，指受众的社会关系、社会地位、意见领袖等都会对受众说服效果产生较大影响，在说服教育中，要注意个人所处的社会群体，因为人们一般会加入与自己意见一致的群体，并且群体的认同对受众影响同样不可忽视，如果一旦个体的某种信息与群体意见产生冲突，便会受到抵制并且传播作用也相应被削弱，所以想要在说服教育中达到较好的效果，就必须了解个人所属或所认可的群体。

---

① 龚文库：《说服学的源起和发展趋向——从亚里士多德的"信誉证明（Ethos）"、"情感证明（Pathos）"、"逻辑证明（Logos）"三手段谈起》，《北京大学学报》（哲学社会科学版）1994 年第 3 期。

满足需求论，这一理论认为传播活动均基于某种特定的需求，由于每个人在不同阶段的需求不尽相同，受众总是会挑选出可以满足自身需求的信息，想要实现传播说服的最佳效果，就得合理设计说服内容，进行科学有效的说服传播。

六、对话理论

对话是一种交谈和交互的特殊形式，它是被一些规则所指引的，但同时也是经验性的、开放的。值得注意的是，对话理论涵盖了一系列传播原则，对话理论是在促进双方之间或群体中的每个个体之间的交互过程中日益完善的。对话被理论化为一种人际传播的真正形式，其"信任的人性原则""对他人无条件的正面态度""移情和同情"以及被传播学者、哲学家、伦理学家、教育家所考虑的众多关系变量共同构成了它的理论基础。

在对话理论发展过程中，公共关系学者肯特（Kent）与泰勒（Taylor）收集大量文献，最终总结了对话的一般性特征，其中包括风险、相互性、接近性、移情和承诺。风险即指由于无法预测经验结果以及对陌生他者的个人独特性的影响，个人始终保持开放接受的态度；相互性认为互动对话应该构建在平等的基础之上；接近性是指对话时的即时的实时的互动，感知关系的瞬时性，对他人关系的承认和参照他人的观点和理念；移情是指对他人的确认支持以及一种包含他人利益与自己利益优先级相同甚者更为重要的公共趋同；承诺是指保持开放和保持持续的交谈以及尝试理解他人所说、所感的真诚与承诺。目前为止，学界对"对话"的定义仍存在不同的态度和想法，不同的定义展现了不同学者对于对话的理解和诉求，主要存在以下 8 种观点。

（1）马丁·布格（Martin Bug）：真正的对话——无论是开口说话还是沉默——在那里每一位参与者都真正心怀对方或他人的当下和特

殊的存在，并带着在他自己与他们之间建立一种活生生的相互关系的动机而转向他们。①

（2）卡尔·罗杰斯（Carl Rogers）：对话为人际交往过程中的一部分，对话者按照自己的方式接受对方，并非以达成个人目的或者强迫他人适应自我的需求和愿望，对他人积极无条件的认知和接受是很难达到的一个状态。罗杰斯在临床实践中，始终忠于自己的理论和信念，特别强调"共情、真诚、无条件积极关注"三大充分必要条件。这表明他在对话中非常重视理解和同理心，这些都是有效沟通的关键要素。②

（3）汉斯-乔治·伽达默尔：在真正的交谈中，每个参与的团体都真正尝试接受他人的观点，也认同他人的观点完全和自己的观点一样有道理。那么对话就不会成为一个同样观点汇集的俱乐部，或者是与他人论辩或说服他人的工具。

（4）理查德·大卫·莱恩（Richard David Lane）：对话的互动给个人和组织提供了一个独特的机会来塑造组织的身份，帮助他人理解组织立场。

（5）保罗·弗雷勒（Paulo Freire）：对话，作为人与人之间的邂逅，确立了学习和行为的基本任务。对话作为一个有力的平衡工具，也是感受和理解他人观点的有力工具。

（6）米哈伊尔·巴赫金（Mikhail Bakhtin）：对话是所有传播的一部分，对话是话语、思维、想象及与其他人关系的出发点。独白或单向传播是威权政权统治被压迫者的工具。独白是不伦理的、操纵性的、剥夺的，真正的对话是话语传播最简单和最经典的形式。

（7）尼尔·诺丁斯（Nel Noddings）：对话是民间互动的一种工具，用来达成一致意见或真相，而不是通过争论或战争来赢得对手。

---

① 参见［德］马丁·布伯：《人与人》，张健、韦海英译，作家出版社1992年版。
② 徐慧、侯志瑾、黄玉：《共情与真诚：对罗杰斯三个不同时代案例的内容分析》，《中国临床心理学杂志》2011年第2期。

(8) 班纳特·皮尔斯 (Paul Pierce): 对话是特有规则的一种传播形式, 这些规则的影响是传播模式使得人们这样交谈, 因此其他人才能够也愿意倾听, 也因为倾听其他人才能够也愿意交谈, 参与对话需要一系列的能力, 其中最重要的便是在坚持自己的观点与对那些不喜欢你的人保持开放的张力之间徘徊, 并影响他人如法炮制。

以上所有学者对于对话理论的阐述皆存在一个明显特征, 即对话不是一个很抽象的东西, 许多对话理论家为知识分子与哲学家, 他们提出的对话理论已经被广泛运用到教育、政治、公民社会语境以及其他地方。

(一) 对话理论的理性优先与交往潜能

在苏格拉底之前, 古希腊的智者学派的出现使人的自我意识有了很大的提升, 人被认为是万物的尺度, 人是事物存在的根据, 神不是人的统治者, 神存在的根据同样为人, 智者学派已经开始较多地关注从主体与主体之间的论辩中来探求世界本体和美的根源等诸多问题, 这在某种意义上可称为苏格拉底对话思想的铺垫与雏形。

1. 理性优先的启蒙

苏格拉底认为, 关于客体、本质、真理等知识都是客观存在的, 但存在的根据不在于外界, 而在于人本身。他提倡以一种"无知者"的面貌与他人自由展开论辩, 在辩论中个体可以认识理性的力量, 以此获得正确的认识, 即以无知者的身份平等地与另一主体开展自由的、精神的交流, 这标志着"对话"的出现, 但不可忽略的是, 苏格拉底的这种对话理论主要是为了探求知识、寻找理性, 因此, 他的对话理论带有明显的方法论痕迹。

柏拉图也继承了苏格拉底关于对话的思想, 在柏拉图之后, 文艺复兴和新古典主义时期也不乏以形式上的对话阐述自己的哲学观念, 例如, 卡罗·西格尼欧的《对话》、塔索的《对话艺术》、瑞治德·赫德的《写作对话的方法》、爱德沃德·威尼的《关于对话的论文》等, 在这些著作中, 对话是作为探求真理的工具或是为了使文章的教导显得更加生动和容易接受，此时的对话更像一种文体。

以上的诸多关于对话的思考都强调了理性的优先地位，也相对导致了对感性的压抑，这种理性追求客观真理的路线采取主观—客观的二元对立的思维方式，并且理性的僭妄随着人类物质实践的成功不断得到加强。在文艺复兴时期的人文领域，人们深受这种主观—客观二元对立的思维方式的影响，这使得人与人之间的精神交往对话变得不切实际，进一步造成了自近代以来的西方关于"人"的危机。

2. 马丁·布伯的对话理论

布伯（Buber）是"20世纪真正世界性的人物之一"。布伯以对话为核心的教育理论和萨特（Sartre）的"自我存在"论一起构成了存在主义教育理论的基本框架。[①] 他的经典姊妹著作《我与你》和《人与人》是20世纪最具影响力的作品代表，前者以"关系""相遇"为主，后者则以"对话"为主。前者指出，由于理性主义的统治、纳粹主义的暴行等，现代是"它"之世界伸延扩张到了极致的时代，人与人之间是"我—它"关系。后者指出"对话"是解决现代"它"之世界的良方。在马丁·布伯的对话理论中，对话具有三个特质：非介质性、相互性、转向对方。

非介质性是指不限制于构成对话的媒介，如言语、表情、手势等。需要强调的是，言语不是构成对话的必要条件，其一，对话的对象可以是人也可以是物，而言语只发生在人与人之间；其二，对话和交谈并不等同，对话可以是相互交谈，也可以是沉默的精神交流，在此更强调对话的精神性。相互性是指在对话过程中"我"和"你"彼此敞开心扉，相互交流，相互体验，相互关心，"我"和"你"缺一不可，共同构成对话的两个维度。转向对方是指双方的关注焦点集中于"你"并对"你"作出诚恳的回应，转向不仅仅是身体的转向，而且更是灵魂的转向。布伯将对话分为三种：真正的对话、技术性的对

---

① 陈爱华：《从哲学到教育：马丁·布伯的对话理论》，《南昌大学学报》（人文社会科学版）2015年第5期。

话和装扮成对话的独白。技术性的对话关注"我"所传达的内容;装扮成对话的独白关注"我"自身而非"你"。①

3. 巴赫金的对话诗学理论与"狂欢理论"

巴赫金是 20 世纪极具影响力的思想家之一,他的学术领域涉及神学、哲学、诗学、社会学、心理学、语言学等诸多人文领域,并有着诸多卓越的贡献。其中,对话理论是巴赫金所有思想理论中最核心、最重要的理论。正是对话,使得巴赫金的思想体系成为一个关于人的生存、存在、思想、意识交往、对话和开放的体系。②

巴赫金对"语言"的强调从语言哲学时期就开始了,巴赫金要调整的就是传统语言观造成的离心力与失衡状态,尤其是体现在各种职业的、阶级的、年龄的、时代的离心倾向。巴赫金的语言观不是死板地在语言体系中研究语言,而是在鲜活的对话过程中去研究语言,即在语言的真正生命中去研究语言,而话语就是语言的生命所在。巴赫金指出话语是语言交际的最基本单位,语言真正的生命便在于话语,而任何话语都具有内在性。

同时,巴赫金在分析陀思妥耶夫斯基(Fyodor Dostoevsky)的小说时发现了一种新的小说类型——复调小说。所谓复调小说,即小说不再是作者统摄下的统一世界,"而是众多地位平等的意识连同他们各自的世界,结合在一个统一的世界中,相互不发生融合"。作品中的人物不只是作为作者的创造物出现的,他(她)同时还是能够表现自己思想的主体,因而与作者处于一个平等的对话关系之中。③ 巴赫金通过分析复调小说阐述了对话的三大原则。

第一,独立性。构成对话关系的各方具有独立性。没有这样的独立性,就不可能形成平等的相互交流关系。真正的对话关系是每个声音独立存在,互不混淆,互不同化,彼此在一个平面上不停地演说和

---

① 陈爱华:《从哲学到教育:马丁·布伯的对话理论》,《南昌大学学报》(人文社会科学版) 2015 年第 5 期。
② 杨凯、吴芳:《论西方对话理论的源起与发展》,《巢湖学院学报》2009 年第 2 期。
③ 参见胡艳兰:《20 世纪西方对话理论初探》,扬州大学硕士学位论文,2005 年。

倾听着。

第二，未完成性和未定论性。基于人类生活在本质上是对话性的，生活的海洋又是无限的，因此，只要人活着，他生活的意义就在于他还没有完成，还没说出自己最终的见解。

第三，对话的差异性。对话各方的独立性是对话差异性存在的逻辑基础，不同声音之间的论辩是构成对话关系的必要条件，对话双方或者多方具有不同的声音才能真正构成对话关系。

"狂欢理论"是巴赫金思想中体现对话理论核心价值的另一重要理论。狂欢节使人从日常生活中各种阶级分化与壁垒中解脱出来，人们因种种不平等而造成的距离感归零，所有的人既是表演者，又是观赏者，这正是平等对话所需要的理想状态。可以发现，狂欢节所强调话语的平等性及共时性特点与复调理论中的对话性原则相当一致。[1]

狂欢节理论隐含着巴赫金对当时现实政治环境的批判与反抗。在那个充斥着霸权和压迫的时代，人们普遍认为现实是不切实际的，而巴赫金的狂欢理论恰似冲破黑暗的一束光。在与霸权的拉锯战中，狂欢理论用饱含爱与幸福的哲学构建出了一个平等交流的对话空间，在这个空间中，各个阶级和各个年龄段的人们都得以获得解放并回归自我，重新体悟到身为"人"的感受。在对话过程中，每个人都秉持着自由平等的对话精神，这也使得一切都具有了双重性和相对性，一切都处于不断的变化与更替之中。可以说，巴赫金狂欢理论中的对话精神实质上是一种生动活泼的思维方式，一种人与人之间平等自由的关系，更是一种交替和更新的创造精神。[2]

4. 伽达默尔的解释学对话理论

伽达默尔是当代德国最伟大的哲学家之一，西方哲学解释学最重要的代表。在伽达默尔的解释学理论中，他指出解释学关注的是与文

---

[1] 参见胡艳兰：《20世纪西方对话理论初探》，扬州大学硕士学位论文，2005年。
[2] 参见赵彦红：《巴赫金理论视阈下的对话传播初探》，四川外国语大学硕士学位论文，2018年。

本语言意义的对话,因此,对话至关重要。伽达默尔认为,对话并不是任意的,而是由理解者的主观意志所决定的。对话者受到对话的引导,而不可能预料一次对话会引出什么结果来。① 此外,他还认为,对话和语言相辅相成,在对话中,语言不仅仅是一种工具,同时也是展示整个社会生活背景的一种中介。

伽达默尔的对话理论与巴赫金的对话理论有着相似之处,如都把对话看成生存最基本的东西,对话就是生存,就是存在本身,共时性(同在)与狂欢化(参与)是对话所处的时空之要素。但两者的理论侧重点其实有所不同,伽达默尔的对话侧重于一种历史的解释,是在理解的历史性和语言性这两大基础上诞生而来,而巴赫金的对话则侧重于强调语言的共时性和平等性与思想的创造性和多元性。

5. 哈贝马斯的交往合理化对话理论

哈贝马斯(Habermas)是当代德国最负盛名的社会学家、哲学家和思想家。自启蒙运动以来,工具理性的僭越与价值理性的衰微造成了人类精神和道德的严重危机。为激发人们潜在的交往理性,哈贝马斯提出了交往行为理论,尽管他没有直接使用对话这一概念,但他提出的交往概念与对话概念几乎一致。交往行为理论中最为重要的概念是"交往行为",是指至少两个以上具有言语和行为能力的主体之间的互动,这些主体使用口头的或者口头之外的手段,建立起一种人际关系②,交往行为不仅是以语言为媒介、以理解为目的的对话行为,而且还是在行为主体共识的基础上,通过规范调节实现个人与社会和谐的行为。哈贝马斯的交往行动概念,试图构建一个"理想的交往共同体"来解决生活世界的异化问题。总之,交往行动是一种语言活动,他所理解的交往主体其实就是对话的主体。交往主体之间的关系在哈贝马斯那里更多的是对话关系,交往行为合理化因之也有赖于

---

① 参见胡艳兰:《20世纪西方对话理论初探》,扬州大学硕士学位论文,2005年。
② 参见[德]尤尔根·哈贝马斯:《交往行为理论(第一卷)》,曹卫东译,上海人民出版社2018年版。

语言及对话来实现。①

(二) 对话理论的现代意义及其对社会化创意的启示

20世纪80年代以来,中国文艺理论家在促使现代西方和苏联文艺理论的中国化中取得了诸多可借鉴的经验,其中,巴赫金对话理论的中国化更是为中国文艺理论创新活动提供了一种吸收异质文化的交流模式和范例。巴赫金对话理论有一个历史发展脉络:20世纪80年代,主要介绍巴赫金的复调小说理论;90年代主要研究"文论失语症"和中国文论话语的重构等问题;20世纪末,伴随着强烈寻求与外国文论真正平等的文化交流以及文论研究中自主意识的不断增强,文艺理论界从多话语多范式的共生并存转换到整合创新阶段。

1. 重边缘性文学、非主流创作

对话理论事实上就是游离于主流文化之外的边缘性非主流文化,人与人之间的对话,是与官方话语权专制统治文化的对立抗衡。② 巴赫金认为,陀思妥耶夫斯基文学作品中的复调小说手法和狂欢价值观与其哲学思想不谋而合。陀思妥耶夫斯基的作品蕴含着对生死共存的深刻思考,他指出,能有开头和结尾的,能有生有死的,是人,是生命,是命运,而不是意识;意识自身的本质只是从内部展示,亦即只展现给意识本身;意识从本质上说是没有终结的③,也蕴含着通过独白来体现多元意识相互交织对话的艺术思维。但巴赫金指出,陀思妥耶夫斯基提示出来的艺术思维的对话性以及艺术世界画面的对话性,内在对话化了的世界新模式,还没有得到彻底的发掘。巴赫金所提倡的对话理论,强调的是将人的整个身心投入未完成的对话之中,唯有自己参与其中,并在与他人的互动过程中才能使得认识加深。

---

① 杨凯、吴芳:《论西方对话理论的源起与发展》,《巢湖学院学报》2009年第2期。
② 参见谭博忆:《论巴赫金的对话理论》,东北师范大学硕士学位论文,2005年。
③ 参见[苏联]巴赫金:《诗学与访谈》,白春仁、顾亚铃等译,河北教育出版社1998年版。

2. 话语体系的构建

巴赫金的对话理论以语言文中心，通过以小见大的方式对文化进行了深刻反思，其对话理论不仅具备批判性和否定性，而且更难能可贵的是，在解构主义盛行的时代唱响了积极乐观的建构之歌。在创新之处上，巴赫金通过考察文本间的对话关系，把过去、现在、未来贯通起来，把不同的民族文化贯通起来，把不断嬗变的学派贯通起来。巴赫金能够在对话中汲善出新，成为学术争论的焦点。[1] 在当前，其兼具建设性和结构性的观点被各大流派所借鉴和运用，把对话理论作为学者自身学术的理论来源和依据的学术氛围已蔚然成风。

3. 思维方式的颠覆

语言起源于对话，对话能够激发人们的创造性思维并不断挖掘和创造人们作为人的潜能。在复杂的对话过程中，既能够给参与对话的每一方带来反省与启迪，让自我在他人的存在下产生自己的意识并完成自我，又能让多种观点产生交流和碰撞，形成民主、多元的文化。对话理论正是通过对人的存在方式的理想化追求与对生命的讴歌和赞美，建构了一个平等的百家争鸣的多元文化。

七、权变理论

权变理论又被称为情境理论、情境决定论与形式管理论。权变理论由20世纪60年代到70年代的经验主义学派发展而来，其理论管理思想为"具体情况具体对策"的"应变式思维"。换言之，权变理论即具体问题具体分析，以变应变，从而面对复杂多变的外部环境。权变理论认为，有效的领导方式并不适用于所有情况，环境是影响管理选择的重要因素，即领导的有效性在于领导者、被领导者和环境的

---

[1] 参见谭博忆：《论巴赫金的对话理论》，东北师范大学硕士学位论文，2005年。

共同作用，而并非通常认为的领导者不变的品质与行为。简言之，领导有效性是领导者、被领导者和领导情境三个变量的函数。这种关系可以用下式来表示：E＝f（L，F，S）。式中，E 表示领导的有效性；L 表示领导者；F 表示被领导者；S 表示环境；f 表示函数关系。

权变理论的兴起大致从 20 世纪 60 年代开始，美国的两位管理学家保罗·劳伦斯（Paul R. Lawrence）和杰伊·洛希（Jay W. Lorsch）被认为是"现代权变理论的创始人"，他们撰写的《组织与环境》《复杂组织的分化和整体化》等著作奠定了权变学说基础理论的基石，并推动着权变理论成为具有操作性和适用性的领导方式。

(一) 权变理论的发展——以研究领域作为分类依据

1. 组织结构的权变理论

组织结构的权变理论将组织看成一个有机的系统，组织的结构和职能必须根据组织的内外环境因素进行调整，从而构建出在一定条件下最优的组织结构。该领域的代表人物为琼·伍德沃德（Joan Woodward）、汤·伯恩斯（Tom Burns）和斯托克（Stock）以及上述理论兴起中的保罗·劳伦斯（Paul Lawrence）和杰伊·洛希（Jay Roach）等。例如，琼·伍德沃德关注技术和生产系统与组织结构、组织结构与绩效之间的关系，并开创性地提出了"组织结构因技术而变化"的新颖理论；汤·伯恩斯和斯托克将环境分为相对稳定环境和不稳定环境，将组织结构分为机械式结构和有机式结构，机械式的组织是等级森严、权力高度集中化的标准化架构，而有机式的组织是相对分散的，分权化的灵活性组织架构。经过他们的研究发现，处于相对稳定环境中的组织适合采用机械式的结构，而处于不稳定环境中的组织则适宜采用有机式结构。保罗·劳伦斯和杰伊·洛希关注组织与环境的关系、组织的统一和协调性。经过他们的研究发现，在复杂多变的环境下，分化少的组织适合采用集权式的结构，而分化多的组织适合采用分权式的结构。

从以上学者的研究中可以看出，外在环境是组织存在必须考虑的重中之重，组织结构唯有随着企业环境的变化而做出相应的改变才能达到最佳效果。

2. 领导的权变理论

领导的权变理论认为，领导是领导者、被领导者、环境条件和工作任务结构四个方面因素交互作用的动态过程，不存在普遍适用的一般领导方式。① 该领域代表人物为弗雷德·菲德勒（Fred E. Fiedler）、罗伯特·坦南鲍姆（Robert Tannenbaum）和沃伦·施米特（Warren H. Schmidt）、罗伯特·豪斯（Robert J. House）和特伦斯·米切尔（Jerence R. Mitchell）等。弗雷德·菲德勒提出了著名的"权变领导模型"，也被称为"有效性权变理论"，并论证了"领导方式取决于情境"的重要观点，有关于菲德勒的"领导权变理论模型"将在本文第三点中详细展开阐述。罗伯特·坦南鲍姆和沃伦·施米特提出并运用了"领导方式的连续统一体"理论，即根据不同情境，需要选择不同的领导方式。该理论具体指出运用命令型还是参与型的领导方式不能一概而论，而应视多种情况而定，强调了领导方式的灵活性和适应性。罗伯特·豪斯和特伦斯·米切尔提出了"路径—目标"理论，该理论认为领导者需要选择最适合于下属特征和工作需要的领导风格。该理论区别于之前的各种领导理论的特色在于，它是以下属为核心而非立足于领导者，该模型也将在本章的第三点中详细论述。

3. 一般的权变管理理论

美国管理学家弗雷德·卢桑斯（Fred Luthans）是权变管理理论的建立者。他在 1976 年出版了《管理导论：一种权变学说》一书，系统地介绍了权变管理理论。权变管理理论的核心内容是环境变量与管理变量的函数关系所构成的权变关系，该理论将环境对管理的作用具体化，使得管理理论与实践密切联系了起来。卢桑斯形象地将权变

---

① 参见王天浩：《华冶集团 450 项目管理组织演化案例研究》，大连理工大学硕士学位论文，2008 年。

思路构建成了一个平面坐标体系,在坐标系中的横坐标表示独立的环境变量,而纵坐标则表示依赖性的管理变量,每一个横坐标上的环境变量必对应着纵坐标上的管理变量,它们共同构成了一个权变矩阵。权变管理理论的最终目的就是寻找这两种变量之间的函数关系,以更好地理解和应对管理活动中的权变现象。

(二) 社会化创意的拓展与延伸:权变理论启示

社会化创意在实际执行中的互动性与开放性,需要我们策划创意者有权变思想和权变的策略能力。哲学家说,人不可能两次踏进同一条河流,变化是绝对的。从这个意义上讲,再成功的经验都不具有完全借鉴意义,由经验研究上升到理论层面的归纳演绎才是有价值的,权变理论有着非常远见的洞悉和启发。

1. 中国古代儒家政治哲学的权变思想

孔子所创立的儒家学派,在中国古代思想的发展中,有着杰出的贡献。其中,儒家的权变思想闪耀着中华民族传统政治智慧的光芒。在儒家政治哲学中,"权变"包括"权"和"时"两个方面。"权"在古语中为测量物体重量的一种衡器,根据物体重量的不同而移动"权"的位置,因此,"权"又被引申为变通的意思,这点同样体现在儒家经典中,如"权,然后知轻重""权者仅于经,然后有善者也"[①]。同时,我们从儒家的言论中,还可进一步看出"权"可作为一种思维方法,它要求全面集中看问题,反绝对化、反极端化,适度提出自己主张。例如,孟子认为杨朱的"为我"和墨子的"兼爱",都是"执一"(一种极端主义主张),他赞成子莫的"执中",但他认为子莫的"执中"缺少变通的理念,最终也会导致"执中无权,犹执一也"。"时"是指遇事要善于审时度势,采取不违背大原则下的变通处置方法。"权""时"两者的结合,同样也是儒家政治哲学的精华之一,也说明了儒家是中国古代具有辩证政治思维方法的政治活动家,

---

① 李秋菊:《孟子的"中庸——执中有权"思想》,《青春岁月》2013 年第 23 期。

显示了儒家政治策略上的灵活性。①

2. 权变理论在社会化创意领域中的应用

由前文所述的权变理论可以得知,不同情境下领导者面临的问题有所差异,其差异性要求领导者采取不同的领导方法。权变理论的核心思想也可以用中国古代思想家孟子的话进行另类阐述,即因人制宜、因时制宜、因事制宜、因地制宜。三种著名的权变理论模型告诉我们,领导者要善于把控情境因素评估、管理路径目标和领导模型运用等,根据具体的实际情况采取更为灵活合理的管理方法。权变理论管理要求具体问题具体分析,因为各种复杂和不稳定的因素影响着管理的质量,使得"权变性"成为管理的一大特点。权变行为本质上是一种具体实践活动,需要在实践中持续锻炼才能逐渐掌握并逐步提升权变能力的运用水平。在这里,"领导者"可以是社会化创意的"决策者",也可以是过程中的"意见领袖"或"关键人"。

八、危机传播

危机传播(crisis communication)在国内也被某些学者译为"危机沟通",意为危机发生后,组织对外界进行的一系列信息交换过程以挽回组织形象的行为,具有双向、平等、互动、交流的特征。危机传播与危机管理(crisis management)的概念还不同,一般来说,危机传播是针对社会危机现象和事件,利用大众传播及其他手段来有效控制危机的信息传播活动,旨在影响挽回和维护形象;而危机管理是指以危机的解决为中心,设计危机策略、建立管理小组、检测危机环境、制定偶然时间方案等,以此恢复危机前的正常状态。危机管理偏向于"对事",而危机传播偏向于"对人"。两者在学界的研究发展亦

---

① 雷信来:《论中国古代儒家的权变思想》,《大理学院学报》2009年第1期。

有所区别，危机管理研究在先，而危机传播理论研究是从公共关系研究中分流而出，发展在后。[①]

（一）危机传播理论的起源与发展

危机传播理论的发展脉络大致可以分为从政治领域到商业领域及学科研究的开始拓展阶段、迅速发展阶段和走向成熟的三个阶段。危机传播理论最早起源于政治领域的1962年的古巴导弹危机事件，在经历了1982年的泰勒案和1989年的埃克森石油泄漏事件之后，在商业和企业领域得到了进一步的运用与发展，并促进了危机传播理论次一级学科的研究，而这些研究主要集中于较为大而宏观的问题上的个案研究，包括如何制定危机传播计划、如何与媒体沟通、如何进行危机演习和训练、危机后信息传播有效性的分析等。[②] 危机传播理论的蓬勃发展阶段贯穿20世纪90年代，其中，1996年瓦卢杰航空592号班机空难案例是综合应用各种理论的代表。伦斯（Reinsch）形象地把危机和组织传播研究称为"多样的、正在进化的领域"。[③] 危机传播理论逐渐走向成熟的阶段延续至今，随着科学科技的进步，经济政治全球化的发展和多元文化的碰撞，进一步导致了社会危机的频繁发生，也促进了危机传播研究的研究深度和广度，随着危机传播理论的逐渐成熟，方法论或者分析法已经取代了对于孤立个案的分析，这种里程碑式的进步有利于检验分析一系列危机事件而非一步步地解剖具体的个例。

（二）危机传播理论的主流模型

目前，危机传播领域逐渐发展起来的主要有三个理论模式：一是斯蒂文·芬克（Stevcn Fink）的阶段分析理论；二是威廉·班尼特（William Benoit）的战略分析理论；三是托马斯·伯克兰（Thomas

---

① 吴小冰：《近年来危机传播之研究综述》，《广告大观》（理论版）2009年第3期。
② 参见张媛：《政府危机管理中的传播策略研究》，电子科技大学硕士学位论文，2007年。
③ 参见于兴华：《公共危机中地方政府信息传播机制研究》，哈尔滨工业大学硕士学位论文，2007年。

Birkland)的焦点事件理论。① 但是由于早期研究理论模型的建构和理论体系的发展较为缓慢，危机传播虽然被广泛应用于多个研究领域，但研究主题较为分散且大多学者没有进行深入的思考和完善。总而言之，危机传播理论缺乏牢固的框架支撑与全面的理论综合。

1. 史蒂文·芬克——阶段分析理论

史蒂文·芬克，美国人，全球知名危机管理专家，莱克锡肯传播公司总裁，他提出了危机传播的四段论模式，即把危机传播分为潜伏期、突发期、蔓延期、解决期四个阶段，并且建议组织不同阶段的危机应该不同对待。②

第一阶段的潜伏期，是处理危机耗费成本最小的阶段，同样也最难被人发现，最不易被察觉，这就要求决策者应树立一种危机意识，要有一种"危机悄然隐现于地平线"的念头，尽早察觉危机可能发生的"警告标"③，以做好危机突发来临时决策与应对措施的心理准备。

第二阶段的危机突发期，是危机事件极具扩散的阶段，也是持续时间最短但给人们的心理冲击最大的阶段。在此阶段的危机主要呈现出四个典型的特征：其一，事态发展不断扩散，公众的注意力从不知或知之甚少转为广为人知；其二，事态发展不断升级，引发越来越多的媒体关注并报道此事；其三，事态发展进一步升级以致干扰人们的正常生活和工作；其四，事态发展到严峻的态势，直接冲击着组织的正面形象建设与团队声誉的维护。因此，在这个阶段组织管理者压力山大。

第三阶段的危机蔓延期，若不能管理得当，则会成为四个阶段中时间较长的一个活动，即此阶段时长与管理得当呈现出反相关。危机蔓延期的主要活动为组织管理者需采取措施，纠正上一阶段的损害，

---

① 梁喜书、张洁：《危机传播与企业危机公关——以中石油开县井喷为例》，《长春工业大学学报》（社会科学版）2006年第1期。
② 参见苏娜：《议题管理视角下的企业危机传播》，西北大学硕士学位论文，2013年。
③ 参见夏琼、王超群：《大众传播的资源分布与理论模式》，载《中国媒体发展研究报告》，武汉大学出版社2010年版。

在危机之后的恢复时期,组织管理者与决策者也需要进行自我分析、自我评价,充分发挥自身主观能动性,分析危机产生的深层次原因。组织危机恢复时间的长短很大程度上取决于此组织有无危机管理计划。

第四阶段的危机解决阶段,受到危机冲击的组织方才从危机中挣脱而出,因此仍需组织管理者与决策者保持高度警惕,并且预防危机的再次出现与发生。芬克对于危机传播的阶段分析理论有优势但同样存在不容忽视的缺点。优势在于较之前的各种理论,芬克绘制了危机从潜伏、发生到突变乃至被解决的综合性的发展脉络,也为后续学者的研究提供了较为完整的考察框架;不足之处在于芬克所提的四个阶段缺乏详尽的细节,并带有过于直线型决定论的色彩。

2. 班尼特——形象改变理论

20世纪90年代,美国学者威廉·班尼特提出了颇具影响力的形象改变理论。该理论假设个人或组织最重要的资产就是声誉,他强调应站在战略的高度上采取一系列战略和方针来维护并最大限度地放大个人或组织的声誉和形象。此外,他还指出由于危机事件的发生并不是人为所能主导或控制的,在危机的应对方面,个人或组织对于危机而言天生就是脆弱的。在理论的价值上,该理论也适用于芬克理论的各个阶段,特别是危机突发期和危机蔓延期。

基于以上认识,班尼特提出了以下五项具体的策略。

(1) 否认,这是在危机发生时可以率先选择的策略。班尼特将否认分为两种形式:一种是简单否认,即直接否认事实;另一种是转移责任,即将危机的责任推诿给他人,以在一定程度上转移公众的注意力。

(2) 回避责任,即在否认的基础之上,对于部分否认不了的事实采取适当回避责任的策略来维护自身利益以修复一定的形象。这一策略还可以进一步细分为四种方法:① 不可能性,即说明危机事件的发生是由于组织信息或能力的不对称性。② 刺激,即声明组织犯下的错误是基于维护自身的正当权益。③ 偶发性，即将危机事件归因于外在的不可控力而非组织自身原因。④ 本意良好，即事件的本意是好的，但由于客观原因导致了不好的转向。

（3）减少敌意，这是在危机发生后通过各大媒体或公关等方式，减少公众的敌意，最大限度减少组织的损伤，班尼特提出了六种保护声誉的方法：① 援助，即加强公众对组织的正面态度和组织能够解决问题的信任。② 最小化，即将社会的损失减少到最小，以削弱负面影响。③ 区分，即把危机与重大的社会伤害加以区别，以缓和公众的情绪。④ 超脱，即在不改变事实的基础上，转换人们对事件的看法。⑤ 反击，即对事件进行分辩和说明，以分散公众注意力。⑥ 补偿，即对危机的受害者进行及时且必要的帮助，以减轻受害者的伤害。

（4）纠正行为，采取适当的措施，及时修正不正当的行为并承诺减少类似事件的发生。

（5）自责，进行真诚的道歉和忏悔以期获得公众的谅解。

3. 伯克兰——焦点事件理论

1997年，托马斯·伯克兰发现了研究危机传播事件的又一视角，在思通（Ston）和艾得曼（Erdman）所提出的标志性事件更具说服力的研究基础之上，进一步提出了焦点事件理论。他指出，焦点事件就是那些突然发生，无法预知且能够引起公众极大注意力的事件，它们往往在设置公众议题方面扮演着重要的角色，与此同时，媒体对于焦点事件的进一步跟踪和采访能够激发更为广泛的影响力，极大地促进了政策制定者和公众及时作出反应，并最终引发人们对于公共政策的讨论和影响。最经典的两个例子就是1989年埃克森石油泄漏事件，导致1990年美国《石油污染行动》的出台；1999年科罗拉多州利特敦（Littleton）校园枪击事件，把公众的注意力吸引到家庭和校园暴力方面。① 同时，伯克兰将焦点事件分为"常规性"焦点事件和"新

---

① 参见于兴华：《公共危机中地方政府信息传播机制研究》，哈尔滨工业大学硕士学位论文，2007年。

型的事件"：前者主要是指飓风、地震、龙卷风、暴风雨等自然灾害，它具有一定的可预测性；后者是指从未发生或发生了很久的事件，是人为因素引发的灾害，它具有不确定性、无法预知性，并迫使人们以新的态度、新的引导标准乃至新的法律法规来对待和处理。譬如，1999 年的小城校园枪击案引发了人们对于枪支控制和校园暴力问题的激烈讨论，各地学校也纷纷采取应对措施并建立规章制度，如在教学楼门口增加金属探测器等。总而言之，焦点事件不仅能吸引公众，而且是一种人们立法和进行公众讨论的中介工具，舆论可以在多种维度对焦点事件进行讨论。[①]

（三）危机传播理论的回顾与展望

对于危机传播的未来发展，学者吴小冰对诸多学者的总结十分全面。她指出，库姆斯（Coombs）建议学者应该将研究重点放在整体危机传播过程的探讨上，并且要加速各领域之间对于危机管理研究的对话与合作。廖为建认为，危机传播的理论研究应该互补融合；目前危机传播的各种理论基本上是相互独立的，体现了不同的研究视角，理论存在一些自身难以克服的缺陷。胡百精指出，范式是学界对一个特定学科集体凝视的结果，由于"传播"是危机管理研究的核心问题，"传播管理"正是公共关系的根本职能，因此，危机管理学术范式应与公共关系学术范式进行整合。[②]

传播的过程需要外部认知、理解的信息，并获得社会成员中大部分群体的认同和支持。虽然危机传播理论有诸多不足，可正是因为以上这点，我们认为，危机传播在解决问题时的管理理念和个案执行过程，如同社会化创意所要关注和解决社会问题的逻辑是一样的，需要更多社会公众参与、平等对话、化解风险和解决社会问题。在此，笔者希望给予社会化创意的创作者们一种全新的策略思考角度。

---

① 参见钟伟：《长沙市 A 医院医患纠纷危机管理研究》，中南大学硕士学位论文，2006 年。
② 吴小冰：《近年来危机传播之研究综述》，《广告大观》（理论版）2009 年第 3 期。

九、公共信任

何为"公共信任",比较有代表性的定义有卢曼(Luhmann)、巴伯(Barber)、吉登斯(Giddens)和哈丁(Hardin)等人的。卢曼认为,信任"在最广泛的含义上,指的是对某人期望的信心,它是社会生活的基本事实",因此,从功能的角度来将信任界定为一种社会复杂性的简化机制。无论是个人信任还是公共信任,其实现都需要一个过程。努力尝试去信任别人的可以被称为信任者,被信任的人则可以被称为信任对象。信任对象可以是一个人,也可以是实体或系统。基于这种考虑,我们将公共信任定义为一个过程——在有感知能力的行动者(个体行动者、组织行动者),以及系统(社会子系统、派别、政治或经济系统)之中公开产生信任的过程。所谓公开的产生信任即指,我们从未见过这个世界上的大多数人,也无法直接观察到世界上大多数事务,因此,我们时常需要通过中介进入情景来了解信息。不同组织有目的地制造信息的过程就是"公开信息的过程",也就是不同组织塑造自身"可信度"的过程。当今社会正经历着以往无可比拟的传媒信任危机、企业信任危机等社会问题,社会创意需要与之相联系,而问题探析与解决的过程,同样也是公共信任不断被建立及加深的过程。

(一)不同于私人信任的公共信任

根据所处社会生活范围的不同,可以将信任分为私人信任和公共信任,私人信任与私人生活密切相关,而公共信任则与公共生活和公共交往不可分割。相对于私人信任而言,公共信任是一种发源于人们进入公共社会之后特别是民主体制下的新概念。对于该理论的研究,学者曲蓉总结了公共信任所涵盖的四个层面的内容。

第一,公共信任是指对社会成员的一般信任;第二,公共信任也指对各种社会角色的信任，例如，对医生、政客或商人的信任；第三，公共信任是指对社会制度及运行机制的信任；第四，公共信任也可以说是对民主社会的一般价值观的信任，包括对民主、公正、宽容的信任。①

（二）公共信任的深刻洞察与重构

当信任超越私人交往进入公共生活领域，就衍变出了公共信任，公共信任不仅是对社会成员的信任，更是对社会制度、社会价值观等的期待。与私人信任相对的公共信任，可能会颠覆你已有的、关于信任的认知，公共信任的非指向性、"不见面的承诺"、"普遍的信任"，与社会公共领域、公共制度、道德理念、价值观和文化等多种因素相关，具体如下。

第一，公共信任具有非指向性和普遍性，它并不指向某个具体的人或具体的事而是针对社会人群或社会制度等的宽泛信任，并且这种信任需要尊重个体之间的差异以寻求一种最基本的普遍信任。而私人信任则具有指向性和确定性，私人信任建立在相互了解或互生好感之上，且是一种与亲缘、地缘等亲密关系密切相关的私人信任关系，如我信任你，就具有明确的定向性和特殊性。

第二，公共信任是"不见面的承诺"，它是将信任赋予那些不曾直接见面或了解的群体，而私人信任是建立在面对面的人际交往基础之上的信任关系，并且公共信任和私人信任两者之间并不是正向促进的关系。事实上，在中国社会中，较强的私人信任反而会抑制甚至危害公共信任的发展。

第三，公共信任的对象不限于社会成员，还包括对社会组织、社会制度和社会价值观的信任，信任组织、制度和价值观有利于保障社会成员的基本利益，促进社会的健康发展。在公共信任度较高的社会中，社会成员和社会各组织呈现出和谐共进的协调关系，而在公共信

---

① 曲蓉：《论公共信任：概念与性质》，《道德与文明》2011年第1期。

任度较低的社会中，由于缺少社会整合的力量，社会深陷诚信危机之中。而私人信任仅限于对社会中的人的信任。

总之，公共信任是相对于私人信任而言的新型信任，随着社会分工的精细化与社会群体间依存度的紧密化，公共信任已然成为现代社会良性发展的重要保障，公共信任是每个现代人都需要培养的基础信任。

环顾我们社会周遭，公共信任问题普遍存在。如 2006 年南京"彭宇案"的广泛传播，导致此后很长一段时间，人们对街边摔倒的老人只能选择沉默不作为。当地法院对彭宇的判决没有提供足够有说服力的证据，而公共舆论也如洪水猛兽，从此公众对帮扶倒地老人及其类似情况避而远之。当公权力失去社会普遍信任时，无论发表什么言论、做什么事，社会都会给予不信任解读和负面评价，这就是一个典型的公共信任风险问题，即"塔西佗陷阱"。① 除了政治和公权机构，信任问题同样也对商业企业、社会机构、公民个人等产生深远的影响。现代社会的公共信任，无论是从成因还是结果上看，都呈现出各类公共性问题的一个"重叠式"结构，即"经济形态—资本""政治形态—行政权力与制度""文化—精神形态""公共理性与公共精神"。公共责任不再局限于政府等公共权力拥有者的特权，而是所有参与的公共组织、私人组织和非营利性组织对公共信任均承担着一定责任，而公共信任也反过来成为社会规范良序运行的社会基础。

信任是可贵的。然而，现代社会的一个悖论就在于它一方面要求培养较高水平的公共信任，另一方面又通过制度规则的设置在很大程度上取代了许多直接的信任关系。② 各种社会制度的确立在一定程度上削弱了人与人之间的直接信任关系，但也进一步成为防止不信任发

---

① 李传军、李怀阳：《公民网络问政与政府回应机制的建构》，《电子政务》2017 年第 1 期。
② 曲蓉：《论公共信任：概念与性质》，《道德与文明》2011 年第 1 期。

生的保障机制。我国的传统社会并不缺乏信任,可我国传统社会中所谓的"高水平信任"是一种私人信任,在现代社会中仍然得以保持,因而在公共信任中存在信任危机。公共信任或不信任对于一个社会而言都不可或缺,能够为公民积极参与社会生活提供心理基础,适当对公共部门保持警醒对后者而言并非坏事,但如果公民缺乏基本的公共信任,其后果也不堪设想,乃至反噬原本较高水平的私人信任。学者曲蓉针对如何培养和塑造公共信任提出了四种解决方式:加强制度建设、保障制度有效运行、加强理性教育以及引导社会成员向善等。

我们注意到,媒体对于此类新闻事件的关注从另一个方面为提升可信度提供了可能性。通过一定的媒体传播可以使得重获信任变得可能,比如,通过宣传替换或选择恰当的领导、调整组织结构、选择更加有吸引力的系列主题,以及更加专业的公关达到这一目的。我们认为,在较长时期的媒体信息传播过程中,无论是政府、企业主还是其他的一些社会组织,社会化创意之力对公共信任进行重构与巩固、对社会信任危机的管理以及社会公共良序的重构是一种有力支撑。

十、框架理论

21世纪以来,传播学研究出现频率最高、使用最广泛的理论之一,就是框架理论(Frame Theory)。框架(frame)作为考察人的认知与传播行为的学术概念,最早见于人类学家G.贝特森(Gregory Bateson)于1955年发表的论文《一项关于玩耍和幻想的理论》中,框架指的是就如何理解彼此的符号,传授双方相互约定的诠释规则。[1] 框架理论是E.戈夫曼(Erving Goffman)借用G.贝特森的

---

[1] 参见李思远:《"阿拉伯之春"以来埃及媒体涉恐报道研究》,西北大学硕士学位论文,2019年。

"框架"概念,在《框架分析》中将框架定义为:"框架指的是人们用来认识和阐释外在客观世界的认知结构,人们对于现实生活经验的归纳、结构与阐释都依赖一定的框架,框架使得人们能够定位、感知、理解、归纳众多具体信息。"[1] 该理论指出了框架受到媒体立场、受众认知、传播环境等多重因素的影响,并决定着传播意义的产生。在戈夫曼的理论中,框架是指媒介信息生产和传播过程的组织框架,它适用于多种媒介类型的信息化处理研究。"框架有双重含义:第一,框架作为一定的知识体系或认知定势预存在我们的大脑中,它来自我们过去实际生活的经验;第二,我们根据既有的框架来'建构'(framing)我们对新事物的认识。"[2] 框架理论正好涉及被大众传播学所忽视的人际互动中的非符号表达问题。基于传统的大众媒介和符号学构建起来的传播学理论体系,根本没有非符号性传播研究的地位,而不断出现的非媒介化和非符号性的传播现象无法得到充分解释。

(一) 两大研究起源:心理学、社会学

1. 心理学:格雷格里·贝特森

1904年出生于英格兰的贝特森可能是第一个在社会科学领域使用框架一词的学者。

1955年,他在《一个关于游戏与幻想的理论》(简称《游戏》)中写道,框架是一种元传播。无论清晰或含蓄,任何信息都界定了一个框架并根据事实本身,就理解其中的意义方面给予接收者指导和帮助。他认为,"游戏"的本质在于信息的交流和操作,其过程以双方对对方意图的识别为前提。他提出,框架是"一套制作及理解信息的特定规则"。然而,他的《游戏》一文仅匆匆15页,难以将框架一词详尽展现,更多的学者将正统的框架概念提出者归为戈夫曼。

---

[1] 郭庆光:《传播学教程》(第二版),中国人民大学出版社2011年版,第208页。
[2] 参见邓彦雯:《框架理论视角下〈人民日报〉黄河生态文明报道研究(2017—2021)》,郑州大学硕士学位论文,2022年。

2. 社会学：欧文·戈夫曼

美国社会学家、符号互动论代表人物欧文·戈夫曼 1922 年出生于加拿大。美国著名社会学家班纳特·M. 伯格盛（Bennet Berg）赞戈夫曼的《框架分析》是其赢得社会学家声誉的扛鼎之作。在发表《游戏》前后，贝特森和戈夫曼开展了合作。在代表性著作《日常生活的自我呈现》中，戈夫曼使用了框架的概念。"我认为，上述特征和要素组成的框架，体现了英美社会中，人们在自然背景下所进行的大量社会互动的特征。就这一框架可以运用于任何社会机构这一点而言，它是一种正式的和抽象的框架。但它并不只是静态的，它涉及各种动态问题，并产生于维持在他人面前所投射的情境定义这一动力中。"①

1974 年，戈夫曼首次将框架概念引入文化社会学，逐渐引起社会学、传播学、语言学等学科的注意②，戈夫曼对框架的界定也深刻影响了传播学的发展。他认为，人的认识基于某个或多个框架，"西方社会个体对某一特定事件产生认识时，无论他如何反应，都倾向于（或实际上）采用一或多个框架，即'初级框架'"。同时他表示，这些框架天然地分为自然框架与社会框架，分别代表两种截然不同的社会理解方式。前者在不同程度上为人们所共有，主要体现在对自然界常见事物的处理方式；后者则体现在主体所面对的特殊世界。在发挥社会化创意之构思时，借助对受众现有框架之分析，能够巧借东风，达到事半功倍的效果。1980 年，美国具有广泛影响力的社会学家托德·吉特林（T. Gitlin）出版了《新左派运动的媒介镜像》一书。他在戈夫曼的基础上将框架概括为一个持续不变的认知、解释和陈述框式，也是选择、强调和遗漏的稳定不变的范式。吉特林之后，框架理论发展出三个核心概念——框架、框架化和框架效果（framing

---

① ［美］欧文·戈夫曼：《日常生活中的自我呈现》，冯钢译，北京大学出版社 2008 年版，第 204 页。
② 秦爽：《对于媒介框架的研究综述》，《新闻研究导刊》2015 年第 1 期。

effect)，分别体现在传播研究的三个领域中：媒介内容——媒体框架是什么；新闻生产——媒体框架如何被建构；媒介效果——受众如何接收和处理媒介信息，即受众框架。①

随着学术研究的发展，一开始被提出的"frame"具有名词词性，也具有动词词性。逐渐分化为以"framing"指代的"框架化"动词和"frame"所归类的"框架"名词，前者更为动态，而后者颇显静态。除此之外，还出现了"frame theory"（框架理论）、"framing analysis"（框架化分析）、"framing research"（框架化研究）等一系列相关概念，但并没有形成统一的研究范式，歧义颇多。

（二）框架理论研究取向与主要观点

框架理论在早期的发展中，呈现出了三大发展取向。

第一，作为新闻社会学分支的发展取向。20世纪70、80年代的美国，框架概念产生了重大影响，新闻社会学的研究也势不可挡。同时，社会学的研究方法为新闻传播的过程提供了一种新的民族志式研究。这类研究借助社会学、人类学的方法观察媒介组织内部的运作，观察新闻生产的过程及与社会的互动。

框架理论落地于新闻生产，具体而言有两个方面。一是微观上，指导记者的新闻业务，无论是其具体实施报道的修辞语言，还是在策划报道时的构思框架，审度新闻的思考角度；二是宏观上，媒介在框架的帮助下可以更好地理解社会影响，回应社会需求。正如李普曼（Walter Lippmann）所认为的，大众媒体的新闻报道并不是对现实生活"镜子"似的反映，而是经过一定的立场和价值标准对事实进行的筛选及加工，某种意义而言，这是对现实世界的一种"重构"。

第二，话语分析研究分支的取向。这种取向与叙事学关系匪浅。这种研究更注重框架理论的微观层面，关注被语言表述的事件及语言表述话语本身。有学者认为，这种研究重在文本框架，分析文本中的

---

① 参见李媛媛：《国内报纸抑郁症议题报道研究》，内蒙古大学硕士学位论文，2018年。

语法、措辞以及掩藏在其中的政治形态、权力因素。①

媒介框架理论在话语分析取向下发展迅速,可以说,话语分析为后来的框架分析提供了深厚的理论基础和传统,其学术积淀大大丰富了框架理论的内涵,而框架分析也丰富着话语分析的层次和方法。话语分析和框架分析存在强烈的内在关联性,正如社会符号学和批判论述分析的代表人物梵·迪克(Van Dijk)所言,"新闻报道不一定规定读者的具体观点。相反,它们是公共话语的重要形式,这一公共话语不仅提供了关于社会事件的社会、政治、文化和经济认知模式的大致框架,还提供了证明这些框架正确有理的无处不在而又占据主导地位的知识和态度结构。新闻报道多层级的结构特征决定了读者只能得出如此的新闻解释框架,而不是其他"。② 在不同的文本框架下,借助不同的叙事方法,给予受众不同的阅听体验,自然也带来不同的反馈。

第三,作为媒介效果研究的取向。据不完全统计,在传播学权威期刊中,第一篇出现"框架"术语的文章就是关于效果的研究,即《选择男性女性照片时的框架效果》(1980)。传播理论家丹尼斯·麦奎尔(Denis McQuail)曾言:"整个大众传播的研究都是基于媒介具有重大的传播效果。"框架也作为一种新的研究范式被广泛应用于政治传播和国际传播中。舍费尔(Scheufele)认为,框架效果研究可以贯穿整个研究的全过程。比如,检视内容的产制(新闻记者及消息来源如何运作并影响报道方式)、分析内容(不同媒介如何呈现同一议题)、研究受众(框架如何影响受众的反应)等。在这类研究中,框架理论常和议程设置及把关人理论结合起来运用。

在20世纪80年代框架理论被引入新闻传播学领域的过程中,诞生了媒介框架、新闻框架、受众框架等概念。媒介框架是指媒介机构处理信息的组织框架,其中不仅包含新闻框架,还能够分析不同种类

---

① 秦爽:《对于媒介框架的研究综述》,《新闻研究导刊》2015年第1期。
② 参见[荷]托伊恩·A.梵·迪克:《作为话语的新闻》,曾庆香译,华夏出版社,2003年版。

的媒介信息生产与传播的过程。媒介对不同框架的使用会形成不同的报道类型，进而影响受众的认知。而当媒介框架被运用于新闻媒体对新闻事实进行选择性处理的过程中时，则被称为新闻框架。在新闻框架的实证研究中，罗伯特·M. 恩特曼（Entman R. M.）的研究最具影响力。他分析指出有两种机制对新闻框架的建构与实现有着重要意义。第一种机制是报道规模控制（sizing），这是框架建构的基本（essence），其主要作用是通过报道量和报道顺序的控制，来放大或淡化某个新闻事件的重要性或影响。[1] 第二种机制是具体信息的呈现，并且他认为至少有四种框架对媒体建构新闻框架产生了显著的影响，分别是导致新闻事件产生的行为主体、新闻报道中角色身份的认定、对新闻事件性质的归类以及对新闻事件实质的阐释。此外，恩特曼归纳了新闻框架的四种功能，即提供问题定义（problem definition）、阐释事件原因（causal interpretation）、提供道德评价（moral evaluation）、示意解决方案（treatment recommendation）。[2]

新闻框架功能的实现只有在与受众框架的相互作用中，才能发挥作用。受众框架也称为个体框架，"即受众个人接触和处理大众传播信息的认知结构和诠释规则，这种结构和规则来自受众过去社会生活经验的积累，既有的价值观和态度、行为取向，并导引着受众个人处理新的信息"。而受众采用的不同框架也会导致不同的结果，便会产生"同向解读""对抗式解读""妥协式解读"等各种情况，最终在新闻框架与受众框架的有机互动中，产生纷繁复杂的舆论结果。因此，面对不同的社会情境，主体应依据不同的需求选择不同的框架对现实进行判断并认知、解决问题。

（三）框架效果及其社会问题的观照

国内的新闻传播学者对框架理论的研究起源于20世纪90年代，

---

[1] 郭庆光：《传播学教程》（第二版），中国人民大学出版社2011年版，第208页。
[2] R. M. Entman. "Framing: Toward a clarification of a fractured paradigm," *Journal of Communication*, 1993, 43 (4): 51-58.

中文传播学文献最早出现框架的概念是学者钟蔚文等的论文《新闻的框架效果》，收录在《中文传播研究论述——"一九九三中文传播研究暨教学研讨会"论文汇编》一书中。臧国仁在其著作《新闻媒体与消息来源——媒介框架与真实建构之论述》中对传统新闻论述进行反思，改以框架理论为基础，讨论新闻真实建构生态中的三个重要元素，包括新闻媒体、消息来源以及情境与议题（事件）。[①] 学者们重新将新闻定义为：新闻媒体与消息来源根据各自认定之社区利益所共同建构之社会符号真实，双方在新闻建构过程中，各自动员组织资源，尝试定义或诠释社会事件与议题在情境中的特殊意义。[②]

2000年后，大陆开始密切关注框架理论，并展开系统性的研究。

尽管框架的发现帮助人们理解现实生活中媒体报道所扮演的角色及其背后的一系列潜规则，但框架的效果也伴随着正面及负面的双重含义。一方面，它的出现帮助人们更加深刻全面地体会信息，但另一方面，框架在发挥作用的过程中也不免面临一些包括助力刻板印象生成等的伦理性问题。例如，在2011年1月埃及事件中，不同媒体的报道框架有所不同，政府报纸将其描述为"针对埃及国家的阴谋"，而社会媒体则更倾向于使用人情味十足的框架，将事件比作"一场自由和社会正义的革命"。如果带有偏见的偏激性报道框架占据舆论场，那么只会让某些人群和事物被迫贴上污名化的标签。

十一、媒介事件

众所周知，早期的美国大众传播学研究聚焦于媒介对受众的劝服作用。直到20世纪50年代，保罗·拉扎斯菲尔德和伊莱休·卡茨（Elihu Katz）的研究打破了"魔弹论"，有力证明了大众传媒的效果并不是"百发百中"，而是"有限"的。媒体并不能控制人们的思想，却

---

① 秦爽：《对于媒介框架的研究综述》，《新闻研究导刊》2015年第1期。
② 同上。

大量占用着人们的时间，入侵其日常生活。随即，传播学研究也开始向大众传媒的社会功能进行转向。

西方学者一般认为"媒介事件"是由丹尼尔·戴扬（Daniel Dayan）和伊莱休·卡茨在20世纪80年代提出的一个学术概念。受到涂尔干社会学、文化人类学等社会人类学领域研究成果的启发，功能主义传播学发生了向文化研究方向的转变，其核心思想是在社会整合过程中，大众传媒起到了重要的中介作用，戴扬和卡茨的研究便是其中颇具代表性的杰作。在当时，报纸和广播先后细分了受众领域，而电视成为全国性的媒介。戴扬和卡茨便在前述思想的指导下，对电视直播进行了研究，旨在与传统的劝服研究划清界限。

1980年开始，为了研究电视对重大历史事件的直播现象，在以色列耶路撒冷希伯来大学和美国南加州大学，戴扬和卡茨带领其学生组织了系列研讨会，并开始探索和构建有关"媒介事件"概念的讨论。1992年，《媒介事件：历史的电视直播》一书的出版，标志着"媒介事件"这一概念及其对应的理论框架正式成型。戴扬与卡茨所提出的"媒介事件"，意指对电视的节日性收看，即"关于那些令国人乃至世人屏息驻足的电视直播的历史事件"，这些事件可以称为"电视仪式"或"节日电视"，乃至"文化表演"。[①] 其中，"媒介"指大众媒介，而"事件"则是"富有意义"的，不同于狭义的"事情"的。他们强调，媒介事件并非由电视创造，而是通过电视得以呈现。这种说法既强调"呈现"，也突出了"大规模的、同一时刻的集体观看"。戴扬认为，那个时候的电视记者对报道大型仪式充满敬畏，即便是报道冲突事件，也更强调其"和解的一面"，因此，对电视直播进行考察，更能呈现出媒介对社会整合所产生的效果。

戴扬和卡茨认为媒介事件具备三重结构。其一是由于事件的重要

[①] 董天策、郭毅、梁辰曦等：《"媒介事件"的概念建构及其流变》，《新闻与传播研究》2017年第10期。

性，媒介事件打破了常规的节目安排，并在所有频道同时进行直播；其二是媒介事件常常宣称自己的历史意义之重大，并包含一种核心的价值观，而对其进行直播的媒体将围绕这一核心价值进行宣传表达，凸显这种仪式感；其三则是媒介事件的受众群体相对于普通的电视新闻更加庞大，而不同空间的观众同时对该媒介事件进行收看的过程，仿佛一场节日性狂欢。

（一）理论来源：戴扬和卡茨的博采众长

西方学界一般认为，戴扬和卡茨提出的"媒介事件"受到涂尔干·埃米尔（Émile Durkheim）、马克斯·韦伯（Max Weber）及维克多·特纳（Victor Turner）的影响和启发。

1. 涂尔干·埃米尔：《宗教的生活仪式》

涂尔干所著的《宗教生活的基本形式》直接影响了两者对媒介事件的研究路径及关于大众传播社会功能的基本认知。涂尔干肯定仪式在连接个人与社会中起到的作用，并认为前者帮助强化社会核心价值观，并形成个体身份认同，促进社会的整合和情感的统一。仪式能够区分神圣的或是渎神性质的事物，并帮助人们广泛接受；同时，持续不断的仪式更能够强化人们共享信念的延续。正如戴扬和卡茨所认为，媒介事件的主要作用也在于"社会整合"及"情感统一"，而他们所研究的理论着眼点，也正是媒介事件这一仪式性特征及其在社会整合中所扮演的角色。

2. 马克思·韦伯：合法性理想类型

马克思·韦伯曾提出三种合法性理想类型，包括理性/法律型权威、个人魅力型权威及传统型权威。在合法性理想类型的直接影响下，戴扬和卡茨在《媒介事件：历史的电视直播》中提出媒介事件具备三个基本脚本，即竞赛、征服和加冕。竞赛型媒介仪式指发生在竞技场、体育馆及演播室中的，以夺冠为目的的电视直播，例如政客电视辩论与奥运会直播，观众承担裁判一职。征服型媒介仪式则以人类历史上的巨大飞跃为主题进行电视直播，而事件的主角则是其中的

"英雄人物",如阿波罗登月事件,在这类事件中人们扮演见证者的角色。加冕型媒介仪式直播的则是就职典礼、皇家婚葬或颁奖典礼等各种庆典活动,观众同样作为见证者而存在。此外,有的媒介事件兼具其中两种甚至三种脚本的特征。比如奥斯卡金像奖颁奖典礼就兼有竞赛和加冕两种脚本的特征。①

3. 维克多·特纳:"通过仪式"

维克多·特纳认为,大多数仪式都是"通过仪式",即"伴随着每一次地点、状况、社会地位及年纪改变而举行的仪式"。这样的仪式有三个阶段,包括分离(主体脱离旧身份、地位、思想等文化状态)、阈限(一种暧昧的过渡状态,身份差异消失并开始反对旧结构)和"聚合"(主体获得新身份,并被给予期望值)。媒介事件也一分为二,包括强调过去的恢复性事件和强调社会秩序改变的转变性事件。

(二)戴扬及其学生对"媒介事件"研究延伸的价值

在对媒介事件理论的发展中,社会学家杰弗瑞·亚历山大(Jeffrey C. Alexander)的研究成果引人注目。亚历山大在耶鲁大学社会学系与学生的一项关于建构文化社会学理论的"庞大研究项目"中就包含了媒介与仪式的研究。戴扬、卡茨受到涂尔干的影响,认为社会存在一个"神圣中心",且媒介事件在其中扮演了强化及维系的角色,最终达到整合社会的效果。亚历山大也对"神圣中心"给予了关注,他认为"神圣中心"是一种"社会文化现象",也是"意义的文化体系建构的焦点"。亚历山大认为,公民社会分为指示性社会和虚拟性社会。前者表示真实存在的公民社会,而后者则指具有乌托邦性质的理想化社会。媒体的作用是帮助前者与后者尽量保持一致,而这个过程就被称为"仪式"。

同样作为媒介事件的理论奠基人之一,戴扬和卡茨的学生塔玛·利比斯(Tamar Liebes)从 20 世纪 80 年代起就开始对媒介事件进行

---

① 董天策、郭毅、梁辰曦等:《"媒介事件"的概念建构及其流变》,《新闻与传播研究》2017 年第 10 期。

研究,并对戴扬和卡茨的理论进行了补充。利比斯指出,即使戴扬和卡茨明确表明新闻事件和媒介事件之不同,有时候庆典式的媒介事件作为创伤性新闻事件的补偿而存在。正如"肯尼迪国葬"这一媒介事件是作为"肯尼迪被刺"这一新闻事件的补偿,用以抚平观众的心理创伤,而这样一个过程被称为"灾难马拉松"。"灾难马拉松"为许多学者提供了一种新的研究框架,甚至有研究者认为,"灾难马拉松"的研究正逐步取代对仪式性媒介事件的研究。

进入 20 世纪末,一些媒介社会学者以媒介事件理论为起点,开始建立关于大众传媒社会角色的更宏观的理论框架。艾里克·罗森布勒(Eric W. Rothenbuhler)也是戴扬和卡茨的学生,他于 1998 年提出仪式传播理论。罗森布勒认为,所有的仪式和传播都是一种对社会秩序的符号性建构。他指出了仪式和传播作为权力性符号介入人们日常生活的运作机制,即传播具有仪式性,而传播的所有参与者都介入这一仪式化过程,正是借助这种仪式化的传播,参与者实现了对他人的控制。同时他提出,电视直播(前文所述的"媒介事件")、仪式化的媒介使用(特定使用某些媒介或媒介内容)、仪式化的媒体工作(如标准化的新闻采编流程)及电视本身承担的宗教功能(如在晚餐期间以家庭为单位聚合家庭成员收看电视节目等)这四种传播性的表演形式,构成"带有仪式表演形式的媒介化传播",而媒介事件由于遵循了仪式传播的运作机制而吸引了大批观众。在这个过程中,罗氏试图将日常新闻、媒介事件及"灾难马拉松"都纳入为仪式传播的解释框架所用。

媒介社会学研究学者科特尔(Simon Cottle)提出了"媒介化仪式"理论。他指出,"媒介化的仪式"指"那些特殊的表演性的媒介现象,通过一种虚拟的价值认同来维持和调动着集体情绪和集体团结。媒介化的仪式具有高曝光度,吸引媒介参与,影响公众情绪。"[①]

---

① Simon Cottle. "Mediatized Rituals: Beyond Manufacturing Consent," *Media, Culture & Society*, 2006, 28 (3): 411-432.

2008年，戴扬发表文章《超出媒介事件：祛魅、脱轨、冲突》。他坦言，1992年的《媒介事件》一书忽略了媒介事件的某些范围，研究恐怖主义事件的经历让他发展出比媒介事件更阔的理念，即"表达性事件"。事件在其表达过程中既可以有共识，也可以分化。竞赛、征服和加冕是叙事常规，属于共识性媒介事件类型以下的附属类目，而祛魅、脱轨、冲突则属于非叙事，是特定的组织和接受形式。祛魅反映当代大众的犬儒，当媒体将事件组织为暴力事故而非协商机会时，脱轨和冲突的情况便随即出现。两个独特的媒体事件模式，前者是有关整合和共识，后者则不但鼓吹异见，甚至"创造分化"。① 他表示，1992年模式的媒介事件并不至完全消失（如奥巴马的就职典礼仍属于共识类事件），但是这样的媒介事件已经不再一家独大，而涌现了许多其他类别的事件。时至今日，若要重新再概括"表达性事件"，戴扬表示，还会加上两个附属类别，即"抹黑"和"确认"。

"媒介事件"研究延伸的价值在于突出关注了社会大环境中的媒介事件仪式化传播，超出媒介事件的祛魅、脱轨、冲突等，让媒介事件研究视角更加丰满，从现实媒介社会延伸到了虚拟媒介空间。网络发展加之传播工具日新月异，网络媒介事件已经成为公众与媒体商讨、辩论、交锋的舞台。除了让人记忆犹新的"最牛钉子户""钓鱼执法"等公共事件通过网络渠道得到广泛传播，并集中体现社会转型中的社会矛盾问题外，也有一些巧妙融合社会化创意的正面的媒介事件案例成功在传播史上留下光辉一笔。例如，中华人民共和国成立70周年的献礼片——《我和我的祖国》，在媒介事件的意义整合、提升主流意识形态传播力等方面让人为之一振，深化了观众的国家认同感，由此引发的一系列参与度极广的用户歌曲传唱等行为，也帮助维系了国民的共同历史记忆与情感羁绊。一部电影再现了我国发展历史上一系列重大的历史事件，同样也是重大的媒介事件。借助这样一串

---

① 杜丽洁：《网络社会下从"媒介事件"到"新媒介事件"的发展与嬗变》，《传播与版权》2017年第8期。

凝聚不同时代国民记忆的重大事件，唤醒、整合并形塑着观众的家国情怀，凝聚着不同社群的价值认同。由此可见，社会化创意就是需要在现实社会中构建一个"神圣中心"存在，需要构成一个"具有乌托邦性质的理想化社会""带有仪式表演形式的媒介化传播"，甚至需要策划一场超出媒介事件的祛魅、脱轨、冲突的"表达性事件"，且媒介事件在其中扮演了强化及维系的角色，最终达到整合社会的创意传播效果。"媒介事件"就是社会化创意方法论的沃土和发扬光大的现实价值。

十二、政治传播

关于政治传播的研究，学者们普遍关注的是政治与传播这两个关键要素，争论的焦点就在于究竟以哪个学科为主要依据，自此在西方和中国的学术界中对政治传播范畴的界定出现了两个视角，分别是政治学本位和传播学本位。主张政治学本位的学者普遍认为，政治传播是国家通过传播的方式将政治观念、政治诉求等传播给公众，以获得公众的支持从而稳定和维护国家秩序的一种政治行为。学者丹顿（Denton）和伍德丹（Woodward）重点关注的是政治传播中的具体行为，他们指出，"政治传播是关于公共资源、政府权力与公共裁决权的分配所进行的决议"。[1] 学者默里·艾德尔（Murray Edelman）认为政治传播是一种包含潜意识或有意识政治景象的抽象图像，是由公共舆论所形成的人们对于政治的假设或异想。学者缪勒（Dennis Mueller）则更加关注政治传播的整个过程，他认为"政治传播是社会阶级、语言及社会化形态的政治结果"。[2] 学者费根（R. R. Fagon）更进一步地从政治发展的视角对政治传播进行界定，他指

---

[1] Denton. R. E, Woodward, G. C. *Political Communication in America*. New York Praeger, 1990, p. 14.
[2] Muller C. *The Politics of Communication*. Oxford University Press, 1973, p. 78.

出,"政治系统内及政治系统与其环境间的任何传播行为,因而建议研究传播网络及传播形态的经济、社会决定因素"。① 此外,我国的学者如邵仁培、鞠丽华等也从政治活动的视角对政治传播进行界定。

主张传播学本位的学者则认为,政治传播是为了维持政治结构和政治文化的一种传播活动。其中,最为广泛应用和接受的解释来自查菲(Zechariah Chafee),他将政治传播定义为"传播在政治过程中所扮演的角色"。② 阿尔蒙(Gabriel Abraham Almond)和波尔(Timo Boll)认为:"政治传播是基本的系统功能,其许多结果将可维持或改变政治文化及政治结构。我们可以假设,在政治系统中所有主要的改变都牵涉传播形态的改变,它既可为因也可为果。举例来说,所有社会化的过程都是传播的过程;同样地,在不同组织角色中人的协调与控制者需要消息传播。因此,建立新的社会化形态与新的组织都需要传播绩效的改变。"③ 布莱恩·麦克奈尔(Brian McNaughton)综合了政治与传播,提出了政治沟通学说,认为政治传播的核心是通过传播活动来实现政治目的,重点需关注政治传播的传播效果。受到西方理论的影响,我国的学者荆学民也提出了"政治即传播""传播即政治"的观点,强调传播在政治活动中的重要意义。

政治传播的经典形式是对受众群体的政治演说。在现代社会,政治传播通过印刷和电子媒介来实现,在这种意义上来讲,政治传播很大程度是中介性的,通过某种形式的表达来传递某种政治信息。因此,在政治活动中,一系列形式化的符号运用、平面设计或者服装搭配都可以说是政治传播的组成部分。而行动者,作为政治传播的另外一个重要组成部分,包括选举运动中的党派、政治家、记者、公司、公民等。我们当然也可以认为,每个个体都尝试去影响政治传播,也

---

① See Fagen, R. R. *Politics and Communication*. Little Brown, 2001.
② 荆学民、施惠玲:《政治与传播的视界融合:政治传播研究五个基本理论问题辨析》,《现代传播-中国传媒大学学报》2009 年第 4 期。
③ Almond, G. A. and C. B. Powell, Jr. *Comparative Politics: Systems Processes and Policy*. Little Brown, 1978, p. 152.

会参与政治传播。因此，从某种意义上来说，政治传播也是在研究这些行动者在政治活动中的参与行为，他们是如何就政治优先秩序和价值进行协商的。

（一）历史溯源：两种说法

政治传播学研究的渊源最早可以追溯到亚里士多德的《修辞学》《政治学》等著作，但学界对于政治传播学作为真正意义上的跨学科研究起点的时间认定上仍存在分歧。一种是"50年代说"，另一种是"60年代说"。

1. 政府与选民互动的"50年代说"

以美国著名的传播学者唐·尼莫（Dan D. Nimmo）和凯思·桑德斯（Keith R. Sanders）为代表的一批学者认为，在1956年就出版了一部关于政治传播研究的著作，这本书把政治传播看成政治家、政府组织与公民三个互动环节中的一个，而在三者之间充当中介或渠道的就是政治传播。[①] 他们还指出，1956年对于政治传播的初步研究是十分具有洞见力的。首先，它把政治传播设定为一个独立的社会科学领域；其次，它划定了这个领域的界限，即把政治传播看成正式政府组织与公民投票行为之间的中介环节。[②] 这三个环节的界定就构成了狭义的政治传播学，并成为西方主流政治传播学研究的中心课题。因此，政治传播研究的初始时期是20世纪50年代。此外，艾劳等其他学者还列举了三部50年代出版的有关政治传播的著作来印证这一观点，分别是一部关于1952年总统选举中电视作用的论著；一部关于宣传手段效果的经验事实的评估；还有一部是关于政治语言内容的分析。[③]

2. 传播与政治互动的"60年代说"

以卡尔·多伊奇（Karl W. Deutsch）（《政府的神经：政治传播

[①] 李元书：《政治传播学的产生和发展》，《政治学研究》2001年第3期。
[②] 参见贾兵：《先秦诸子政治传播观念研究》，上海大学硕士学位论文，2011年。
[③] 李元书：《政治传播学的产生和发展》，《政治学研究》2001年第3期。

及控制的模式》)、卢·派伊 (Lucian W. Pye)(《政治交流与政治发展》)、费根 (R. R. Fagen)(《政治与传播》)、爱略拉 (S. Lyengar)和拉斯韦尔 (Harold D. Lasswell)(《印度和美国政治名流的公共语言》) 等为代表的国外学者以及我国的台湾学者彭芸 (《政治传播：理论与实务》) 等都认为，政治传播学的初始时期是 20 世纪 60 年代。其中，学者陶涵在其主编的《新闻学与传播学新名词词典》中的"政治传播学"词条写道："《政府的神经》一书的问世是政治传播研究史上一个重要里程碑。"由此可知，他将卡尔·多伊奇的《政府的神经》的出版视为 60 年代政治传播学形成的主要依据。但是学者彭芸指出，60 年代研究政治传播的学者都来自政治学，他们从政治学的角度用政治学的理论研究政治传播，许多人则是从传播的角度研究比较政治。例如，多伊奇的《政府的神经》是运用控制论、系统论的理论和方法研究政策制定，视决策为政治活动的中心，把传播看成决策的环节，认为政治系统内的机制对信息的接受、选择、储存、分析和处理就是传播。丹·尼谋认为，多伊奇《政府的神经》中的政治与传播可以相互替代。而费根的《政治与传播》一书的重点也不是研究政治与传播的互动，而是从传播的角度研究比较政治。他认为："政治系统中有关政治的资讯即是政治传播。这与我们今天所理解的政治传播是两回事。"他又指出，随着 70 年代之后一大批学者开始转向政治传播学研究，政治传播学开拓出了新的研究方向，"大众传播与政治之间的互动"成为政治传播学研究的主题。

（二）"传播学偏好"问题及社会化创意机会

在政治传播学的研究过程中存在着一种"传播学偏好"的现象，这类研究将政治传播的关注点放在新闻媒体上，学者们忘记了研究政治传播的初衷和职责，过分夸大媒体的作用，忽视了政治与媒体"目的与手段"的根本关系，以致"政治"与"媒体"的关系本末倒置，并导致所谓的"富媒体，穷民主"现象。学者荆学民指出，毫不客气地说，从拉斯韦尔的"五 W"说，到兰斯·班尼特的"幻想"说，再到麦克切斯尼的"富媒体,穷民主"说,其本身对"新闻媒体""细致入微"的研究,也正是政治传播研究中"新闻媒体偏好"之使然。①

政治传播研究没有在"政治"本身的许多方面下足功夫,不能全部归咎于新闻媒体问题。同样,在政治本身的"说什么",即政治内容、政治文明等环节和因素没有深入研究,例如,什么样的"政治"需要更为广泛的真实传播?什么样的"政治"更能广泛地真实地传播?这些都是政治传播研究中的关键。比如,我国政府一直倡导的"人类命运共同体"、"一带一路"倡议、当代社会主义核心价值观、中国梦等主流文化价值观念传播,在内容因素和创意环节上的关注投入是不足的,这从根本上影响了主流文化价值观念的传播。

政治传播活动一直是舆论引导的重要手段,我国政治传播主体不仅仅是政府,还包括企事业单位、社会公共团体、公益性组织等。但随着媒介生态和传播技术的不断创新发展,传播的内容和形式也发生着从宣传到对话的变化,从单方面的宣传性政治传播逐渐走向全天候双向互动的政治传播,这种现实的需求催生着各种关乎政治、经济和社会、文化等公共性问题的媒介传播,这些给了社会化创意一个兴起且勃发的需求市场机会。网络时代的政治传播更是具有颠覆性的传播变革,"自下而上"的传播成为政治传播的一个重要阵地。政府也纷纷开通且注重"两微一端"等为代表的社交媒体作用,而以 B 站为代表的亚文化聚集地对主流文化进行着进一步解构、创作和再传播。媒介融合的社会化创意兼顾政治传播信息的严肃性和传播内容的趣味性,激活了长期边缘化的微观政治生活,深得年轻人的青睐和认同。

---

① 荆学民、施惠玲:《政治与传播的视界融合:政治传播研究几大基本理论问题辨析》,载荆学民主编《当代中国政治传播研究巡检》,中国社会科学出版社 2014 年版,第 19 页。

以上罗列于此的十二种理论梳理及知识点陈述，是出于何种目的，笔者和学生在写作过程中就有此疑虑。从业界实习回来的研究生又立刻与笔者一起投入本书的编写修改中，他们常常告诉我说，每天工作中被要求想很多创意，发想的路径往往是从案例到案例，从文本词汇到文本词汇，从一个人烧脑到一群人烧脑，好像就没有什么其他路径了。

社会化创意的实践正如火如荼展开着，参与其中的品牌主、广告创意人、营销人、艺术者、创造者等，或是从有规划的策略单出发，或是从社会领域的各种各色问题洞察出发，或是从自身的认知理解、内心欲望需求出发，好像就没有什么其他路径了。

笔者时常在业界的交流和讲座中被问及理论知识学习的有用或无用论观点，这似乎也是在提问大学教学和理论知识学习的价值到底何在，也时常有学生反馈自己工作之后再听老师讲理论知识，感觉收获启发很大。其实当认真梳理各种"现象级"成功案例和作品呈现时，你会发现，它们都会有着相关理论知识的影子，这里面隐藏着"知识学习转化的力量"，只是多数情况下人们意识不到这一点而已。可以说很多创意创作思维观点在大学课堂上、课本里都是已有的理论知识、教研内容，社会化创意需要借鉴相关学科理论知识的思维逻辑和方向。当然，理论知识有它的历时性和适用性，而作为理论知识雏形的经验教条又有它的高效率和实效性，下一章重点推介。

第六章

社会化创意的实践论

关于社会化创意的采访和讨论前前后后持续了一年时间,从实践中、学理上希望找寻到社会化创意的解读密码和现实路径。2021年7月、8月集中两个月时间,笔者非常荣幸地邀请到12位各行各业的创意精英和行业先进者,线上线下畅聊有关社会化创意的思考和观点,有实务经验分享,有创意心得总结,有独到观点解读,更有开放的社会化思维启发。嘉宾们并不全部来自广告行业,视角迥异,思想碰撞,即使是在同一个行业里,也同样跨界思维,立场相左,观点独到,这或许就是创意的本质。我们不是希望能给社会化创意一个清晰明确的定义边界,而是更愿意看到社会化创意在实践层面上足够的广阔性和丰富性。

我们预先设计了闭环式采访提纲,希望得到一些能够可梳理、教条化的知识经验,希望源于教学之用心的成书内容能够对应于现有的相关学科理论。然而,讨教于访谈嘉宾一圈过后,笔者发觉参与访谈、理论梳理、撰文写书本身就是社会化创意的一个有机部分,只需要一个起点,无关乎终点。社会这个概念本身的包罗万象,创意这个概念本身的无限性和先进性,使得我们似乎无法用一个清晰的概念来定义社会化创意。正像访谈提纲里我们曾经提到过社会化创意是不是一个"大箩筐"的问题,那现在我们就打开"箩筐",直接呈现嘉宾们的含金量极高的原汁原味的观点,让大家自己找找看看"箩筐"里装的是什么东西,社会化创意这个"箩筐"本身也是社会化创意的一部分。特别感谢12位特邀嘉宾就社会化创意接受访问。

(以下按照嘉宾的访谈时间顺序排序，笔者本人以 W 代称)

一、沈翔（Peter Shen），生米组成执行合伙人/首席创意官

Peter 从业 30 余年以来，在大中华区致力于全新的创意方式。从早年传统广告，到互联网广告以及与创意深度融合的物联网时代，他都致力于运用创意来放大营销效果。早在 2017 年，Peter 就将创意聚焦于社会设计（Social Design）上，力图用设计的手段解决社会问题，同时帮助企业创造共享价值。

Peter 曾担任过多项知名广告奖项的评审工作，如戛纳国际创意节、新加坡亚太广告节、The One Show、大中华区艾菲奖、长城奖、金投赏等。Campaign Asia 杂志将他评为亚太地区 3 位杰出创意领袖之一，并荣登中国 Digital A-List 50 人榜单。此外，他还获得过 ECI 中国年度商业创新人物、IAI 年度创新人物、虎啸年度创意人奖等荣誉称号。

沈翔（Peter Shen）
访谈时间：2021 年 7 月 19 日

****

W：Peter 老师，先请您介绍一下从业经历。

Peter：好的，在过去的32年里，我在六家不同的公司工作过，其中包括代理商、智威汤逊、奥美以及我服务时间最长的公司——安索帕，待了有十年。后来，我加入三星鹏泰，并最终来到生米组成。在这些公司中，每家都有独特的方法论。在这一过程中，我遇到了许多优秀的导师，并在实际工作中积累了丰富的创意经验。

W：我们先从创意概念说起。

Peter：广告是一种宣传手段，试图影响人的行为，广告创意则更加细致一点，影响人的方式有很多，比如使用威胁、感同身受的策略等。举个例子，华尔街的公牛雕塑前站立的小女孩，就是从女性的角度出发，激发人们深刻的感悟和感受，这就是一种良好的影响力。它没有强硬地灌输信息，而是让人们自然而然地理解。

优秀的创意应该是简单易懂的。我们在创作生米煮成熟饭的广告时，投入大量精力研究与广告业可能不太相关的内容，比如联合国提倡的可持续发展、工业生产方式、环境与消费品之间的关系等。我们消费得越多，对地球和社会的危害就越大，于是我们探讨了是否可以进入一种良性循环、跨界合作、可持续发展、比较友好的商业模式，这样信息传播起来更容易，只需要传达事实，无须过多的包装和华丽的修饰就可以实现。

三年前的一个案例是与英特尔合作的东北虎保护项目（见图6-1）。英特尔的智能芯片在与WF和东北保护区合作的过程中，就融入了保护东北虎的元素。保护区在保护东北虎方面面临人力不足、工作量大的困境。摄像头捕捉到动物经过时会自动触发并录像，工作人员每三个月需要上山更换相机的内存卡，然后人工筛选和分析录像，工作量巨大且滞后。我们认为英特尔的智能芯片可以在这一领域发挥作用，并与海康威视合作开发了智能摄像头和自动判定系统,解决了这一难题。这是一个将公益活动与商业行为结合起来的案例,既实现了商业利益,又提升了品牌形象。

W老师,你会发现这种结构与我们之前了解的广告运作结构有很大的不同。今年年初,我们为美的空调做了一个案例,我们将同样的概念融入其中,因为它是面向消费者的(to C),与英特尔面向企业(to B)的案例有所不同。我们通过动画短片呈现了一个受消费者喜爱的可爱熊形象,并将其制作成玩偶,这个玩偶一年可以带来3 000万的销售额。

图6-1 英特尔×WF东北虎保护项目

W:Peter老师,您刚才讲的创意部分跟我们广告人传统的创意方法是不是思维差不多?

Peter:对的,我觉得to C的部分跟传统创意体验差不多。社会化创意,其实它就是需要结合一些社会话题或者NGO,从那里面去挖掘故事,获得创意,它会是比较远一点的未来,而不是当下。

W:那企业会愿意为未来买单吗?或者说,受众会为未来买单吗?

Peter：这个问题需要关注企业当下的生意以及商业回报，广告行业从来都是讲商业回报的，如果客户今年得到了证明，明年广告公司就会跟着一起好。

W：Peter老师，你在处理商业的问题、社会化的问题，或者公益的问题时产生了冲突应该如何处理？

Peter：我再给您举个例子。南京有一家国企性质的校服制作厂商。他们的校服是英伦风，蛮酷的。每年毕业季后，大量校服被丢弃，对环境造成了沉重负担。我们开始研究如何使这些校服在生产过程中更加环保，实现可回收利用。我们做的第一代校服失败了，第二代校服也不太好，我们尝试将制服制成类似乐高积木的板材，用于建造小型房屋，但这种板材过于沉重。后来又研发了第三代校服，里面是松状结构的，重量就减轻了2/3，而强度依旧。制服学校被回收完了以后，就会被制成板材，再根据学校的需求，我们回赠给他们其他的产品，比如课桌椅、室外的游乐设施、公园座椅等。在这里面，还凝结着一些情感因素，当你从这个学校毕业以后，过了十年回到母校，你可以向伴侣展示这些设施中包含他们当年所穿的校服，这增加了产品的附加价值。预计在九月份开学时，我们将推出具体的案例。所以我觉得广告创意是一个与时俱进的活动。

W：Peter老师，你刚才所介绍的这几个案例创意方法，跟传统的广告创意、行销创意，还是有蛮大的区别。

Peter：可能这种创意，为了销售目的，动机更强一点。我觉得现在的社会化大创意，可能需要这种大爱做背书。由于我们处在一种比较新的状态下，还需要再花一点时间去适应，我认为未来的广告创意除了考虑品牌的销售利润有没有提升，加上客户好感度、忠诚度等这些指标之外，希望还能够再加上对未来的社会有没有积极、正面的影响力这些要素。因为我们做的是商业行为，在鼓励消费的过程中，其实还要在前面加几个字，叫作鼓励负责任的消费，消费者选择商品时应该选择一个对环境比较友好、可持续发展的企业，当消费者去购买的时候，能形成一种负责任的态度，从而从源头实现某种程度的良性循环。

W：Peter 老师，我今天跟你聊了以后更加坚定了，国内这些有影响力的广告人或者广告企业更应该有使命感，去做一件事，就是社会贡献。

Peter：我觉得这样的人多一些的话，整个行业会更有未来，比较聪明的小孩就乐意加入进来。

W：您现在碰到比较头疼的会是什么样的问题？我从事广告教育也有 30 年左右，头疼的一个问题就是，学生现在受新媒体的影响很多，自尊心也很强，个性化东西很多，老师对学生的影响力不如从前，或者说广告企业里面可能师傅带徒弟影响更大一些。关于社会化创意，您有没有方法论？怎么教这些年轻人？

Peter：对于新加入的年轻同事，他们一开始往往满怀热情，希望迅速了解工作流程和职责。我通常会告诉他们，在最初的三个月内不要向我提问，因为那时他们提出的问题往往还不够成熟。这是一个筛选过程，一些性格急躁的新人可能会因此离开，毕竟每个人都有自己的职业选择。

对于那些留下来的同事，他们开始培养独立思考的习惯，学习如何提出恰当的问题。如果一个人无法提出有逻辑的问题，那可能意味着他还没有形成独立思考的能力，或许广告行业并不适合他。

真正的广告创意人才是在经历了三年甚至三年半的磨炼后，逐渐成长起来的。对于这些人才，我会给予他们足够的机会和历练，让他们开始承担起责任。

这种培养方式旨在鼓励新员工自主学习和独立思考，同时确保他们有足够的时间和空间去适应和成长。通过这样的过程，我们可以筛选出真正适合广告行业的人才，并为他们提供进一步发展的机会。

W：Peter 老师，有没有总结过一些方法？

Peter：我认为所谓的创意方法实际上并没有固定的模式。每个人的成长背景、关注点以及经历的思考过程都是独特的，这些因素构成了他们创意的源泉。

那些内心不够坚定的年轻人往往难以在广告行业中长期坚持。相反，那些表面上看起来反应稍显迟钝的年轻人，他们可能在广告或广告创意行业中找到自己的道路。只有那些虽然看起来不那么聪明，但理解力强且愿意投入时间和精力去深入思考的年轻人，才更有可能在这个行业中脱颖而出。

W：您从全球的范围来看，给我们描述一下社会化创意优秀作品或者趋势会是怎样？

Peter：每一年，全球范围里头有两三个作品就很了不起了。

W：从您介绍的案例来讲，社会化创意越来越像是需要全社会范围内去做一个资源的跨界整合，创意人的智慧承担着一份对未来社会的使命或者责任。非常感谢 Peter 老师的回答。

************************ end ************************

二、周子阳，导演、编剧

2016 年，由其撰写的电影剧本《老兽》入选第 10 届 FIRST 青年电影展年度创投，获得阿里影业 A 计划剧本基金奖。2017 年，由其执导的剧情电影《老兽》上映，该片获得第 54 届中国台湾电影金马奖最佳原著剧本奖、第 30 届东京国际电影节亚洲未来赏-特别赏，他凭借该片获得第 9 届中国电影导演协会年度青年导演奖。2019 年 10 月担任电影《乌海》导演，该片获得第 25 届索非亚国际电影节最佳导演奖。

周子阳

访谈时间：2021 年 7 月 19 日

****

W：我们很希望听到您从电影专业的角度所给予的启发，以及您对社会化创意的看法和评价。

周：我就是从电影的角度、导演的角度来谈一下创造力、创意以及相关的感觉。

W：首先请您谈谈对创意和社会化创意的解读。

周：从我的视角出发，创意在电影制作中并非直接称为创意，而是更多地被描述为美学价值。例如，戛纳电影节上最受关注的便是电影的美学价值、创造力以及它们与时代的互动关系，是否能够反映社会最前沿的现实问题。这些对我们来说极为重要，它们体现了电影行业对当代文明的思考与贡献，这基本上构成了我对创意的理解。在我拍摄的两部电影中，我倾向于制作作者电影，即传统意义上的文艺片。我的第二部电影在保持个人风格的同时，也考虑了市场的可能性，因此可以被称为作者类型电影。

W：这种类型影片的导演，会注重市场吗？

周：注重。比如，奉俊昊导演的作品《寄生虫》在戛纳电影节上荣获金棕榈奖，并在奥斯卡上获得多项大奖，同时全球票房表现强劲。该电影不仅引发了社会层面的深入探讨，也体现了作者类型电影的特点。

W：基于您的行业经验，您是否考虑过技术与创意之间的相互关系？在评估一部电影的创意时，除了其思想价值、美学价值、独创性以及与时代的互动和对前瞻性问题的反映等标准外，技术因素是否也是一个重要的考量维度？

周：随着技术的发展，尤其是智能手机和流媒体的普及，观众越来越多地选择在线观看电影，而不再局限于电影院。虚拟现实（VR）的出现也使得电影观看方式更加多样化。这些变化对电影创作形式产生了显著影响。例如，VR电影需要采用专门的设备进行拍摄，并探索新的叙事方式，形成一套全新的电影语言。

电影播放的屏幕由大变小，也影响了制作方式。小屏幕播放的电影可能在制作上有所不同，角色设计和观众群体也可能有所变化。电影院观众可能更传统，对电影有更深的兴趣，而网络观众则更为广泛，可能包括对电影不太了解的人群。这些变化促使电影行业不断进行调整和变革。电影制作者，包括我自己，也在不断适应这些变化，比如考虑完全使用手机拍摄电影，因为手机在灵活性和便携性上有其独特的优势。手机拍摄的电影也可以在大银幕上放映，这在以前是难以想象的。手机拍摄的电影成本也可能大大降低。尽管形式在变化，但我认为创意的核心并未改变。内容的质量和创意的价值仍然是电影成功的关键因素。无论技术如何发展，电影内容的创造力和思想深度始终是最重要的。

W：从您之前的回答来看，新技术似乎为文艺片或作者类型电影提供了更广阔的空间。这类电影不必依赖传统院线发行，而是更容易通过圈层化交流形成特定的观众群体,这可能对作者类型电影的发展是一个积极的趋势。

周:在电影制作领域,新技术降低了创作门槛,使得使用iPhone(苹果手机)拍摄商业电影成为可能。现代智能手机的拍摄质量已足够高,普通观众对于影片质量的要求也因此而降低。这使得创作变得更加容易,连高中生也能用手机创作自己的电影。小型设备,如可穿戴相机,也为创作提供了更多可能性,使得拍摄更加有趣和便捷。

技术进步使得人们更倾向于使用视频语言来表达情感和想法。抖音等短视频平台的流行表明,人们尤其乐于观看视频内容。视频相较于文字和图片,能在单位时间内传递更丰富的信息。然而,这一趋势也有其不足之处。人们越来越倾向于选择视频而非阅读书籍,这可能导致深度思考的减少。纸质书籍能带来的深度思考是短视频难以比拟的。因此,虽然技术使创作更加容易和普及,但也可能导致人们在信息消费上的懒惰和浅尝辄止。

W:我也认为技术进步对创意领域的影响呈现出双重趋势。一方面,它导致了网络上充斥着大量制作粗糙的视频,显示出对创意的轻视;另一方面,对于像周导这样的专业人士而言,技术的发展提高了对创意水平的要求,并为高质量作品提供了更广阔的传播平台。

周:我赞同这一观点,技术降低了创作门槛,使得每个人都能成为信息传播者。然而,并非所有人都具备出色的创造力,因此网络上充斥着大量平庸和无聊的内容。对于专业人士而言,创作过程中仍存在技术与内容的门槛,这使得他们的作品更加精细化和专业化。

例如,对于电影导演来说,过去数十年甚至百年来,电影创作的最高标准并未改变。评价一部电影的优劣仍然取决于其故事质量、人物塑造、主题深度,以及导演是否能够对电影语言进行创新，提出新的叙事手法和美学贡献。即便电影作为一种艺术形式已有百年历史，随着技术的发展，电影语言仍有创新和发展空间。

W：近年来，电影行业在创意方面有哪些新的发展方式、手段或理念？

周：从国际和国内两个维度来看，电影行业在创意方面呈现了不同的发展态势。在国际层面，电影行业越来越注重探讨前瞻性的社会问题，如移民问题等。这些电影聚焦物质富裕后的精神困境、贫富差距等社会矛盾，反映了近年来阶级固化问题的加剧和经济分配不均的讨论。在国内方面，电影的发展日益市场化。自2013年、2014年起，随着"80后""90后"的成长，他们的教育水平普遍较高，观影习惯也更为成熟，对电影的需求量大增。这推动了中国电影票房的增长和银幕数量的增加。新一代电影人接受过更多元化的教育和培训，掌握了前沿的电影技术，为中国电影的市场化和工业化提供了支持。中国电影开始大量生产具有广泛观众基础和市场规模的影片，系列电影的出现也标志着中国成为全球第二大票房市场，并逐步具备了国际发行的能力，这是中国电影行业的重大转变。

W：您对国际和国内电影发展的全景描述非常精辟，这与我们今天讨论的社会化创意主题紧密相关。我想进一步探讨，若中国电影欲实现全球化，是否也需要掌握国际上关注的内容话题，以便更好地融入全球市场？

周：我先前对中国电影市场化的讨论揭示了中国电影业的两个主要领域：一类是面向市场的商业作品，另一类则是作者型作品，后者常在电影节上展映。这些作者型作品往往关注现实主义题材，尤其是社会问题，例如家庭养老、价值观冲突、人际关系和情感困境等。我的电影作品《乌海》便是关注经济发展背景下人的情感变化的例子，目前我还在制作后续作品（见图6-2）。

图 6-2　电影《乌海》海报

周：在创作电影剧本的过程中，我们面临的首要任务是确立作品的美学方向。剧本创作之初，我们便需决定是走向商业电影还是更注重思想性的作者电影。一段时间以来，我通过创作来探索对世界、情感和生命的观点，这些作品在形式和内容上都力求独特。我个人的创作灵感往往源于梦境。20 来岁的时候，我经历了巨大变化，性格由外向变得内敛，这种转变也被我融入电影创作中。梦境不仅活跃了我的思想，还在情感和思想层面给了我很大的启发。这些梦境促使我将想要表达的内容融入电影作品中，以实现完整的交流。

此外，我也经常思考现实世界中的一些重大问题，如生物基因编辑等，这些问题都是人类面临的新挑战。这些问题和思考逐渐转化为电影创意，虽然我们不直接称之为创意，但实质相同。

以我的电影《乌海》为例，它探讨了网络贷款等尖锐社会问题，包括裸贷等极端现象。这些问题是由于缺乏监管而滋生的，我希望通过电影促进行业全面监管，改善这些问题。这些问题与许多人的生活息息相关，容易引起共鸣。通过讲述身边的故事，我们能够触及观众的共情，这是电影创作中非常重要的一部分。

W：我们年轻的时候，文艺片意味着小众，年轻人都非常喜欢，但是商业价值就会成问题，事实是这样的吗？

周：在任何行业中，成功往往取决于个人的意志力而非仅仅是才华。热爱是基础，但最终成就非凡的是那些意志坚定者。在电影行业中，作者电影与商业电影的资金回收和投资回报率存在显著差异。

作者电影通常投资较小，例如我的作品《老兽》，投资额约为100万元，却获得了近千万的回报。相较之下，商业电影往往需要数千万元乃至上亿元的投资，其回报预期也相应更高，至少需要数亿的票房才能覆盖成本。当然，无论电影类型如何，质量始终是关键；一部不佳的电影，无论其预算如何，都可能面临巨大的亏损。

W：近年来，随着经济的发展和人们生活水平的提高，社会问题的关注以及对电影的需求也在不断增长，是这样的吗？

周：近年来，随着经济发展和生活水平的提高，公众对社会问题的关注以及对电影的需求确实在逐年增长。自2013年、2014年起，观众审美的提升和对多样化电影的需求使得原本难以进入院线的作者电影和文艺片开始获得院线上映的机会。这不仅因为观众的需求，也因为这些作品若质量上乘，就能够通过电影院线获得更广泛的传播和更大的影响力。电影院线的上映伴随着完整的发行和宣传体系，使得导演和电影作品能够更集中地被传播出去。在当前的付费媒体时代，宣传支撑对于电影的成功至关重要。若电影能够进入院线，它将进入整个工业链条，包括创作、投资、演员选择和宣传发行等环节，这为电影的回收体系提供了保障。

此外，随着电影工业环境的改善，越来越多的年轻人开始投身电影行业，这为电影市场的多样性和活力提供了支持。正如书籍市场需要畅销书和严肃文学、哲学作品一样，电影市场同样需要多样化的类型，以满足不同观众的需求。这种多样化的趋势有助于形成良性循环，推动电影行业的健康发展。

W：您刚才提及众多青年导演正积极投身于电影创作领域，相较于他们的前辈，他们拥有着更为有利的成长环境与市场机遇，同时电影工业流程也更为完备。针对这一现状，能否就您个人的电影创作经历，为这些年轻导演提供一些具体且精炼的建议？

周：对于导演而言，持续积累经验是至关重要的。长期的关注方向、坚持不懈的付出、坚定的意志力、强大的内心以及对所从事事业的深厚热爱，都是实现这一目标的基石。虽然并非所有人都能达到这一境界，但那些足够自律、足够努力的人，终将会有所不同，逐渐成长为更加成熟的导演。

然而，每一步的成长都伴随着相似的挑战。例如，第五代导演在90年代达到了创作的高峰，涌现出众多杰出的作品，但此后的作品似乎并未再获同等声誉。这表明，导演的创作生涯并非时间越长，作品就越优秀，而是需要坚定的自我要求和定力，才能不断创作出佳作。

对于学生而言，重要的是不要仅仅停留在思考层面，而是要付诸实践。在创作过程中表达自己的想法和思考，这是至关重要的。以我所熟悉的青年导演为例，那些特别优秀的人，对电影的热爱极为强烈，他们付出了巨大的努力，甚至在某些方面超越了常人。相比之下，那些表现一般的导演，可能目标不同，方法论也不够完善，或者对电影的热爱不够深厚。

W：关于社会化创意，在电影行业乃至更广泛的文化创意领域中，您认为我们当前面临哪些主要问题？应如何有效应对这些挑战？

周：在21世纪的前几十年里，随着经济的高速发展，人类精神世界的问题逐渐显现。这一现象与西方历史中的某些时期相似，如美国六七十年代的嬉皮士运动，反映了经济达到一定阶段后，人们可能出现的精神迷失。这种迷失源于过度追求物质化，将一切以物质为标准来衡量，包括工业和电影等领域。工业的本质在于人的概念化和工具化，追求经济利益的最大化，这种本质实际上摧残了人的价值，对人类造成了较大的伤害。若人仅被视为工具，那么机器完全可能取而代之。未来，我们或将迎来人机共存的时代。近期，我注意到基因科技和芯片技术的发展，特别是人工智能芯片可能植入人体，使人们能够迅速掌握多种语言等技能。然而，人类难以遏制自身的贪婪，这是善与恶之间的平衡问题。若不加以制衡，人性中的贪婪和掠夺资源的本能将占据上风。因此，需要文明和道德的力量来遏制人类的恶，使不同时代的文明得以平衡发展，新文明得以诞生。这是文化领域的工作者需要承担的责任。

W：今天聊了非常多，非常感谢周导，以后我还会向您多多请教。

周：我也觉得聊得很尽兴，把最近半年的思考都讲了，谢谢！

************************* end *************************

三、徐卫兵，广告圈里的电影人、电影圈的广告人

他更多愿意自己被称为创意人或者文化人。他的职业生涯包括20世纪90年代加入奥美的创意人文案，然后21世纪之初进入DMG印纪娱乐传媒，开启广告界比稿全胜纪录的大传播模式，帮助公司老板开疆拓土。后以14个品牌植入一部《杜拉拉升职记》电影，树立

在电影行业的地位。15 年后，协助 DMG 公司成为 400 亿市值 A 股龙头上市企业。目前，专注于故事剧本和编剧产业平台。

他还热爱科幻事业，是 2013 年全球电影票房冠军《钢铁侠 3》合拍片的中方代表，也是中国唯一连续参与三部中美合拍科幻大片《环形使者》《钢铁侠 3》《超验骇客》的电影人。

徐卫兵

访谈时间：2021 年 7 月 19 日

****

W：徐老师您好，作为一个创意人，可以谈一谈您对社会化创意的理解吗？

徐：我认为创意人或者广告人是在为客户，也是在为社会服务的。从业这么多年，我遇到的广告人，多数都是有大情怀的，它们借助广告行业进行着自己的思想表达。中国人的集体潜意识总是在出世和入世之间徘徊。最近我在写一个剧本，是诸葛亮的三次茅庐。在《三国演义》里，只是写到刘备、关羽、张飞去找了他三次，但不知道真正揪心挠肺的其实是诸葛亮。本来，他逍遥自在，做做学问，吹吹牛，不求闻达于诸侯。但突然机会来了，在去还是不去之间犹豫，最终决定大干一场。其实无论哪个年代的中国人都有这样的。在 20 世纪 90 年代和 21 世纪初的中国，很多人就把广告业当成自己入世，准备成就一番大事业。

W：徐老师，可以介绍一下您的人生经历，并在这个过程中对社会化创意的感悟吗？

徐：我出生在苏北，这片土地北接孔孟之乡，南抵繁华吴越，文化与商业共荣共生，我刚出生的时候上天就给我做了"标记"，它就像一个人生的路标，对我产生着潜移默化的影响。

我读的第一部巨著是《水浒传》，小说里面充满了侠义精神，"替天行道""路见不平，拔刀相助"，都对我产生了像磁场一样的吸引力。

后来读了《三国演义》，但我喜欢《水浒传》多一点。虽然年少，但是这些"侠义""忠义"的故事在我心中已埋下了种子。这两本书对我影响特别大，无论在生活还是在人生上，都让我觉得价值观很重要。

随着年龄的增长，《水浒传》和《三国演义》已经不能满足我的胃口了。我开始追根溯源，读一些儒家的思想著作或者相关作品，从中寻找信念的源泉。书读得越多，思想滋润越充沛，植根于内心的种子生长就越快，这种感觉在我身上越来越强烈，觉得人生要找到一些可以追随的东西，并为之奋斗！

于是，中学毕业后，我考上中南财经大学政法系，四年后，我成了中国第一届公共关系本科毕业生。

这个时候，我开始观察、思考，我觉得一个班级也是一个小社会。我当时就认识到，要做一些广告和传播，才会对这种社会性有更深入的认识，我还成立了公关之星的沙龙组织，在学校里做发布会和记者招待会。我愿意这么干。这是我实现抱负的窗口。

后来在奥美上班的时候，在我的电脑屏保上，有这么一句话：达则兼济天下，穷则独善其身。在我的心中，儒家的"修身齐家治国平天下"，已经融入我做广告的实践之中。我认为，对于这些东西的认识,需要打通思维,融会贯通。

W:您刚刚谈到了您的童年经历,可以分享一下您在广告公司工作时的社会创意广告案例吗?

徐:在2000年的时候,在奥美接手的大众汽车帕萨特广告,是我第一次做社会创意品牌广告。德国客户对奥美之前提供的创意一直不太满意。初次接手品牌广告,我那时还不知道客户有这么多的规矩。德国人说要做关于人的故事,但是,中方客户认为,市场不同,定位不同,创意不能照搬德国经验。于是双方就陷入了僵局。

我当时突然想到被后世誉为"半个圣人"的曾国藩,我觉得他身上那种东方人所具有的人格魅力,不就是大众汽车需求的吗?于是在心中萌生了一个念头:大众不就是一个士大夫之车吗?我找到了"修身齐家治国平天下"概念的落地方式。很快美术就送了一个画面很唯美的车子开在路上,配的文案就是:修身,穹顶线条;齐家,空间大;治国,有事业(说的是操控);行天下(平天下),说的是动力。用东方文化,拍出了天人合一的意境。

这种融会贯通的感觉,以及当时提案的情景,我到现在都历历在目。德国客户的领导是一位女士,很强势,她完全听不懂,但觉得跟以前的提案不一样,坐在那里就像喝过香槟再喝茅台后不停地回味一样,对这个提案很快就"上头"了。中方客户也很激动,因为他们看到中国文化与一个合资的德国品牌,结合得如此紧密,我自己也很兴奋,用英文向他的老外搭档解释什么叫修身,什么叫齐家……

后来德国客户情绪终于释放了,激动地说:"哇,中国文化这么博大精深,应用到德国大众的品牌上,太不可思议了!"方案马上就确定了,所有的细节,我都记忆犹新。

W:2000年是千禧之年,中国也正在走向一个新的阶段。当时一批下海创业的人、做生意的人,都已经有了自己初步的事业基础,从小耳濡目染了儒家思想,他们都有"修身齐家治国平天下"的理想抱负。您提出的社会化创意广告正好触动了他们内心,把深藏的情怀彻底诠释了出来。

徐:这也让我想到了我在 DMG 时候的另一个案例。当时背景是丰田(Toyota)第一次超过了大众在中国的市场销量,所以大众决定采取行动,想办法把上海大众与一汽大众拧成一股绳,在品牌形象上打出统一的大众口号。项目预算总金额达 3 亿元人民币。

接手这个项目后,我们立即展开了一系列的提案工作。第一轮是策略提案,第二轮是创意提案,第三轮是媒介提案。我当时觉得使用社会化创意来解读这个案子的话,跟文化是相关联的。文化表明中国是一个什么样的民族,民族性格、心理都在里面,浓缩起来就是"爱",但也有一颗藏起来的"心"。再联想到中国这个语境,当时就写了句口号叫"中国路,大众心"(见图 6-3)。我觉得,大众在中国已经本土化很多年,有了很深的群众基础,因此这个口号是符合实际的。

图 6-3 "中国路,大众心"

在德国,大众汽车的品牌口号是"For the love of automobiles",即"源于对汽车的爱"。而中西方对于"爱"的理解是截然不同的,西方的"爱"更多的是强调自由和独立,而中国的爱更多的是指"心",正所谓"万般情感发于心,达于心",经过五千年文化的积累与沉淀,中国人深沉的爱往往在心底暗流涌动。正是"心"这一灵感为后续的品牌策略指明了方向。

心,在广度和深度上有很大的延展性,爱心、恒心、信心、雄心、中心……"大众心",旨在表达大众汽车追求完美,不断创新和持之以恒的德国造车精神,以及大众汽车对广大用户的关怀。而路,与车密不可分,是联系人与人,心与心的纽带。"中国路",既是大众汽车为中国消费者铺设的发展道路,也是大众汽车及其合资企业与中国汽车工业共同走过的光辉之路。

德国人看了提案之后,大为赞叹。这次提案对DMG也是一个转折性的里程碑,也更加坚定了我用中国文化做社会化创意的思路,这条路是可行的。

我认为,广告不是卖货,是为了文化传承或者社会改善,目的就是要在社会大众心中引起广泛共鸣,为社会主义精神文明价值观作出自己的贡献。

W:您刚刚从广告从业的角度给我们分享了两个特别精彩的案例,您可以从电影的角度来谈一谈社会化创意吗?

徐:在DMG的时候,我是先做广告,后来开始进入电影行业。我从大学就开始接触电影了,比广告还要早。在中南财经大学读书时,我的专业是公共关系。在1993年,有一部电视剧叫《公关小姐》,当时大家就调侃我们专业是搞接待的,但也有同学认为自己还不如搞接待的,因为我们专业的前身叫"马基",即马列主义基础,与接待毫无关系。

到了1994年,那时候自己大概19岁,正处在不停失恋的年龄。失恋之余,我找到了另外一种寄托。你知道1994年是一个什么样的年份吗?

1994年,是中国乃至世界电影史上,非常经典的一年,好多很难超越的经典电影就在那一年上映。国外的比如《肖申克的救赎》《阿甘正传》《变相怪杰》《燃情岁月》《真实的谎言》《生死时速》等,中国内地有《活着》,中国台湾有《饮食男女》,中国香港有《大话西游》等。我清楚记得,学校后面有一个图书馆叫湖北省图书馆,那时我整天泡在里面,馆内有内部放映厅,我就沉迷于看电影,成为放映厅的常客。在看了那么多好电影之后,我心里就下定了决心以后不光要看电影,还要做电影。

2009年,我在DMG终于实现了做电影的梦想。我参与的第一部电影叫《建国大业》(见图6-4)。电影是比广告更社会化的一个事物。广告需要一个小的创意点,电影社会化的创意则需要更大的一个点来吸引观众,尤其是一部爱国主义主旋律的献礼影片,就要更深入考虑这个点,包括如何跟年轻人进行沟通。

图6-4　电影《建国大业》海报

我当时提出要考虑打造有中国特色的好莱坞电影模式。如果有100多位明星共同参演一部电影，那对年轻人的吸引力是什么？怎么用社会化的创意表达呢？我认为，一定要对年轻观众传递一个信息：我进影院看《建国大业》是要数"星星"的！这就很好搭起了与年轻观众沟通的桥梁，对他们来说，到影院数明星也是一件很有吸引力和挑战的事情。当时我们给《建国大业》做的宣发策略就是到电影院"数星星"。

当时我和团队提出了一个词叫"新主流"：新时代主流流行文化。后来我把这个概念在北京电影节正式推出来，称之为新主流电影发展。当时他们有一个很强烈的洞察：为谁而做电影？广告是为客户市场而做，电影是为谁而做呢？

我认为，做电影有三种"为谁做"：一种是为自己而做的电影，叫作者电影，这种电影出来之后，不一定有人能找到共鸣，比较小众或者偏文艺片；第二种是为别人做，比如为党和国家来做的，这就是所谓的主流电影；第三种就是常说的为观众和市场而做的商业片。

后来发现这三者之间的界限越来越模糊，如果有谁能把这三者很好地融合在一块的话，就变成了时下所谓的新主流电影，类似今天我们看到的《觉醒年代》《1921》。我觉得，电影是非常社会化的，其本身就是一个社会化创意。

W：那您认为广告人和电影人有什么区别？

徐：其实在DMG从做广告转到做电影的时候，公司招了一些电影专业的人，比如从好莱坞回来的、来自北京电影学院的，以及别的电影公司过来的，他们之间很有"默契"，都看不上广告人，认为做电影就高人一等。但没有和他们计较，我希望用行动来证明自己。在做《杜拉拉升职记》电影的时候，我用了14个品牌在电影中做广告植入，14个品牌植入总费用已经抵消了电影成本，仅马自达一家就出资700万元。14个品牌在电影快上映的时候，一起合作推广，比如智联招聘，用这个电影来寻找人们身边的"杜拉拉"。

整合娱乐营销，策划创意都是立体进行，整个电影的宣发阶段，时间和空间或者维度上都是非常立体的，所以电影变成一个流行文化的符号。到现在看来，这个案例都是非常成功的。这一仗可以说改变了我作为广告人在电影行业的地位吧。很多电影学院的教材，把《杜拉拉升职记》作为教学案例，认为它是中国商业化最成功的电影，在开机之前就收回成本，然后票房还达到1.4亿元。电影是一个社会化的事物，只要瞄准受众，找到核心，找到价值观，然后找到层次，找到讲故事的立体化模式，就能够引起社会震动，形成一个社会化效应。

这是我人生的第二个阶段，也是做电影的阶段，两部电影成功之后，广告界和电影界的同事们都称呼我为"创意之士"。

W：后来您还进军到了编剧平台，特别是2019年华语国际编剧节的横空出世，引起了电影与娱乐行业的震动，可以谈一谈这段经历吗？

徐：当时，我服务了十几年的DMG出现了"地震"，400亿元市值一夜蒸发，这让我觉得我为之奋斗的平台和信仰都没了。

我需要重新选择再出发。对我来说，我内心的田园里面，有很多精彩的故事有待讲述。我当时就在想，赚钱是给老婆的，成功是给老板的，四十几岁的自己有些什么呢？于是我开始研究并创办华语国际编剧节。

在外人看来，我是在做一件事，但是我其实是在讲一个饱含艺术的故事。

艺术是什么？培根说："艺术是人和自然的相乘。"我认为，用哲学的观点来看，艺术是一个天人合一的过程，是整个人生的体验过程。从广告人到电影人，再到现在讲故事的人，我开始讲述一个有艺术的故事，它就是华语国际编剧节。到这一步，我的心里已经起了一个变化，我对所谓的社会、自然、文化与艺术，有了一个新的认知。

我认为，这些其实都是在经历自己的人生。"修身齐家治国平天下"，其实最终还是回到自己的初心，回到最本质层面。

华语国际编剧节的诞生，可以说是为编剧人打开了一扇新的大门。华语编剧人再一次成为从幕后到台前的"主角"，成为站在舞台中心的"璀璨明星"。

从启动至今，华语国际编剧节一直迅速成长，连续举办了第一届华语编剧黄金周大会、华语编剧主题峰会、华语编剧特训营等一系列活动，我提出的"人为本、剧为本——华语编剧本身就是中国故事世界潮流的明星主角"之理念、姿态和效果，也很快引起了业内外的关注。

我认为，要把编剧当作明星去打造，也让华语国际编剧节孵化和投资的项目硕果累累：从已有的"黑马爆款"新物种，到当下的"新主流影视剧"迭代升级，再到未来"华语编剧世界IP"……华语国际编剧节，正在构建一个完善的培养"华语好编剧"、创投"中国好故事"的"中国式影视新造星体系"和"华语编剧发展生态系统"。

以当下国内现状来说，大多编剧都属于弱势群体。就算写出好作品，也不一定能获得影视化的机会；即使影视化，也不一定能主宰自己影视作品的命运。而华语国际编剧节则通过剧本征选、IP打造、孵化创投等关键措施，联合编剧对自己作品进行"优良的好种子"孵化培育和影视开发，为有志于成为职业编剧的人，提供一个广阔和自由发展的平台。

对我来说，华语国际编剧节只是一个开始，现在我与众成就MPD平台合作，开始书写着新的故事——寻找"有导演思维的创意人"。除此之外，还有落户厦门的编剧产业街区，作为与华语国际编剧节衔接的重要产业项目。

W：期待项目顺利，也谢谢徐老师的分享，到时候也希望能和徐老师继续交流！

************************ end ************************

四、苏冰,知名跨界策展人、艺术家

担任 2019 年国家艺术基金"生活深处"青年艺术家巡展项目策展人,2019 法国尼姆城市双年展中国展区策展人,2019 年第 4 届国际工艺创新双年展中国主题馆联合策展人。长期致力于多维度跨界展览项目策划,独树一帜。十年来,策划组织了近百个国内外文化艺术展览活动大赛和公共空间项目,让艺术和文化创意进入更多公众空间和视野。

苏 冰

访谈时间:2021 年 7 月 21 日

****

W:苏老师,先请您介绍一下您的从业经历。

苏:我于 70 年代出生在上海,后随父母下放知青,在安徽度过了青年到大学的时光,在安徽芜湖毕业,于 1997 年回到上海,做了几年教师和艺术家,然后去了 M50 自己的工作室,从事艺术跨界策展方面的工作。

W:入行这么多年,请您谈谈对创意的理解。

苏：首先创意不是主意，它是创意人和创意团队长期积累的认知与实践系统中的独特思维的产物。其次怎么才能做出一个好的创意或者它的灵感来源是什么，它需要每天的积累，这要求创意人保持一颗慧心和恒心。我觉得好创意是要打引号的，因为其实也很难说创意的好坏，可能在不同的时间阶段，不同的项目上，包括不同的环境里，需要我们更多的观察思考。最后是关于现在的新媒介、新技术传播对广告人和创意人的思维产生了什么样的影响？我觉得肯定产生了很大的影响和冲击力，所有从事创意的人要始终保持一颗好奇心与终身学习的态度。

W：关于社会化创意这个概念，怎么解读？它与创意的差异点在哪里？而社会化创意的边界又在哪里？

苏：我不是从事广告的，我是从事当代艺术行业的，著名的当代艺术家、德国艺术家波伊斯认为人人都是艺术家，他把整个社会当作一个社会雕塑来看待，跟我们提到的社会化创意，有些地方是异曲同工的。关于社会化创意的边界，我个人认为在某种程度上它是没有边界的，唯一在执行层面，就是避免过度商业化。

W：现在创意还是广告行业的核心吗？

苏：我认为不是了。因为今天，全球的创意，阶层已经非常地宽泛和泛化了。以后每个人都有可能成为创意人。宏观上说，社会化创意对文化社会、公共事业文化起到非常好的一个正向影响，如果是好的作品，会给时代带来很多的改变。

W：关于社会化创意的方法论，从创意人的角度来说，您觉得理想中的社会化大创意的发展前景是什么？从品牌文化、社会责任、人性方面洞察产生创意，而对于一个品牌产品的企业，它可持续吗？

苏：我希望的前景是激发更多人的创意和善意，激发更多人的智慧与行动。对品牌和企业来说，它当然是可持续的，不容置疑。甚至在未来不需要企业出钱。

W：传统广告时代的那些前辈，包括一些优秀的广告人及其创意理论，对我们今天依然是有启发的吗？

苏：依然是有启发的，这个话题我可以举两个案例。第一个是我个人从2014年发起一个叫艺术家工作室探班的计划。一个一个地去拜访艺术家以及一些创意人的工作室，那么到今天，我已经拜访了300多位艺术家的工作室，包括十几个艺术家的聚集区，我通过梳理中国当下年轻艺术家近十年的生存状态，策划了200多场的艺术展览和论坛，帮助了几十位艺术家创立了自己的工作室和助力计划。第二个是2015年我在陆家嘴的正大广场做了一个叫初心Outlook的艺术设计展，连续做了两届，邀请艺术家、设计师、创意人、广告人、动漫新媒体艺术家等前来参与，嘉宾非常多元化。大概有六七十位全国的不同阶层的创意人参与展览，而且这个展览是在商场里举办的，我们是用脚手架搭起来的，当时是一个非常跨界跨领域的展览，非常有影响力，影响了很多年轻人。

W：苏老师，如何让一个创意新人学习和实践社会化创意，您会给出哪些建议呢？

苏：让他们从小做起，从小创意做起，大量地去做一些小创意，这样我们才能够试错。我们现在面临最大的挑战可能就是过度商业化与科技。过度的商业和科技一定是会破坏土壤的，因为创意这个东西，包括跟文化艺术，永远都是种子和土壤的关系。目前来说，我觉得这个土壤其实是越来越好，对年轻的创意人来说，信息越来越多、越来越丰富，技术和科技是把双刃剑，我们不要过度迷信科技，但互联网科技、大数据、人工智能一定是有非常积极的一面。

W：苏老师您刚才讲了一些观点，从您个人的创意经验来讲，在下一次创作当中是会运用这些经验呢，还是会刻意回避这些经验？

苏：我会运用的。不会说我刻意地重新来过，否定自我；我觉得创意是一点点积累和迭代。正好说到这个话题，我想补充一下前面那个部分，就是说这个前景，除了激发更多人的善意、创意，激发更多人的智慧与行动，我们希望社会化大创意能够让这个世界好一点点。我做创意也是不断在原有基础上叠加变化，我不会刻意说我上次用过的创意，我这次就不用了。我是从2005年就开始做跨界的事情，跨界作为当下的热词，在未来也可能是大势所趋，那么我对跨界的理解就是所有的领域、学科，包括人才都会进行交互和融合，它的最大意义就是打破原有行业里的固化思维。我归纳一下，第一，它一定会产生一加一大于二的效果，否则的话就没有跨界的必要；第二，它是一种实验、一种探索，是一种交叉融合。

W：所以，这次采访也是所有的跟社会化创意有关的行业大咖嘉宾，有艺术策展、电影人、有编剧、广告人，以及一些社会创意实践人等，苏老师，很高兴结识你。谢谢！

************************ end ************************

五、廖波峰（廖工），平面设计师

2009年毕业于苏州大学艺术学院装潢系，2012—2016年就职于深圳陈绍华设计公司，任设计主管，主创过多个重大项目。2016年创立有料设计（Liao Design），并担任创作总监。廖工是深圳市平面设计协会（SGDA）会员，曾担任北京师范大学（珠海校区）教师。廖工在创意过程中擅于运用材料、装置、影像等新鲜语言，产生延及心灵的社会性对话，通过有趣、灵性的创意来直意表达生活探索和社会参与。其作品在国内外专业赛事中获得多个奖项。

廖波峰

访谈时间：2021 年 7 月 21 日

****

W：廖老师，先请您简单介绍一下您个人的从业经历。

廖：我是学平面设计专业的，2009 年毕业于苏州大学，毕业之后受各位前辈的感召就来深圳，到目前为止大概有 12 年的从业经验吧，这期间我主要做平面设计、品牌、VI，比较商业，但是有的时候也会做一些跟社会相关的提案和作品。

W：根据您对创意的理解，跟我们谈谈社会化创意和创意这两个概念的区别。

廖：我觉得创意就是用一种很合适的手法，去解决一个问题。合适的手法包括创意、切入点、专业能力。合适的意思，首先是在情理之中，满足这一点就可以称为不错的作品，但如果还有意料之外的惊喜，就更好了。我的个人创意基本上都源自生活体验，尽量把这种体验投射到我的作品里面来，熟悉我的人应该看到我的作品还是能够跟我本人联想起来的。每个人做出来的东西都会不一样，不会千篇一律的。社会化创意跟创意，我觉得都是创意，就没有必要把它分成社会化创意还是什么样的，在我看来就是两个问题，一个是逻辑，就是表现都一样的，只是说每个项目不一样，比如社会化创意，它需要更轻松一点，更亲切一点，而不是像品牌创意那么严谨，气质不一样。

W：从设计的角度来说，您刚才讲的生活体验跟这种纯美、纯艺术的东西有区别吗？

廖：我一直把自己定义为平面设计师。就拿做作品来说，我还是比较追求形式感的，我认为好的平面设计本身也可以说是一种艺术吧。在平面设计中，我们追求的创意应体现"三有"原则：有效、有趣、有料。有效性指的是设计能够解决实际问题；有趣要求设计具有个性和独特的表达；而有料则意味着设计在专业性和审美上达到了高标准。简而言之，有料的设计应具备专业水准和审美价值。

W：现在的新技术，包括媒体形式、传播方式，以及人们的触媒习惯等，这些对广告或者对设计也都有冲击吗？您怎么看？

廖：这毋庸置疑地改变了大家接收信息的方式。我对这个问题持乐观态度。无论媒介或内容如何，传播技术都至关重要。平面是一切媒介的基础，我对此非常重视，并经常向同事们强调这一点。从平面到视频，从静态到动态的移动传播，这些都会对每个人产生影响。例如，我有时会刷抖音来放松，但刷得太多时，我会感觉没有获得有效信息，好像时间被浪费了。然而，算法会根据我的喜好和兴趣推荐内容，让我从中吸收到有价值的信息，拓宽视野。

W：廖老师，您能结合自己做过印象比较深的案例，谈谈创意在中间发挥的作用吗？

廖：创意是设计的核心，没有创意的设计是缺乏灵魂的。如果一个设计缺乏创意，依赖于平面设计技巧来提升吸引力，那只是权宜之计。在商业设计中，由于有时间限制，我们可能无法总是等待一个完美的创意出现才开始工作。尽管如此，我仍然会尽可能在规定的时间内，哪怕是稍微超出一点，也要将时间投入创意的思考，因为创意是设计的灵魂。

现在，很多人依赖于形式和华丽的外表来掩盖创意的不足。例如，我们今年为万科南头古城策划的一个快闪活动，背景是深圳的一个旧城改造项目，将城中村改造成了一条现代且受年轻人欢迎的街道。由于临近春节，许多店铺还未完全入驻，我们被赋予了自由，可以对一栋楼或一个空间进行关于新年的创意设计。我坚持以创意为出发点，寻找一个核心的创意点。春节和生肖是很好的切入点，我们决定以"一起吹牛"为主题，这里的"吹牛"并不是说空话，而是指对未来的大胆设想。牛年的寓意是，我们仍然需要有勇气去梦想，万一实现了呢？在深圳这个充满创新精神的城市中，这是非常有意义的。

我们用气球作为媒介，上面印有醒目的"牛"字，邀请人们拍照并分享到朋友圈。这个活动还伴随着一个规定的文案，鼓励大家设定新年的目标（flag），承诺在年中努力并在年底检验自己的承诺是否实现。这样的互动不仅延长了活动的生命周期，还以低成本的预算最大化了整条街的创意价值。最终，这个活动收到了非常好的反响。

创意的灵感源自社会生活，而所谓的社会化创意可能涉及将这种体验回馈到社会生活中去。伟大的创意往往能够吸引更多人参与，尤其是让普通大众自发地加入设计和创意的过程中，他们乐于参与并从中获得乐趣。例如，我们曾将一个名为"吹牛"的项目转变为"许愿"，这个转变为参与者带来了美好和感动。人们认真地写下自己的愿望，这些内容往往充满了情感，能够触动人心，为人们带来快乐或小小的感动，这样的创意可以被称为社会化创意。

尽管我们四人团队无法大规模产出创意，但我们能够抓住机会，每年推出一两个出色的项目。然而，我刚才提到的两个关键点——企业推广和年轻品牌的推广——都强调了形式的重要性。这些推广活动需要有趣的形式来吸引人们参与社会化创意。但我个人的看法是，真正能够产生实质性影响的创意相对较少，在大多数情况下，这些创意只是一次性的活动。当然，这仍然是积极的，因为它们至少引起了公众的关注。我认为，通过设计或活动来改变社会现状是不现实的，但如果能让人们意识到某个社会议题，就已经是一个很大的成果了。

在商业领域，我对创意的作用持一定的悲观态度。例如，在餐饮门店的VI设计中，位置、装修等因素可能比平面设计本身更为重要。虽然创意是核心，但很多时候它只是锦上添花，而不是决定性因素，这是一个残酷的现实。我们尽最大努力为客户提供支持和帮助，但作为设计工作室，我们的能力有限。我们接触过的咨询公司更侧重于策略，而我们则配合进行设计工作。

W：您所经营的公司竞争生态如何？创意收费会有困难吗？

廖：我们已建立了一定的声誉，为大家所熟知，我们的作品保证质量、具有特色且充满趣味。我们始终坚持社会化创意的理念，认真对待客户的每一笔投资。例如，我们的"吹牛"项目往往能够远超客户的预期，这体现了我们对客户资金的尊重和对创意的执着追求。

W：从生态的角度说，我们怎么样去学习创意或者社会化创意？

廖：创意往往源自生活中的细微之处。一个优秀的创意人必须对生活保持敏感，并且不断地练习和磨砺自己的创意能力。创意不仅仅是一个想法的闪现，它涉及逻辑思考和表现形式的结合，只有当这两方面都得到充分的训练和实践，才能创作出优秀的作品。基本功的训练在这一过程中扮演着至关重要的角色。

我个人坚信，创意的实现必须通过行动。尽管我自己在行动力方面存在不足，有时会因为怕麻烦而犹豫不前，但我知道，只有动手去做，哪怕是手工制作这样烦琐的工作，才能真正克服困难，实现创意。因此，我鼓励大家不要害怕麻烦，要勇于将创意付诸实践。

W：我看您刚才发给我的这个链接，您的昵称叫廖工，喜欢用手工的方式来呈现创意作品。

廖：我的父亲是一位木匠，他亲手制作所有的东西，这也对我产生了影响。因此，我的兴趣也集中在这个领域。每个人都有自己的兴趣和对品质的追求，我将个人的生活体验融入我的作品之中，这使得作品具有独特的个性和手工制作的痕迹。我认为，这些饱含情感的创作是最能够与人沟通并触动人心的。在如今电脑设计盛行、作品趋于雷同的时代背景下，手工艺品的不确定性显得尤为宝贵。

W：您如何从不确定性中找到了这么一种情感的寄托，或者说一种饱含情感的互动，可以通过具体的事例解读一下吗？

廖：不确定性可以从多个角度来探讨。首先，我对材料的选择就充满了不确定性。例如，在我 30 岁的个展上，邀请函是印在我手写的一句话上的厚纸板上，我希望每位收到邀请函的人都能感受到它的独一无二。材料的这种不确定性恰恰体现了其中蕴含的情感价值，这是非常宝贵的。收到与众不同的请柬本身就是对每个人个性的尊重，就像没有人喜欢自己的衣服和别人撞衫一样，每个人都渴望拥有独一无二的东西。

在设定规则下的互动过程中，不确定性同样存在。举个例子：一瓶墨汁，每个人用它来写同一个字，结果都会有所不同。我曾经在南京大屠杀 77 周年的国家公祭日上，手写了 30 万个"人"字，每一位遇难者都对应一个字，这个数字可以精确到个体（见图 6-5）。这种震撼是难以言喻的。这个活动在社会上引起了广泛的反响，它展示了即使是在规则之下，每个人的参与和创作都能带来独特的不确定性。

W：廖老师，我们再回到那个不确定，您还有可以展示的想法吗？刚才我们谈到两个不确定，一个是物料的不确定，另外一个是在规则下，呈现过程的不确定性。

廖：除了前面提到的两点，手工制作的不确定性本身就是一种魅力。在工业化和标准化的产品中，人们越来越追求个性化的需求，无

图6-5 南京大屠杀77周年国家公祭日30万"人"墙

论是创意者还是受众。手工作品因其饱含情感和个性，与工业化生产形成了鲜明对比。这种不确定性恰恰是因为它们承载了个人的情感和个性表达。

正如我们在欣赏一件美术作品时，不同的人可能会有不同的感受和解读，这种多样性正是艺术作品的魅力所在。手工作品的不确定性和个性化，为人们提供了一种与工业化产品截然不同的体验，这种体验更加丰富和深刻，能够触动人心，激发情感共鸣。

W：个性化供给与需求的不确定性，这就是第三点，非常精彩！今天就访谈到这儿，谢谢廖老师！

廖：好，W老师，多交流，拜拜。

************************* end *************************

六、傅纪康（KANG），"14天孤岛"项目发起人

傅纪康（KANG）

访谈时间：2021年7月22日

****

W：傅老师您好，先请您简单地介绍一下自己好吗？

KANG：我大概16年前来的上海，那时候我们做的，就像你说的传统东西，包括看到一些传统媒体，现在其实也发生了很大的改变。我来到上海后，主要涉足广告和电影特效行业，随后发展成为导演，再到创意总监。我的经历可能与其他创意人有所不同，这或许与我目前所从事的社会化创意工作有关。由于我原本学习美术，我的同学曾邀请我参加他策划的艺术家联展。正是那次展览和创作经历让我意识到，我过去对自己的思考太少。在广告行业中，我往往失去了自我，这促使我转型成为艺术家，并创立了艺术村，致力于国际艺术交流，邀请世界各地的艺术家来到上海。目前，艺术村位于崇明岛，我对岛屿有着特别的情感。我与来自全国各地和崇明岛本土的艺术家们共同创作和交流，这一做就是五六年。戛纳创意节重视社会创新，特别是在2008年左右，许多案例都深深感动了我们，让我们意识到不仅能创作传统作品，还能思考并实践改变世界的想法。这些问题更能够让我们关注到人类本身。创意与艺术的结合能够为社会创造有益的创意。

W：傅老师现在主要从事策展活动是吗？

KANG：我们运营着一个艺术村，持续开展国际艺术家驻村项目，邀请世界各地的艺术家来到中国进行交流（见图6-6）。每个

图6-6　艺术村

人都像是一个个孤岛，例如，即使我现在与你交谈，也无法完全了解你内心的真实想法。每个人都是如此，但我们从出生到死亡的过程中，不断地与自己对话，在这个身体里，我们能够通过交流分享各自的生命经历，这是非常宝贵的。

W：傅老师，您有这么多年的入行经验，身份角色也转换了挺多，您怎么解读社会化创意的概念？

KANG：我个人认为创意是一种非常强大的工具。关键在于我们能否将这种强大的工具放下，首先去思考如何善用创意，这里的"善"指的是善良、善意地使用创意。我认为这是最重要的一点。坦白说，现在很多人都能想出许多有趣的创意。技术上，任何创意都可以被使用，但如果没有善意，那就非常可怕。因此，我认为在未来，能否善用创意将是一个极其重要的问题。

W：善用创意，这四个字，我很喜欢。

KANG：所谓社会化创意，我认为它非常出色，并且直观地表达了其意义。这个概念之所以被称为"大"，是因为它能够触及和影响的人群及阶层的广泛性。这样的创意能够在整个社会中产生影响，并且起到引领作用。

因此，我认为社会化创意与传统创意的最大区别在于其出发点。这里提到的社会化创意的边界，我认为主要在于它是否具有正向性，以及是否能够善意地利用创意。简而言之，社会化创意的精髓在于其是否以积极和建设性的方式去运用创意的力量。

W：社会化创意的商业化程度到底是怎么样？比如过度的商业化，我用过度这个词可能带有感情色彩，最好我不用过度这个词，就是社会化创意到底能够商业到什么程度？

KANG：在创意实施的过程中，常常会遇到这样的情况：一个点子可能非常出色，但如果无法有效地执行，那么这个点子就失去了价值。同样，即使有一个绝佳的想法，如果没有人去传播，也无法实现其潜在的影响力。我们可以看到许多优秀的案例，它们的背后都是创意者不断寻求突破的努力。因此，创意的实现是一个不断发展和进化的过程。随着社会化创意的成熟和成果的不断涌现，创意者们也会开始更深入地思考。创意不仅仅成为广告行业或创意行业的核心，它更是未来推动社会变革和进步的重要方式和支柱。创意有潜力成为改变人类社会的重要力量，它能够激发新的思维方式，引领技术和文化的发展，从而塑造一个更加创新和充满活力的未来。

W：这是我们讲社会化创意的一个出发点吧。想讨论一下，我们有哪些社会化创意的方法？

KANG：创意的实现并不总是顺遂的，创意人不仅要洞察社会问题，更要善于利用这些洞察来驱动变革。例如，创意人在执行阶段可能需要扮演活动组织者、游戏策划者、展览策展人等角色，与品牌合作成为理念的发起人。他们的目标是帮助品牌或社会引导和创造群体效应，但更重要的是产出能够激发受众主动思考、关注问题、分享和学习的内容。这样的创意能够促进讨论和进化，打动人心，并推动社会的进步，甚至开创新时代。

现代社会，消费者变得越来越精明，不易被欺骗。因此，创意必须体现善意，才能真正触动人心。社会化创意的方式能够让人们感受到"社会即我，我即社会"的联系，参与度变得至关重要。在参与的过程中，人们不仅能够学习，还能思考和进化自己的观点。创意确实是一个强大的工具，能够激发思考和转变。

历史上，许多伟大的艺术家提出了挑战传统思维的观念，这些观念被广泛认知和接受。在艺术领域，艺术家的角色往往是发现和提出问题。与此相比，创意人不仅要洞察问题，还要致力于解决问题，这通常更加困难。艺术家在创作时相对自由，而创意人则需要考虑客户要求、预算、环境和执行方式等多种因素。因此，创意人的角色比艺术家更为复杂，他们需要在现实的限制中寻找创新的解决方案。尽管如此，创意人和艺术家一样，常常被看作思想前卫、行为古怪的群体，他们不断探索和创造新的概念和想法。

W：回到我们访谈的初衷，您对创意新人有没有具体的建议？

KANG：我们每个人都曾年轻过，但关键的问题是，无论是现在的年轻一代还是我们自己年轻时，都倾向于认为自己的每个想法都是最优秀的。这种自信虽然重要，但同时也需要接受批评、指导和改进。

在当前的社会背景下，我们面临着"前后浪"的问题，以及"内卷"和"躺平"这样的社会现象，这些可能会让年轻人感到沮丧。然而，创意行业提供了一个平台，年轻人可以通过它来影响和改变社会。我们鼓励年轻人勇敢地加入这个行业，勇敢地发出自己的声音，表达出"我们不躺平，我们能改变世界"的态度。

无论有没有买房，无论属于哪个年代，我们所从事的创意工作都有潜力对世界产生深远的影响。这是非常令人振奋的。对年轻人来说，创意不仅是一种职业选择，更是一种生活态度，它打开了通往无限可能性的大门。通过创意，他们可以探索、实验，并最终实现那些能够推动社会向前发展的想法。我们应当告诉年轻人，不要被现状限制，要相信自己有能力通过创意去创造更大的影响。

W：非常感谢傅老师！

*************************** end ***************************

七、李丹，创意热店 Heaven&Hell 创始人

在北京、上海等地积累了 20 年的广告行业经验，曾任职麦肯光明、李奥贝纳、智威汤逊、TBWA、电通、奥美、哈瓦斯、mcgarrybowen 等国际 4A 广告公司。李丹获得的国际广告奖项超过 320 项，在戛纳创意节上已累计赢得 1 座全场大奖，6 座金狮奖，3 座银狮奖，2 座铜狮奖，名副其实的中国戛纳金狮奖第一人。

李　丹

访谈时间：2021 年 7 月 24 日

****

W：先请您简单说一下从业的经历。

李：我大概是在 1999 年入行，因为我老家是长春，我在 1999 年成了设计师，那时候叫平面设计，然后 2000 年的时候去中央工艺美院进修，2002 年的时候我记得月薪六七千元，算是高的了，后来我又做了一件事儿，同济大学林家阳教授搞了一个大师班，第五届我去了，然后就进了广告公司，我就了解到很多的品牌，我做设计师的时候就遇到一个瓶颈，每天设计什么 logo 啊，VI 手

册呀，房地产海报啊，我就想不能每天设计 logo 跟海报吧。我记得我去了北京国贸，趁保安不注意，就跑到楼里边的李奥贝纳那一楼，就通过那个门缝看，我觉得那简直就是我最向往的环境。2005 年，我在本土公司工作了三年，然后刚好有一个 ONESHOW 专业组比赛，我参加并获奖了，看了那些广告公司大咖，比如林俊明、苏秋萍、孙大伟，我印象挺深的，本土公司有一个人拿了银奖，给我颁奖的这个老师就是一个评审，叫徐克轩，是北京灵智大洋的，后来改名叫哈瓦斯，然后他就问我要不要去他那里，我很激动，就去了，然后做了创意部里的最小职位就是 ad。2008 年，我跑到了上海智威汤逊、李奥贝纳、麦肯光明，然后又回到了上海电通，然后就创业了。

W：基本上日系的、欧系的、美系的广告公司，您全走过一遍。

李：是，一个公司一个文化一个传承，我想在有生之年多经历一些文化。

W：李老师，基本上您都是在这个创意岗位上吗？

李：从最低的 ad 直到执行创意总监，所有职位我都没有跳过，一个一个做。

W：通过接触这么多公司、感受不同的文化，作为一直在创意岗位上的资深创意人，您可以解读一下对创意的理解吗？什么是创意？

李：这点问得特别好，这就是我现在看到的问题，也是中国本土公司的一个问题，对这个问题的回答就要回到原点，到底大家做的东西要不要创意或者什么叫创意，坦白讲，我去了这么多家公司的好处就是，大概能总结一个客观的回答。说白了，我觉得最好的一个例子就是戛纳里边所有获奖的案例，我先不看哪些入围了金银铜奖，（而是看）一个一个的创意去解决问题的方案和案例，它都在讲一个社会上、人性上、客户上、生意上的各种问题，现在发生了什么问题，然后我用什么创意来解决这个问题。如果解决得好，执行得好，想法巧妙，影响力又够，它就可以获奖。四两拨千斤的 solution（解决方案），执行得又好，比如摩拜单车，它发现了上班最后一公里的问题，这个时候你走也不是，打车也不是，然后想快点到那儿，怎么办？所以才有了摩拜单车的这个经营模式。因为国外的广告公司的人，可以跟品牌一起去开发商业最前端的东西，而中国的广告公司做的都是后端的，就是广告，也就是传播端的东西。戛纳 2010 年之前叫戛纳广告节，现在叫戛纳创意节。

因为中国很多的本土广告人，没有掌握什么叫创意，都是在做传播，想出街，想出圈，想上市，其实你得先要真正地去发现问题，解决问题。所以我觉得我们做的大部分广告没落了，又回到了没有 4A 的那个时代了，这绝对是倒退。

W：要反思的，是吗？

李：没错，没有人反思，每个人都活在当下的光环中，在聚光灯下面体验一种成功。我觉得这个东西在我们现在这一代人里没问题，但是中国有下一代人，这帮年轻人出来，都不知道什么是创意，这是很大的一个问题，像我跟我们这批人都退休了。

W：李老师，您说得非常好，最起码我觉得创意的一个最大动力在于反思。如果没有反思批判的精神、没有敢于质疑的这种力量的话，可能对创意本身是一个伤害。对于这个话题，我想往前延伸一下，比如有没有这样一种可能，国际上有一个话语体系，是西方的一套体制玩法，而东方现在是不是也有自己的一套话语体系，不同的文化或者玩法？这是两个话语体系之间的交叉问题。

李：我完全认同，我觉得东方有东方的体系，创意不是机器机械模式的经营逻辑、工业化思维，这个问题很关键。

W：我们讲社会化创意，它的商业体系和政治话语体系，也是属于两个话语体系，对吧？比如您讲的一公里的问题，可能可以放在商业上，也可以放在政治话语体系中。这是一个创意的问题，还有技术因素、新的媒体对我们创意产生的一些影响。您如何看待这个问题呢？

李：我问过那些老外的同行，发现一个问题，他们很少谈及科技、新技术、大数据等对创意的影响，因为他们一直在乎的就是，创意是内容。创意其实没什么变化，十年以后我们今天所有新技术、新媒体都是老的，都是所谓的传统，我们还是要不停地产出真正的创意。创意是内容，技术其实是个载体，只是一个表现形式。

W：好的，那您能够结合一个具体操作过的作品来谈谈创意发挥的作用吗？

李：我谈一下我创业以后做过的一些好案例。因为我们今天大的主题是社会化创意，我对做这个领域的东西，跟品牌一起做，比较感兴趣。跟天猫新文创合作的非遗的项目，给我们创意简报时不到100万元的预算，他们找广告公司就想做一点，就是出圈啊爆款啊，然后就找到了我们。我就问了一下他们关于非遗项目大概的想法，客户就说这东西还要有问题吗？问题不就是国家现在要开始文化复兴，要发展非遗，国家看到了非遗文化的没落。然后我就发现，他们没有这方面的思考，所以我们就花了两个星期去做这个功课，开始找问题，非遗会遇到什么问题？比如只有一个传承人，他们的儿女不学，就失传了。后来我们就发现一个小众的问题，就是生僻字大概有一两百个。为什么生僻字在非遗这个领域多呢，恰好就验证这个非遗的文化时间非常久远，所以才会有生僻字，生僻字阻碍了非遗的传播，非遗就没人知道，没人知道它们就消失了，这就是问题。那解决问题不就很简单嘛，让生僻字不生僻，不生僻才会有生气，我们让那些商家把生僻字的非遗放在自己的商品上面，不生僻才会有生息（见图6-7）！对吧，你说这个问题难吗？我觉得不难，就是先发现问题。我再举另外一个例子就是翻书越岭。客户是菜鸟，鼓励社区的人读纸质书，跟单向空间合作捐1 000本书给到社区的人，让我帮他包装这样的一个case（案例）。然后我就说，你的问题是什么？首先你鼓励读纸质书没问题,这是你的倡导,但是你给社区的这些居民每人每家发一本,那是他们的问题吗?他们不读纸质书是他们的问题吗?你们有没有思考这个问题?我说人家书架上的书、家里的书比你给的书要好得多,要多得多。我说你要把书给到真正需要书的人。那他们面临的问题就是谁缺书,对吧?这个问题是个好问题,我们一直跟大凉山合作,我说反而那些孩子需要读好书,我来帮你包装这个 case。一本书改变了你对这个世界的认知,你才会走出那座山,那座山只是一个比喻,因为每个人的世界周围都有一座山,你想翻越那道山,你就要有知识,你要懂得更多,所以叫"翻书越岭"。给出问题,解决问题的 solution,这不就是创意吗?

图 6-7 "非遗不生僻,才会有生息"广告

社会化创意,我给天猫体育做了一个,我还很骄傲的,一直在做体育领域,跟很多体育品牌合作,我就发现一个点,在所有运动的这些人里,我们买鞋,买耐克啊,买阿迪达斯,但我们有没有忽略有一群人,买鞋都是个问题,又没有人关注他们。所有单脚残疾人有个问题是买一双鞋扔一只,没有脚穿另只鞋,你说这是不是一个问题?你找到那些需要你帮忙的人,这我觉得对于品牌,对于人,那才是我们真正要干的事情,应该帮助弱势群体,这就是社会化创意的根本。

W:我觉得李老师说得非常深刻,社会化创意在其中扮演的角色,关注的问题，然后问题的导向，最后解决，等等，这些方面我觉得非常棒。

李：中国不缺文盲，中国缺的是美盲，因为中国的美盲全部是权力美学，有权力可以决定美丑。你有好的东西出来，因为我出钱了，我说OK就OK，市场客户那边非常地低级，我们很少有公司能够跟客户一起在前端思考，就像刚才说的摩拜单车怎么能找广告公司一起去研究市场的问题，我们没有这个权利，你很难在商业领域去做到刚才我说的社会化创意的那些idea。

W：这两年有这样的一个变化，就是我看到一批广告人，或者说经过广告行业训练的一批人，自己直接去做市场做产品了，比如元气森林。

李：还有钟薛高。

W：我理解，您刚才说的从社会化创意角度，可能给了创意人、广告人更大的创意空间。特别是在中国这个缺乏美育、存在大量审美空白的环境当中，是这样吗？

李：对，什么叫真正的公益发展？我们应该把公益这件事情跟商业联合在一起，才是真正的可持续性发展，把商业和社会话题结合起来，"翻书越岭"，客户是点名制，你要有代表作，就会有影响力就会有生意。这是非常重要的。我看到大学生创意生态的现状，是有一些问题的，学校重视的比赛有两个，一个是大广赛，一个是学院奖，我都做过这两个奖项的评审，每一年都要做，可我看到的一个结果，其实我挺悲伤的，好几十万的作品，几乎全部都是一样的，就是看谁画得好。因为学生想法都一样，然后明年新的参赛学生来了，又没有任何的想法。广告圈到底需要什么样的人才还不去关注，那么大学培养出的学生，都是在社会上重新学吗？他不知道什么是创意啊！

W：我觉得这点您说得非常中肯。上海相对来说还是比较适合创意的发展。

李：包括权利、行政，也有官僚，以及审美和商业氛围，你看到那么多小公司能存活下来，是因为真的可以给你机会，这种文化是非常商业化的。

W：李老师，您的公司怎么定位？或者谈谈广告创意的发展前景如何？

李：我是想通过我们公司的平台，把我个人积累的创意心得和创意的方法延续下来。用这套方法论一直持续地去产出这样的案例，我是想坚守这条线，因为我就想能在做好作品的基础上发展公司，最最理想状态就到20人，小而美，其实公司小并不代表产出的作品就一定少。所谓谈创意，就是要像前面说的那样海纳百川、百花齐放，不能只有一个声音。

W：可能一个声音也不叫社会化创意。

李：社会化创意关注一个社会问题，也可以关注社会各个问题。

W：我也是因为对创意特别喜欢，然后从事了这么多年广告教育，这几年又在做公益广告方面的研究。

李：是，从某种角度来说，创意热店兴起，我想跟有一批热衷于创意的人，市场需要这一种创意的力量是有关的。我觉得公司人多就容易为成本所累、为资本守擂。

W：李老师，谈到小而美，然后专注于做创意，可以长期服务于一个品牌、一家企业，或者说您会担心自己可以为一个客户持续提供创意服务吗？

李：我觉得这个问题问得蛮好的，就像跟品牌签一辈子终身合作，其实对我们所有广告公司的广告人来讲，最理想的状态是跟客户一起成长。回到当下的中国的市场阶段，客户都存在一个不稳定原因。第一点，我们对接的不是品牌的一把手，部门经理经常换岗位、职场变动，来了一个新的品牌负责人，发起一个比稿重新洗牌。整个高层意愿，他们就根本不管你服务得好还是不好，就取决于人员稳定不稳定。第二，现在客户，尤其这几年，所有的采购都要比稿，所以这不是我们忠诚度的问题，因为我们真的是每个客户、每个人都各领风骚三五年，我们都随着这种变化而变化，不是我们不想一同成长，而是这种服务太少了。这就是中国市场的不成熟。

W：创意人是不是跟客户高层管理人员不容易接触到？这也是这几年就广告行业发展来说，像埃森哲这样的策略咨询公司更有机会的原因？

李：我觉得一切都是策略为大，涉及商业范畴需要顶层设计。Creative 翻译成中文，是创意这两个字，在中国的理解，跟国外的理解是截然不同的，创意重点是在技术、技法，这是少部分人才有的东西。

W：您非常擅于发现问题，有一些方法吗？

李：我经常跟我的团队讲，什么叫洞察？因为说白了，我觉得大部分的人理解，洞察就是获得已知的。什么是已知的？就是只需要你花时间百度一下，那个是已知的事情。洞察，我举个例子，我觉得这个洞察大师是谁啊，是福尔摩斯，在暗杀现场的东西是所有人都能看得到的，它就相当于已知的洞察这些事情，有一个烟头放在一个角落里面，品牌跟烟头的朝向让福尔摩斯发现了线索，然后按照这个线索找到了烟的品牌就破案了，能发现烟头的那个人，那个问题就是线索，然后那个解决方案其实就有了。洞察就是看见别人看不到的那个未知的东西，对未知的东西提供正确的解决方案。找到未知的东西，而不是只看到已知的东西，那个叫真正的洞察。

W：我觉得您在这方面的思考很深刻。

李：因为我是不停地去讲课嘛，面对学生，我不能跟他们瞎喷。我发现这个过程其实就像你现在搞学术，因为你是有时间把我们说的，总结成一个学生都能听懂的东西，你们有大量的时间去思考，如果我招实习生或者新来的，我能给他的建议就是去多看国际上的一些案例，真正能把它看完的人太少了。你说你学导演，你不看奥斯卡的片子吗？那太奇怪了。

W：谢谢李老师今天的访谈，很有启发性。

************************* end *************************

八、周丽君（Alice Chou），中国台湾/电通 MB 创意长

Alice 是 2021 ADEEK 百大创意人（Creative100），中国台湾年度杰出创意人（2017），并入选 Campaign Asia-Pacific "Women to Watch"（2018）。她率领团队赢得中国台湾第一座戛纳创意奖全场最大奖（Grand Prix），还囊括 Adfest、Adstar、龙玺、长城、金印、时报、中国台湾 4A 等连续八座全场最大奖及各种创意奖，缔造中国台湾广告史上最高得奖纪录。作为第一位坐上戛纳娱乐类评审及 D&AD 设计奖娱乐类评审主席的中国台湾人，Alice 不只增加了中国台湾创意能见度，更在世界擂台上加入独特的亚洲视角。

周丽君（Alice Chou）
访谈时间：2021 年 7 月 29 日

****

W：Alice 您好，我们就开始吧，我们想了解一下创意人对于社会化创意各方面的一些解读和看法，主要分三个部分，访谈提

纲之前有看吗？

Alice：我有大致看过。

W：那这样吧，我用一问一答的方式。先请您介绍一下自己的从业经历好吗？

Alice：好的，其实我入广告行业已经快30年了，很久了，我年轻的时候，从来没有想过会进广告行业，我不是一个很早就知道自己想要做什么的人，我自己觉得我算聪明了，沟通能力还不错，所以我曾经做过像总经理秘书这样的工作，也喜欢写东西，所以做过一些杂志编辑，也会对戏剧影片有兴趣，也做过一些拍片的计划，一直到我进了广告公司当文案，才发现，我好像所有这些经历都可以用在我做广告这个事情上面，然后觉得好像是有意思的，所以进来之后就没有再出去。刚开始我是做文案广告，你应该知道广告公司里面，大家开始做的时候真的蛮忙的，从星期一工作到星期日，就是每天都在工作，可是我也不觉得辛苦，只是觉得睡觉不够，但很开心，好像有兴趣就可以一直做，大家觉得很不想做的事情，我也觉得做得津津有味，或者说，有一些国际的案子，其实很难做，因为他们有很多国际的限制，但我也觉得很开心，反正从里面学到很多。所以我就一路做过来了，就做到现在，也没有想过说要离开这个行业。我觉得我甚至可以为同一个客户做，一直有人说，他们做广告一直做类似的，客户觉得很无聊，我也不会，因为客户也会成长，环境也在成长，消费者也在成长，我总是在里面可以找到变化的，或者进化的可能性，所以我还蛮喜欢做广告的。

W：您一直是在文案这个岗位吗？

Alice：我刚开始做文案，后来慢慢就升了，就变成创意，文案指导，然后就是创意副总监、创意总监，然后变成资深创意总监，负责所有创意的事务。

W：您对创意的定义，是怎么理解的？

Alice：创意，因为我做的行业是广告创意，跟一般其他产业的创意，还是有一个本质上的差别。我们不是全然自主的创作，背后是有一个厂商，一个组织的委托，然后有外来的商业目的性，所以我们是为了一个特定的讯息和销售目的而创作的，我觉得作为广告界里面的创意，依然是创造可能性，比如把我们被委托的讯息，变成一个内容，变成一个故事，变成一个美好的经验，甚至变成一首歌，传递到消费者的心中，就是我们让他们哭也好，让他们笑也好，让他们去思考，让他们去对话，甚至让他们去行动，我们在做一个商业的事情，可是我们不断创新发明各式各样新的可能性，去把这个讯息投递到人们的心里面，而不是很低级的，只是在卖东西。

W：我们广告行业里面经常说的，戴着枷锁起舞的那种。

Alice：对，可以这么说，我们是在现实中去创造的，我们是有目的性的创造。

W：让人喜欢，这个怎么解读？

Alice：应该是这么说，那你可以去敲门去卖东西吗？销售的本质就是我来给你卖东西，但是我们如何让销售这件事不再那么讨人厌？我觉得如果是一个高明的广告，其实可以不干扰的，让人真心地喜欢你，甚至愿意去购买，或者愿意成为你的粉丝，甚至他想跟你对话，他想要靠近你、想多了解你。那我觉得广告最高明的地方是在这里，而不是只是去干扰人，去卖东西这样的。

W：这也是您判断一个好创意的标准吗？或者说什么叫好的创意？

Alice：我觉得好的创意，当然我一直说我们还是得要有一个前提的，我们必须真正去了解一个品牌行销问题的核心，他究竟要问什么问题以及找到真正的形象上面的一个问题，这个是很重要的一个原点，我们就必须真正去理解我们想要对话的那个人。可以说是谈恋爱吗？我们要怎么样去理解这个人，然后我们要进到他的心里了解他，他人生的痛点是什么，他担心的什么，然后让他睡不着觉的是什么，或者他所追求的人生的价值是什么。进而我们要通过他的眼睛去看世界，去把那样的讯息投递到他想要看的地方，他的眼光、他的热情之所向，然后我们要进到他的心里去把这个信息传递给他，而不只是说我们想说的。一个好的创意是这样的，你必须向他的心里投递一个对他来讲可以产生影响力的东西，这就是创意，我们创意绞尽脑汁的地方就在这里。把我们想要传递的讯息很巧妙地传递到他所需要、他真正想要的那个东西上，我们的创意是能够巧妙地把它们连在一起。连接品牌，连接我们想要传递的东西，跟他想要看、跟他在意的事情很巧妙地连起来。

W：我还想再追问一下，刚才解读的创意跟社会创意，或者说社会化创意有什么区别？

Alice：我觉得现在这个时代，是一个很好的（社会）创意发展时期。这是很重要的一个趋势，以前你可以只是讲一个产品的利益啊什么的，可是现在这个时代已经越来越不是这样。我发现，比如我们那些品牌，它能够不只是在卖东西给我，甚至能够是对社会有意义的一个品牌，我会喜欢跟一个关注我们众人之事的品牌在一起，我会尊重它，会用我的钱去支撑，这个肯定是大家的共识，能够关注到大家共同关注的事情，大家也更愿意关注你超越你的产品跟品牌。我举例来说，像电影明星比如里奥纳多，以前我们说他演技好，拿奥斯卡，可是自从他关注了地球环境议题之后，我们再看他，就不仅仅是一个奥斯卡男主角，他是一个我们景仰的人,他的位置已经不再只是一个演技很棒的男主角,我们愿意多关注他,那品牌不过就是希望大家多关注嘛!所以很聪明的事情是你关注了更多人的事情,让更多的人就会愿意来关注,我觉得大创意是一个现在很多产业应该要关注的趋势。品牌的核心里有没有什么东西可以对这个世界或是对人们现在所关注的,是有所贡献的?那我觉得这件事情就会使你的品牌变得跟以前不一样,会超越只是销售的关系,会创造很多的粉丝愿意追随你,甚至是你万一不小心做了一件错事,还会有很多人为你辩护。所以我觉得社会化创意是非常值得去关注的。

W:社会化创意,跟一般创意的区别,是因为它链接了,或者说对社会做了有益的事情或者贡献了这方面智慧,是这样解读吗?

Alice:我是这样的解读,比如多芬,它可以直接卖产品,可是自从它做了 real beauty("真实之美"),那这里面不只是在讲一个对社会有益的事情,这里面的社会化创意,重新让我们去定义了美,重新让我们观察,就是关于真实美这件事情,除此之外,它让我们重新看见,这个所谓的大创意,它既可以带领整个社会去改变关于美的文化,在本质上它又符合(多芬)自己产品或者品牌本身的信仰或价值。那我觉得这是创意很好的一个 practice(实践),就是它启动了整个社会的一个重要的文化的改变,同时也关乎着自己品牌所坚持的价值。

W:其实每个品牌都有自己的一个调性,或者它所链接的社会问题,也不是同一类问题,要符合自己品牌这个方向性的东西,使自己的品牌成为一个受人尊重的品牌。

Alice:这件事情已经不仅仅是我们,我想是很多重要的厂商,这几年已经都慢慢发现这件事情是非常重要的。不管是疫情,或者各式各样的灾难,使得我们发现,好像我们不是独立的,我们跟社会、跟整个环境是连接在一起的，那我们会要求厂商也要有这样的想法。所以我们电通非常重视这个 social（社交），或者环境啊，社会责任的一些东西，我们也都跟客户有很多这方面的合作。

W：Alice 老师，您能举一个亲自操作过的案例，然后来说一下创意在社会贡献中所发挥的作用吗？

Alice：我就跟你讲一个，我们今年才得到坎城（以下称为戛纳）创意节全场最大奖的一个作品，是中国台湾第一个得到戛纳全场最大奖，这是一个信义房屋的案子，它是一个房屋中介，你知道吗？

W：信义的广告，我之前看过的。

Alice：应该是 2020 年，我们觉得在社会上还是有一种不确定的气氛，经济上还是受到疫情的一些影响，然后那时候大家其实也会互相有一种怀疑，不确定，或者有什么问题就会有很多彼此的猜忌，各式各样，那时候我们就想说，我们跟信义房屋，一直想要谈信任。我们觉得在那样的气氛下，也许可以做一个感性的人与人之间的连接，他们对这一点很有兴趣，我当时发现在中国台湾，离婚率很高，我们就觉得这还蛮严重的，我当时就觉得如果有机会可以为这件事情尽一点心力也是不错的，因为这个数字其实代表了后面的意义，就是年轻人对于未来是有怀疑的，他们对于长久的人与人之间的，不管是情感的关系，或是婚姻，都是比较怕的，不敢结婚。那这跟房子有什么关系呢？其实，一个很重要的推理就是结婚其实是我们人生很重要的买房子的一个阶段，信义房屋是一个领导品牌，那如果它能够推动大家愿意相信，对未来的前景看好，这样大家才会比较想要买，买房子就是为什么说经济不好的时候，就不想买，不想投资嘛，把钱存在银行就好了，所以我们就想鼓励年轻人更愿意相信永远、长久的人与人之间信任关系，也愿意投入婚姻。我们想要做这个事，那我们客户同意，于是我们就做了一个广告，我到时候可以给你看，我们做得非常动人。我们想到的就是在户政事务所，（中国台湾）家里有人出生，有人死亡，不管是搬家，或是结婚离婚，都是要去那里的，一生不知道去那里登记多少次。我们就想到用一个故事，就是有一个在这边工作的女生，可以想象因为离婚率这么高了，它的增长都超越结婚率了，所以她可能每天都这么算，结婚对数，结婚离婚对数，渐渐地，她也会开始对婚姻产生怀疑，但她已经有一个很要好的男朋友，其实也谈婚论嫁了，但她一直迟迟都不敢走入（婚姻）那个地方。直到有一天，一个很老的老先生，八十几岁的老先生来，他的老伴过世，他来办死亡就是除口，就是把她名字划掉，拿一个新的户口。可他跟这个户政员，就是这个女孩说，可不可以把他老伴的名字留在这个户口名簿上。其实这是我自己的经验，我爸爸几年前过世的时候，我就舍不得把他的名字从我的户口簿上划去。我希望把他留在心里面，他这个动作呢，也让这个女孩突然觉得原来有一种爱是可以穿越，甚至人生永恒的别离，你原本很害怕我们婚姻有一天会离婚会怎么样，但你看到这个老先生，你会感觉到爱其实是可以超越的。所以她在这里面就得到一种力量，也给她愿意往前进的一种力量，所以整个片子其实还蛮感动的。

W：我好像有印象看过，全片都是那个女孩的独白和对白。

Alice：这个片子其实一方面反映了这个社会，很多年轻人的恐惧，并给予鼓励力量，当然也反映了客户想要传递的关于信任、关于相信未来的品牌的价值。所以我们才可以拿到戛纳全场最大奖（见图6-8），它同时也是文化的一种改变。

W：创意是如何挖掘了这么一个洞察？

Alice：其实我们创意人，就是随时随地，都是在接受，我不知道别

图6-8 信义房屋广告获2021戛纳创意节全场最大奖

的人,至少我是这样子,我们有很多的箱子在脑海里,你有时候看到什么东西,它就跑进去,我们需要创意发散的时候,这些你储存的东西,会跑出来,然后就是把它混在一起。我们都不是突然间灵光乍现,而是通过长期的吸收累积,我们所看、所经历、所反思的东西,因为这些就像包括我父亲的故事或者户政事务所,是我的同事,因为我们礼拜六回来公司动脑，然后请大家把一些对于不确定的事情以及信任的点点滴滴写在黑板上。我觉得这是你的记忆中或者你常常不断地把天线打开，吸收了，来自这个社会、你的生活、你的同伴，来自很多小细节，很多感动等都会储存在你曾经想过的事情里。然后我们的创意工作就是把这些所有的菜、零食变成一个故事，变成一个动人的内容，里面的信息要很巧妙、很美丽。像之前我在夏纳当评审，他们有一句话就是 beautiful executed，意思是很美地把它执行出来，然后用一个不着痕迹的方式，把商业的目的巧妙融进去，就是让人家看到的时候觉得，这个七分钟我没有浪费，我花时间在看你的广告，我是在享受这个气氛。其实除了讲故事之外，也很重要的是，我们总要从前端的洞察里面提炼出一个什么东西来把它变成我们故事的一部分。那我觉得这是创意很重要的事情，怎么样用很美的方式，或者不着痕迹就可以让人家用投入的方式去把这个故事说出来。

W：信义房屋这个片子的 slogan（标语）是什么？

Alice：信任的人一起找到属于你的永远。这我有点忘记了，因为它不是一个，真正品牌的 slogan 是信任会带来幸福。那我们只是透过创意重新去诠释它。

W：这是非常棒的一个洞察带来的，中国台湾广告特别擅长去挖掘打动人心的东西。

Alice：确实啊，毕竟我们的预算真的是比较少，反而我们人与人之间很靠近，对于人与人之间这种情感，我们算是比较细腻的。可以不用花非常多的预算，但是依然可以有一种打动人心的力量。就是透过创意来打破这个预算的局限，我觉得每个人都会找到自己的出路。

W：就是您刚才谈到创意，现在碰到两个问题，一个是您刚才谈到资本的问题，就是大的投放量，媒体流量这个问题跟创意之间是什么关系？还有个问题，就是技术，特别是媒体技术、传播技术跟创意之间的关系，您怎么看？

Alice：确实时代真的改变了，媒体或者流量，好像整个都改变了，以前人们是在一个固定的地方，在有限的资源里去接收你想要传递给他的东西，但是现在是整个打通了的，他可以在任何地方，是有一个主权在手上，相比较而言，电视还有机会吗？现在的时代，人才是最重要的媒体，他会去主动搜寻你，他甚至变成你的媒体去传给他周边的人、跟别人讨论你，所以你就得把它当成一个人，虽然我们现在讲数据，但不能忘了，数据后面都是一个个真实的人，所以我觉得现在这个时候，对我来讲创意变得很重要，内容很重要，你也不能期待这些数据查到，他今天会经过哪一家商店，我就可以逮到他，没有办法，你得去思考，他作为一个人，他真正所追求、所想要的东西是什么，你得让他理解、让他爱上你。所以我们创意的工作就是要让这些人可以真正地爱上我，然后愿意多了解我们。我觉得媒体这种科技的力量都是帮助创意长出翅膀，它是帮助我们的，但它不会成为主力队。一个内容本身要有它足够的力道内容，就可以把人变成一个强而有力的媒体，帮你传播出去。当然我们需要一些数据来理解消费者洞察，我们还是需要一些科技帮助，比如在前端我们会做一些口碑或者调研，然后我们要找到对的地方去测试。我们还是需要科技来帮我们，但是他们不会是主体。科技，我觉得是创意的翅膀，那 data（数据），它可以帮助我们更精准地对着信息传递出去。

W：说得清楚，现在新兴的技术，其实从某种角度来说是帮助了创意，是一种放大器的感觉。您刚才介绍的这些案例，我就一个想法，假如从客户、从甲方的角度去思考，我有一个案子给你，你去帮我做创意，有两个选项，一个是商业上的创

　　　　意设计，一个是社会化创意的动机，一般客户会怎么选择呢？会选择商业上的这种创意吗？还是会选择社会化创意的这种方向？

Alice：说实话，会有各种各样的客户，以前真的大部分人都还是会选择比较商业的产品导向的，他们相信我要讲产品特色，我要讲我的 USP，我要讲 benefit consumer（消费者）。我觉得不讲这些，就没有信心，我要讲我是怎样的人，一定要看到这些东西，而且要有一定的篇幅。但是现在这几年，我渐渐发现有些客户越来越理解品牌形象这件事情，越来越知道现在媒体就是体验，消费者对于媒体的体验已经是立体的了。所以社会化创意，越来越多厂商会愿意，因为他有太多其他的工具可以同时进行，当然还是可以有很多其他的销售型的工具来帮助他做其他的事情。如果你能够充分利用这个社会的大创意，先建立了你跟人之间的一个信赖关系，会帮助你后面进行其他销售的。

W：我理解 Alice 老师说的，就是在大的环境当中，其实甲方现在越来越在意、需要跟消费者有一个信任的空间，这样的诉求变多了，对吧？那他对我们这些方面的大创意会有一些目标性的要求吗？或者说约束、检测或评价。

Alice：其实现在有太多的指标可以去看见，这些东西它都可以变成一个数据，我们都可以从后台检测，都可以算出来，客户也可以直接看到，因为太容易被看到，可见数据是可以衡量的。

W：我在说目的指标的时候，其实也在想，以往的知识当中，我觉得品牌是一个长久的东西，奥格威说过，它是一个长期的资产，那在数码时代，或者说现在的营销传播环境当中，我们看到太多的品牌一夜出名，也有迅速崩塌，您怎么看？

Alice：其实背后也都是层层的算计，比如游戏业，一般游戏产品本身，短命的最多也就三年，所以他们这个品牌所要做的，其实无非就是在短期内制造烟火，能够让大家抬头看它，然后很多人好奇，从而进来，那如果这个品牌，它本身就是一个短期烟火似的东西，那它就做短期的烟火。那短期烟火一定有很多，可是我就说放航空母舰，然后放火箭上太空，就是让人尊敬的事情，那我觉得这是一个品牌的选择。如果有些品牌比较有远见，它会宁愿是一次一次的积累，即使是一次次烟火，它累积起来也是长长的一条烟火线。我觉得这是看客户的观念，这个很重要。大多数的品牌，我相信他们都比较在乎的是，我可不可以长期存在于大家的心中，我如果觉得这是共有价值认知的时候，那这个事情就会成立。不过确实有些这样的客户，他们也没有耐心。

W：我在想您刚才提到这些创意，回到社会化创意这个层面，甲方是出于商业的动机，跟我们公共机构的，或者政府，或者NGO，之间可能会有区别？

Alice：会有区别，完全不一样。比如我去做戛纳广告评审的时候会发现，我刚刚跟你讲那个信义房屋，我们本质上还是在行销这个品牌，只是说利用品牌去做了一个有目的、企业社会责任的一个广告片子。但是NGO呢，有时候是恐吓你，你不这么做，可能会怎么样；有的时候他们是去让你关注这个议题，甚至让你有所行动，反而他没有品牌的局限在里面。

W：Alice老师，您刚才这些回答让我觉得，社会化创意的概念其实是很大的，不完全是公益。请您结合一个具体案例，或者从您从业经验，判断对于一个具体的企业品牌或者产品来说，它会在社会化创意上面持续地去做吗？有这样的吗？

Alice：比如信义房屋还会持续的，其实在我做这个案子之前，他们也在做，应该讲他们一直在关心社会，想要展现对社会的善意，他们的广告没有在卖房子，让他们内部的人也能够愿意多站出来去帮助社区，然后也希望大家能够敦亲睦邻，他们一直都是持续想要做对社会有益的事情，那我觉得他们品牌已经相信这件事情。有一些客户，他们同时在卖商品，是分两边，有商品广告，也有品牌形象，我们有时候讲 more people more business（人越多，生意越多），你得知道他们想要去哪里，然后你要去支持他们，去追求他们要做的事情，这样最后才会使你的生意可以往前推进，品牌形象这个部分我觉得就是社会化创意。

W：对于有些企业品牌来说，可能它的调性跟企业特别符合，比如像信义房屋这样的，而有些企业可能商业动机更加突出一些，只是偶尔或者现在慢慢开始运用社会化创意方式。

Alice：有些客户是一年做一次。特别是过年，或者是岁末年初，或者展望明年的时候，或者说社会发生灾变的时候，大家会更想做这件事。

W：社会化创意，您能够给我们归纳一下有没有什么方法论吗？或者清晰的创意思路吗？

Alice：对我来讲，其实就是，你先闭上眼睛看看自己有什么东西，比如你是品牌也好，自己本质上或者品牌价值、品牌信仰上，或者自己的产品，或者不管是什么，就是自己拥有什么东西。然后再张开（眼睛）看看大概这个社会上有什么，这是大家的痛苦或大家的追求，或者大家现在需要改变的事情。然后把这两个连在一起，我觉得这是一个社会化创意。任何的品牌或任何的人要去发展一个社会化创意，都得要从自己所拥有的能力或者是所拥有的独特的信仰或者什么东西出发，闭上眼睛去想清楚，然后再把它放到社会上真正有需要的地方。

W：Alice 老师，创意是不是不可复制？对您来讲，每次您的经验，都需要去重新开始？

Alice：完全同意这句话，因为我觉得即使是成功经验都没有办法复制，因为你当下做出来的东西有当下的环境，就算整个环境都没有变,那个东西你再看一遍也没有原本的力量,就是一而再,再而竭,更不要说环境都一直在变,人心也一直在变,所以成功经验都是不能复制的,任何东西都没有办法复制,你只能一直往前进,一直去重新发明。

W:这是您给创意新人的一些建议吗?

Alice:我们所讲出来的任何东西,每个作品里都有我们创意本身的一部分,像现在年轻人其实都很关心社会的一分子,他们本身就是这个时代,真的很关心的事情,永远不要忘记他此刻所拥有的观念,不要进入那个商业的洪流里面就忘了他最初的 purpose(目的),然后一直把现在所关注的事情带进他的工作,带进他的脚本,带进他的创意,我觉得这样才是好,那个最初、你对世界的热情,永远要放进来,不要丢掉。

W:您原来学的专业是什么?

Alice:我进入广告公司,一直都是做文案,就是我很喜欢写,非常非常喜欢写,然后就想东西,那我可以进入一个想法里面,忘记时间,忘记一切,然后好像有一种茅塞顿开的样子。我觉得这是我很擅长的事,我也很喜欢追求这种。以前让我做的东西包括编辑、影片编剧拍摄等应该都是从文字出发。

文字从来不是技巧的问题,如果这个 idea 真的很好,你其实用最简单的文字写出来也是可以的,我的意思是,你有没有去有意识地生活,去对话、去思考、去感受生活,它就会变成创作的养分。认真地生活,第一就是我刚刚讲的初心,你现在所在乎、所热衷的事情,不要把它丢掉,还是把它带进你未来的工作,另外一个当然就是好好地去真实地体验生活。

W:谢谢 Alice 老师,占用您一个多小时的时间了啊,谢谢!

************************ end ************************

九、龙杰琦，TOPic&Loong 资深创意长工

2019 年成立了独立创意品牌 Loong，曾是 Cheil 杰尔广告中国区执行创意总监（ECD），拥有 30 年的广告公司工作经验，历经 Cheil 杰尔广告 8 年，中国台北奥美和北京奥美 10 年。

龙杰琦

访谈时间：2021 年 7 月 28 日

****

W：龙老师，您好。

龙：你好，我在我座位上讲，按照您发给我的那个提纲吗？

W：对您的采访，不用受这个限制，我们就开门见山吧，直接问第一个问题，您能给我们区别一下创意和社会化创意吗？您入行这么多年，给我们谈谈创意的经验。

龙：我想问一下 W 老师，您认知的社会化创意是什么？可能我先对齐一下我们的认知。

W：我是这么理解的，是来自社会的问题，由此产生了一些跟商业，或者跟公共利益相关的，创造性的一种传播活动吧。

龙：对，这点认知，我们是一致的，应该不仅限于公益，所谓大创意，可能我们创意的问题点来自社会，然后又回馈给社会，用我们创意人的方法解决了社会问题，达成了这种社会利益，因为商业利益其实也是社会利益嘛。因为以前我们对于社会的创意，可能我们比较偏公益。但现在，很多的品牌，甚至我们的大厂其实是跟公益深刻地绑定的，就像我昨天去一家企业，他们各个企业品牌都在说，我们这个企业必须回馈社会，希望找到针对他们企业能结合的企业社会责任的那个点。因为大家都知道现在很多企业社会责任，其实是一个投资，虽然说可能现在看不出到底跟产品营销怎么结合，但是他们都非常清楚，一旦企业的声誉遇到困难的时候，其实就是企业社会责任，能够让我们的用户更快地去认同他们，甚至消弭这些。这是他们遇到问题最快的应对方法，不管哪个企业对此都必须有一些贡献。其实短期不是欲求回报，但长期对品牌来讲都是有利的，所以现在很多品牌都在做这些事情，这应该就是社会化创意的内容。我们跟他们分析时说，企业内部直接去做一个公益项目其实是很难的，因为他们没有那么大的一个团队，积极去运营维护，其实那是需要很大的一个投入跟激励的，所以现在很多NGO其实已经长期在做这样的事情了，我们都希望能够做一个绑定集合，他们一起去做。一方面企业有自己的资源和品牌愿景；另一方面，一个很好的长期的项目，它可以做出很多的社会大潮。

W：龙老师，您从事这个行业这么多年，对于社会化创意，重点是不是去发展跟NGO的关系，开发这些资源？

龙：自从我做"一个人的球队"之后，有非常多的NGO来找到我，其实公益组织有很多的媒体可以来帮助他们，甚至名人代言都可以，这些公益组织有很多的传播渠道，但是他们缺的是创意的内容，所以就很希望通过我们给他一个不一样的内容，这恰恰是因为我们创意公司会讲故事。他们非常需要这样的一个正能量的社会化创意，主动来报道项目形成社会影响力，慢慢让很多年轻人都有这个想法，但他们不知道要去哪里做器官捐献志愿登记，他们就在我们的 H5 里面第一时间找到了资源登记入口。所以很多人在第一时间就发表评论说我在想，但我现在终于找到地方，瞬间就引起很多人的反响，整个资源的技术，其实呈几何成倍的增长。

W：龙老师，您说这个让我想起了奥格威曾说过这句话，一个好创意是可以被复制的，好的创意可以沿用 30 年。

龙：好的 big idea 是有延续性的，是否有延续性，这也是很多公益好不好的评判标准，跟用户沟通的方法，就是说故事的方法，其实也会不断地去触动我们的所有受众，去感同身受。因为我们都知道，以前我们在做公益的时候都是单点，有个好想法，是这点子事做了一波，然后明年那个点子，我要做一波，但是这些很好的想法都很可惜，他们就像一次性的作秀一样昙花一现，并没有被持续地发展下去。所以当我们有一个好想法的时候，才能真正解决问题。

W：龙老师，从您的介绍里面，我感受到靠您的作品的创意魅力，您现在的公司经营状况应该非常好，可以这么说吗？因为我觉得那么多资源都主动向您靠拢。

龙：我从事广告 33 年来，从来没有遇到，作为一个创意居然可以得到所有主流媒体，甚至国家媒体的报道，压根都没有想过的。但是这种所谓的公益事业，我们也会吸引很多的企业、品牌，希望我帮他们做，但是我们毕竟是一个品牌公益项目，相较于一个商业的案子，商业投入跟公益投入的量级，差距是非常大的，所以我虽然有很多的机会，除了每天帮我们的客户想创意，我们每年至少也要做一个公益项目，这是我们创意者的社会责任。我们的能力跟精力还是有限的。

W：我明白，就是说从整个大环境来讲，公益或者企业社会责任，其实多数是没有创意的支撑，是吧？

龙：非常多啊。其实很多的企业内部都有采购，不管是商业或者公益项目，他们是分多少量级以上，就必须比稿，所以有时候，即使是公益项目，在这个量级以上，他都会要求。

W：我们谈社会化创意，不管是企业主体也好，还是广告行业也好，其实这个话题已经变成一个特别热的问题，也是因为关注社会问题吗？

龙：一个品牌定位的问题，是要把它的用户的族群扩大，然后成为主流，才有可能生存下去。虽然我的很多公益项目不是在解决这个问题，是在解决企业社会责任的问题。

W：我们还是回到企业上，企业有这么一个有爆点的或者现象级的，比如类似于"后浪"这样的作品，这种创意会可持续吗？或者这种创意也可以一直沿用下去吗？

龙：不可能吧！因为这是解决一个阶段性的问题，不可持续的东西，但对于公益不一样。社会化创意是要让这个品牌成为一个系统，可持续性发展，保持最终是能够被所有大众看到，然后被认同。以前我们广告人特别喜欢做公益广告，但是以前我每次帮品牌做公益项目的时候都没有资源，基本上以前这些企业并没有哪个说，这个公益项目对于他们来讲有什么帮助，所以他们企业投入的宣传都很少。那时候很多做得很好的想法都没有人知道，因为可能投放一两次就没有了。所以你有好的想法，如果没有曝光量的话，其实在以前都真的是非常可惜的，但是现在这个时代，不需要去投什么电视广告、报纸广告那种硬广告，一个好的内容通过社交媒体就能够刷屏，被所有人看到。所以现在做广告，如果你的创意没有影响力，没有真正去帮助到那些需要帮助的人，我们更需要的是从感动到心动，顿时就能把感动转化为行动了。

W：龙老师，对于创意和技术之间的关系还是比较持乐观的态度，我能不能这样解读？

龙：就是新媒体技术其实是支撑了我们创意的发展。技术就是一双翅膀，以前不知道我们的用户有什么反应，但现在有了技术之后，你可以知道我们这个创意到底是不是有效。技术使得创意更好玩。在一个技术之下，我们可以做一些跟用户的互动。

W：我再追着问一个问题可以吗？技术其实另一方面也带来了流量支撑，所以从某种角度来说，流量其实会不会对创意产生一些负面的影响？或者说怎么评价流量跟创意之间的这种关系？比如说UGC也好，还是AI创意也好，这些技术往往使得创意人显得没那么重要，而被流量所取代，我不知道这个判断是错还是对。龙老师，您怎么看？

龙：我觉得没有好的内容怎么创造流量呢？技术可以使分发精准化，服务好的内容，如果说技术为王的话，技术就是一个模板而已，举一个最近的例子就是鸿星尔克，形成了一种野性消费。对我来说，跟技术好像没有什么关系，我认为它就是快倒闭的一家中国企业，所以它捐了五千万元，说资产只剩六千万元，余下的给员工做遣散费，这个品牌故事多感人，这个快倒闭的企业，居然还能捐出五千万元，还跟我说捐后剩下一千万元就是要做遣散费，真的被打动了第二次。我突然觉得我是中国人，我为什么支持对我们这个土地并没有那么热爱的一个外国企业，一个中国企业这么爱这个土地为什么不支持？我当然要支持它。

W：通过您刚才的解答，我理解广告也好，传播也好，其实内容还是核心，创意依然是我们这个行业的核心东西，对吧？

龙：裸眼3D那个最早是在哪里？在韩国就是那个L形状的，它做成裸眼3D，看到那个海浪，是非常惊艳的感觉，这个技术刚出来的时候就觉得很有创意，但之后，技术就不是创意了，还是靠内容。技术创意只有一次，变成一个固定的媒介之后，就开始要靠内容创意。

W：龙老师，请您谈谈所接触的这些创意作品，您怎么评价我们现在这种创意的生态？有考虑过这么宏观的创意问题吗？

龙：现在跟国际上比的话，我觉得我们国内的媒介形式是超前太多太多了。因为每次我们在国外，他们创意落地就是脸书和推特，以及传统的电视、报纸，但是在国内，我们还有微信、百度、小红书，我们还有一大堆的这些社会化媒体，有时候我们的创意就会在某个媒介曝光，怎么曝光用的什么资源，弄得都有影响力。但这种创意老外不懂，微信小程序当然会有很好的效果，但是国外更重视的是这个创意的内容本身，内容本身之后，用好那些媒介，然后去曝光你的想法。所以说，你看到国外的每一个创意的点都是非常有洞察的，非常强的，但我们国内很多创意，那种跟创意的洞察，说实在，是可以更好的。

W：从创意的内容本身来讲，其实我们跟国际上还是有差距的是吧？

龙：不能这么讲，有些我们国内的用户，他们产生的共鸣点可能跟国外的不太一样，但就共鸣而言，我只能说符合我们国情，我们这群人的创意才有共鸣，毕竟这是国内的一个营销，不是国外的，所以只要在我们国内的创意达到了，也就是成功了，甚至这样的创意在国外就很难得到外国媒体的理解。

W：国际上有国际上的创意评判的标准，是注重内容本身，也可以注重效果，还是注重人性洞察？那国内文化背景、关注点、媒体生态等，是不是可以算两套话语体系？

龙：其实也不一定，他们也非常重视那些local（本土）的东西，像泰国、日本，他们的创意符合当地的一些社会问题，然后品牌怎么样去达到营销，都非常有地域色彩，当你说出这件事情的时候，你只要很清楚地说到你的创意，洞察他们怎么执行的，当我把这个故事说得很精彩，受众就会明白的。我觉得能够让所有的人看到我们中国的创意，是要下很大的功夫的。

W：您作为一个成功的资深创意人，怎么能够做到这样简单有效、洞察深刻的一些创意？

龙：比如球队这个项目，它的故事虽然是在我们国内做的一个活动，但是在国际上很多人还是很懂我们的想法的，有那么多问题的报道，甚至某个程度来讲，我们也化解了一些国家对我们的误解，比如我去新加坡，然后就有人跟我说，他一直以为中国的那些器官捐献都来自犯人、黑市，看了片子后才知道，原来现在中国是这样一个社会正能量的环境，我们国内的进步，这是我们做的事情的意义。

我常说，现在广告圈越来越难招人，就是很多人越来越不愿意去创意热店，都是去那些互联网大厂。对我来讲做了33年广告，我随时都可以退休，但是在做广告的过程当中，我觉得我必须扶持这些年轻人，我知道你们一半以上的人70%的资源都是互联网大厂，但是我希望你能去大厂之前，第一站是广告公司。因为广告公司其实是你们从学校毕业之后的一个再次去深造的研究所。没错，即使你们想去大厂，你在这边学会这些技术之后再去，因为这些广告人，他们都变成了甲方，然后他们到甲方之后是要跟我们合作的，那如果这些年轻人都不懂得怎么创作创意，甲乙方怎么合作？所以我有时候会觉得，至少在对于创意认知养成上一致的话，甲乙方合作的话会更顺畅一点。

W：龙老师，社会化创意这个话题，不管是对人才的培养也好，还是对整个商业实践也好，包括社会问题，从您的角度来说，有没有需要特别关注的问题，或者说比较担心的问题，或者是有没有挑战？

龙：我们每年在选议题的时候，其实有一个角度就是跟着国家走，前年不是说精准扶贫嘛，然后我们做的就是精准扶贫的项目，帮助一些农民卖他们的特产之类的，然后其实有很多的年轻人，已经不追求在大城市工作，而是回到自己的家乡，然后帮助家长成长脱贫，不管是卖农产品、卖摊子，通过抖音啊，突破这些设计问题，真正做出了很好的成绩单，那后来扶贫过后，我们现在国家更希望做，比如敦煌修复壁画、修复古迹等议题。就像西藏的垃圾瓶问题，我们去解决一个一个问题，看到西藏这么漂亮的地方居然有这么多的垃圾。然后我们用故事的方法来让用户产生共鸣，其实有很多常规的工具还是存在的，只是他们缺少想法，帮助他们去说故事，然后让用户知道他们的想法。

W：龙老师，给我们介绍一下全球范围内的社会化创意。

龙：我忘记是哪个国家的，欧洲的一个项目，讲海洋垃圾。它的触点特别厉害，就是因为我们旁边的海洋垃圾，面积应该很大的。然后，他们把这个海洋垃圾岛注册为一个国家，一个垃圾国家，还找了纽约副市长等很多人去站台，这个国家还煞有其事地有自己的国旗、邮票，甚至宣传标语，俨然就像一个国家成立一样，然后引起很多媒体的报道，以及很多政治人物的声援。就是环保的话题，在全球范围比较多。

W：您拥有 30 多年的创意经历，可否告诉我创意有路吗？年轻人怎么能学习创意？

龙：现在广告行业不像以前那么吃香了，是因为现在这个社会，各行各业都需要创意，所有人都有这个基因，对于创意的方法论来讲，在媒介的运用上，要怎么样做累积的运用，是在抖音上曝光，还是在电视台，还是要在小红书，或者在任何平台，都要去把创意元素用到最好，所以有很多就是新的媒体运用，甚至跟技术的结合。

W：现在我们常讲，唯一不变的就是变化，在变化的不确定因素会增加的情况下，靠我们过往的经验或者实战的东西可以应对吗？

龙：我在很多学校分享的时候，讲了好多的实战的案例，讲完之后那学生还问我，他们在每次接到一个 brief 的时候，都不知道从哪儿开始想起，不知道用什么方法，我就觉得我讲那么多实战，等于白讲了。像我最不喜欢方法论，我觉得没什么方法论而言，其实方法可能就已经是无招胜有招了吧，我们都已经从奥美、直播上去养成我们的那些方法，这些方法已经都在我们记忆里面，所以大概知道怎么样，但是学生大概不懂，因为毕竟是一个系统，一个去思考创意的方法，所以我最近在分享的时候都是拿戛纳广告奖的方法来思考创意，因为我们去参赛的时候，会要求我们说三个要求，第一个是你的市场背景，洞察是什么？第二个是你用什么创意？你的创意怎么执行的？第三个是你得到什么实效？

W：现在其实老师在学校里面教创意也有很多困惑，实战教学的问题就是学生到实际当中去，还得从头来，从零开始，从摸索开始。龙老师，今天占用您那么长时间了，我们今天访谈就先到这儿。

************************ end ************************

十、刁勇，艺术家策展人

书面提交访谈问卷：2021 年 7 月 28 日（备注：在访谈过程中，部分受访者因个人时间安排等，不便进行面对面访谈。因此，我们采取了书面问卷的形式，将问题邮寄给各位老师，并以书面回答的方式进行了一问一答式的采访）

刁 勇

****

问：先请您简单介绍一下个人从业经历。

答：从设计师入广告行业，历经本土，4A不同大小公司，从设计师到创意总监，到总经理2013年发起并创立"不是美术馆"，"不是美术馆"的策展人、发起人。

是喜欢美术馆又致力于推倒美术馆之墙希望无处不是美术馆的人；是见不得无聊看不惯无趣即无聊又无趣的人。

是专注在公共空间面向大众推广艺术的人；是认为人人都应该买买买艺术品的人；是为匠人办展为儿童办展为品牌办展为艺术家办展为素人办展为大众办展的人。

是在菜市场在地铁在闹市在长城在中国美术馆对面在田间地头在街头巷尾在鸟拉屎和鸟不拉屎地方都搞事情的人。

是获得过北京国际设计周最受大众欢迎奖项的人；是不断挖坑填坑挖坑填坑挖坑填坑挖坑填坑乐此不疲的人。

是喜欢烂诗烂画聚众发呆撸天猫画猫头用淘宝造万物用艺术的方式为品牌赋能的人；是喜欢拉上一波艺术家一起出走，遇山画山遇水画水即兴创作的人。

是一个连"不是美术馆"是什么都回答不了的人。

问：入行那么多年，能否谈谈您对创意的理解（给创意下一个定义）？

答：如果创意是一个结果，是解决问题的答案，那么洞察就是发现问题，解决问题的一个特别的角度，就是我们常常说的提出一个好问题，自然找到答案。所以好的创意离不开好的洞察，好创意来源于好洞察，好问题，做一个爱发现，爱观察，爱问好问题的人吧。

问：从您的职业经历来看，怎样才能做出一个好创意（灵感来源是什么）？创意好坏的评判标准是什么？

答：都说好创意九死一生，要有勇气突破常规，要有洞悉人性的能力，要有说服贩卖能力，要有强大的执行能力，要有爱子护犊的呵护力，要有高效的吸收分析总结提炼学习能力……创意从想法萌芽到长大成人，一路艰辛，九死一生。

灵感是一朝分娩，创意是十月怀胎，灵感的来源就是系统的有方法的大量的勤奋的工作。创意的好坏标准根据具体项目而定，更大范围地引起人们关注并且改变人们的思考与行为是广义上的标准。

问：当下新兴媒介形态、新技术、传播形式等会对广告人或者创意人的创意思维产生怎样的影响？

答：对于传统广告来说，相对行业壁垒、边界、渠道、形式更加有限，更加单纯，更加封闭，那么当下新兴媒介形态、新技术、传播形式等一定是突破了边界，模糊了边界、形式等，无论广告人或者创意人都被更加泛化定义了，人人都可以是创作者，不同形式的传播都可以是传播的一种形式，是更加复杂、更加开放、更加模糊边界、更加动态的形式，但并不意味专业的力量被削弱，相反，专业的含义也需要重新认知定义，更加需要专业的力量。

问：能否结合具体案例谈谈一则有爆点或者说是现象级的优秀广告作品，您认为创意在其中扮演着怎样的角色？

答："诗歌 POS 机"案例，是基于社会化创意的理念的典型案例，从品牌、行业、社会洞察、线上线下、公益层面、创意设计、执行层面，各个方面都很不错。创意不再是狭义的创意，更多是基于社会的洞察，改变社会，与大众沟通的企图心。

问：对于社会化创意这个概念，您如何解读？比如说"社会化创意"在哪里？与"创意"的异同点有哪些？"社会化创意"的边界在哪里？

答：是很好的启发创意人的企图心，雄心版图，如果说创意人是在描述一个行业的一个职业，或者范畴，就像艺术和艺术家一样，好像是在描述一个行业或者一个职业，但社会化创意就是在启发创意人更大的边界，努力打破曾经认为的墙或者无限拓展边界，同样，艺术和艺术家的定义以及边界一样，可以从每一个人去定义，去拓展。

问：在数字媒体和大数据以及碎片化传播背景下，创意能够起到的作用是否被削弱了？在当下和未来的环境下，创意还仍然是广告行业的核心吗？为什么？

社会化创意定义和启发创意人更大的边界，激发年轻人对创意版图、边界的认知，不再是某一个行业某一个项目的企图心，也不仅仅是某一个社会，国家，一类人群的企图心。

问：作为创意人的角度来讲，您觉得理想中社会化创意的发展前景是怎样的？从品牌文化、社会责任和人性层面等洞察产生创意，而对于一个具体品牌产品和企业来讲，它可持续吗？

答：让创意与时俱进，重新定义创意的边界，前程无量，当然是与时俱进的，可持续的。

问：创意有路吗？传统广告时代我们总结出一些创意理论和原则教条，今天还有效吗？社会化创意在方法论上有突破吗？能从中提炼出一些社会化创意的原则教条吗？

答：创意有路。

无论是系统，还是理论，还是方法与原则，都是不断迭代的，传统广告时代的方法理论也是社会化创意发展的一个过程，没有绝对有效的方法，都是根据需求采取相应的解决方案。社会化创意的突破是在实际的进程中不断练就的。

问：从一个创意新人角度看，如果他想学习和实践社会化创意，您会给出哪些具体建议？有没有需要特别关注的问题？

答：不以某一个项目某一个行业为企图心，也不以一类人群、一个社会、一个国家为企图心，以更大范围地引起人们关注并且改变人们的思考与行为方式为企图心。

十一、陈丽云（Wendy Chan），爱德曼（Edelman）中国区首席创意官

先后在奥美广告、盛世长城、精信广告（Grey Group）、麦肯健

康（McCann Health）上海等担任创意总监。曾斩获 80 余个国际、国内大奖，包括 2001 年在戛纳国际创意节为中国赢得的首个戛纳奖项；2019 年，她为葛兰素史克创作的传播作品再次荣膺戛纳 Grand PrixLion。此外，她还在 2007 年被评选为中国十大艺术总监，2019 年被 MM&M 评为 "Global top50 influencer"，并在 2020 年入选 Adweek "Top Creative100"。

Wendy 陈丽云

访谈时间：2021 年 8 月 1 日

****

问：入行那么多年，能否谈谈您对创意的理解（给创意下一个定义）？

答：创意的核心要素就是"新"，可以是新的洞察、新的观点、新的营销理念、新的媒体、新的执行、新的跨界合作等等。新就是不走寻常路，这个过程会充满不确定性，甚至是一场冒险，但那种发现新大陆的感觉太棒了。

问：从您的职业经历来看，怎样才能做出一个好创意（灵感来源是什么）？创意好坏的评判标准是什么？

答：灵感来源于生活，要对人事物有敏锐的体察，保持好奇心，与不同的人群交流，去尝试涉足不同的领域，去欣赏不同类型的电影、音乐、艺术……

创意是在看似不相关的元素中，找到新的连接方式的可能，而你掌握的信息越多，找到新连接的可能性就越大。

创意从某个角度说可以分成四个层级。最基本的是保守而安全的创意，虽然挑不出错，但人们无法通过创意记住产品或者品牌；好一点的创意会具备记忆点，与众不同，能够融入文化，激起涟漪；更优秀的创意是能引起轰动，更大胆也更有野心，能够引发人们自行讨论、分享；而最出色的创意是可以改变游戏规则，为行业树立新标准的。

问：当下新兴媒介形态、新技术、传播形式等会对广告人或者创意人的创意思维产生怎样的影响？

答：以前我们只能通过印刷与广播之类的媒体，交流方式是单向的。新媒体的出现使品牌从单方面自说自话，变为与消费者互动性更高的传播，甚至让品牌成为人们生活的一部分。但在媒体的玩法越来越复杂的时候，品牌传播更需要秉持自身的轴心，才能融为一体，达到最好的传播效果。

问：能否结合具体案例谈谈一则有爆点或者说是现象级的优秀广告作品？您认为创意在其中扮演着怎样的角色？

答：最经典的广告是苹果公司的广告"1984"。借助乔治·奥威尔的长篇小说《1984》来展示自己产品的颠覆性，指明 Mac 的出现将打破传统。它创造性地连接了产品特点与小说情节，合理利用当时的时代背景，并采用恰当的语气方式，使这支广告达到艺术品的高度，是改变游戏规则的广告。

问：对于社会化创意这个概念，您如何解读？（比如"社会化创意"在哪里？）与创意的异同点有哪些？社会化创意的边界在哪里？

答：新的概念每天都在产生，但创意的本质就是创造品牌、产品和人之间的连接。整个社会就是一个更大概念意义上的人群，它需要我们找到社会中的需求点与矛盾点，并与产品产生连接。但要避免相对普遍的联系，而是与品牌DNA有所关联。

问：在这个流量变现且快速变革的时代，会有一个创意的批量化产出问题（比如UGC、AI创意）。社会化创意的产出是什么？能够让广告主愿意为创意买单吗？能够让消费者或社会公众关注创意而买单吗？

答：机器人产出的创意并没有对人的洞察，也提不出新的解决办法，所以不会与人产生连接，更不会达成共鸣。中国的品牌发展到现在有两个瓶颈，一是品牌定位不清。我们收到过很多客户发来的简报，他们通过电商实现了增长，但缺乏清晰的品牌定位，品牌没有个性，就等于没有进一步发展的"根"。二是与消费者缺乏连接，品牌姿态过于高了。这都需要创意来帮助品牌与消费者建立新的关联，让品牌扎根。

问：在数字媒体和大数据以及碎片化传播的背景下，创意能够起到的作用是否被削弱了？在当下和未来的环境下，创意还仍然是广告行业的核心吗？为什么？

答：如果没有创意，广告就只是单纯的媒体购买。每个品牌的样子都是相似的，模糊的。创意让品牌各具特点，且把不同的媒体连在一起，实现从单点到多点的联动。在不同的平台，呈现不一样的调性，但让品牌的轴心保持一致性，确保相同的传播核心。

问：宏观上来讲，社会化创意对于社会公共事业、文化事业等诸多方面将会起到什么样的影响？给社会、给时代带来什么样的改变？

答：把社会需求与品牌连接起来，不但可以为消费者带来更好的生活，也对品牌的未来发展有利。

问：请您能否结合具体案例给我们讲解一下社会化创意在这一方面所发挥的独特作用和效果？是否能够实现我们创意的预期目标？

答：通过创意帮助人们活得更好，这件事是非常有意义的。我获得2019年戛纳国际创意节全场大奖的"呼吸之树"，就用创意提高了大众对慢阻肺的认知。我们用艺术的手段吸引用户通过微信小程序测试自己的肺健康情况，让更多人有警觉意识。将艺术与慢阻肺这一社会问题结合，提升传播效果，这就是创意的作用。

问：对于广大创意人、创意产业和未来发展，特别是对于加入创意行业的年轻人来说，社会化创意会起到什么样的影响？

答：用一种更开放、更感性的方式去看待这个世界，去帮助人们关注生活与社会，洞察社会的矛盾点，寻找有哪些隐藏的需求与诉求没有解决，进而帮助人们通过创意，让生活与社会变得更美好。

问：从创意人的角度来讲，您觉得理想中社会化创意的发展前景是怎样的？从品牌文化、社会责任和人性层面等洞察产生创意，而对于一个具体品牌产品和企业来讲，它可持续吗？

答：让品牌的 DNA 不断与社会、与人们保持持续的连接。社会不断在发展，新的事情每时每刻都在发生，与社会相连才能让品牌永葆活力。

问：创意有路吗？传统广告时代我们总结出一些创意理论和原则教条，今天还有效吗？社会化创意在方法论上有突破吗？能从中提炼出一些社会化创意的原则教条吗？

答：创意的核心就是"新"，按照既有的路走就不是创新了。如果思路固定了，发现不了'新'，就不能产生好创意了。

问：能否结合您做过的案例谈谈如何构建并实现一个社会化创意作品的创作过程和您的思考问题、选择决策过程？

答：我的作品《那个号码》获得了今年戛纳国际创意节银奖。阿尔茨海默病是一个很多人都知道的社会问题，但人们通常只知道亲人被病人忘记的痛苦，很少讲到儿女们作为照顾者的煎熬。《那个号码》就是通过这个洞察，从照顾者的角度讲他们的痛苦与想要逃离的心情。电影帮他们把这个痛苦说出来，让更多人意识到这个问题。执行也很关键，我们为了体现儿女们的矛盾与挣扎，选择与电影导演与演员合作，使电影展现出更细腻的情绪。

问：从一个创意新人角度看，如果他想学习和实践社会化创意，您会给出哪些具体建议？有没有需要特别关注的问题？

答：首先要喜欢创意，享受探寻"新"的感觉。对人、事、物与社会有敏锐度，对各种各样的事都保持好奇心，就像小朋友看世界一样，百分百投入，享受这个过程。

问：现在全球范围内我们看见很多优秀的社会化创意的广告作品，能否结合您对创意行业未来的洞见，谈谈社会化创意在发展过程中将面临的挑战？我们如何应对？

答：品牌与人相连的方法有无数，不要墨守成规，不拘泥于老方法。

************************ end ************************

十二、李三水，W 创始人

坚守"不做创意人，只做创造者"的理念，将 W 迅速打造成为亚太市场中公认的顶尖独立营销机构。创立"野狗文化"，实施"超媒体"品牌战略，秉持"服务不得志的创造者"的企业使命。其高质量、高产出、高跨界合作的各类广告内容乃至商业模式创新，始终引领着行业趋势。

在过去的三年里，W 荣获国内外行业顶级奖项 638 余项，先后入选中国年度商业创新 50 人、Campaign A-List 年度广告名人堂及 Campaign 年度最佳创意人。同时，历任中国独立创意联盟（China Independent Agencies，CIA）首任主席，以及 Effie 艾菲奖、中国 4A 金印奖、龙玺创意奖、金瞳奖、虎啸奖等多个奖项的评审主席，中国设计力协会联席主席。此外，还担任 OneShow、LIA 伦敦广告奖、纽约广告奖、华时代全球电影短片节、亚太华文时报、中国台湾 4A、中国台湾 DSA 等多个重要活动的评审，以及中央美术学院的客座导师。

李三水

访谈时间：2021 年 8 月 21 日

****

W：您好，三水老师！首先，请您简要谈谈您的创意经历，好吗？

李：我的创意经历颇为复杂，简而言之，我的创业时间远长于打工时间，这是其一。其二，我不做广告的时间比做广告的时间要长。其三，我在创意热店或创意机构的时间，比在大型国际 4A 公司的时间要久。这三个特点或许能概括我的经历。不做广告的时间里，我主要从事市场营销、产品研发和产业基建等工作，这些经历可能比纯粹的创意和内容输出更为丰富。因此，我创立的公司取名为野狗或 W 公司，它就像野狗一样，并非这个圈子生态中自然生长出的产物，而是一个闯入者，或是其他行业的新补充，甚至是一种新的侵占。

W：三水老师，您对社会化创意的理解是否更为宽泛？您如何定义它？

李：从学理或词义角度看，我们并不存在社会化创意这个词，就像不存在社会化策略、社会化美术一样。若强行区分，这样的区分并未产生时效性区隔,也并未解释社会化创意是否等同于大众化创意。所谓的社会化创意,不如称为有效创意或社会文化性创意。我对这个词有些困惑。基于这些困惑,我必须完成自洽。在自洽的过程中,我拆解了这个词。社会由众多协作单位和生产力共同组成,商业是社会下层,国家机器是社会上层,而意识形态和商业秩序则是社会的维系面。因此,社会是我们基于共同利益或生存条件聚集在一起的综合体。从这个角度看,符合社会需求的就是符合社会上大多数人需要的共同主流价值观和主流利益。社会化创意或许可以理解为能为大多数人谋求福利、带来实质交付结果和价值转换的创意。例如,支付宝、拼多多、滴滴等,它们通过创意、想法和商业思维转换,让大多数人获得了更优势的社会化资源和协同能力。但若放在广告领域,社会化创意就需考虑社会问题创意的传播,它是一个传播载体和手段,以社会化传播为目标。但这种做法是否能产生实际收益,需结合具体企业行为和企业承诺来看,毕竟广告人和广告机构无法完全兑现。如滴滴通过补贴实现创意号召,而节约用水、用电和关注弱势群体等则是社会公益。对我而言,社会化创意可能更偏向甲方或商业模式思考,它不在于创意本身,而在于社会化资源的整合。

W：我们想给社会化创意下一个定义,目前考虑以下几点。一是它解决社会问题,可能是纯粹的销售问题,也可能是与消费无关的公益问题,但一定是社会的、公共的问题,这是起点。二是媒介传播形态发生变化,很多媒介即社会化媒体,摒弃了大众传播时代的单向度传播,更多依赖互联网技术支持的社交媒体平台。三是回到创意本身,互动思维和设计是业界正在实践的。

李：我可能最不在意的就是创意。对我而言,创意可能是价值感最低的一件事。

W：您是将创意提升为创造了,是吗?

李：是的。这不仅是文字游戏,更是思维方式的不同。创意更多被理解为记忆的意义或表达技巧，如文字、美术技巧等，通过技巧性包装或公关，改变事物的呈现方式。对我而言，创意更像是一个包装活动，是锦上添花的事情，是从 1 到 100 的过程。而创造是从 0 到 1 的过程，是我更感兴趣的。比如，把土豆变成麦当劳的过程。

W：三水老师，您认为创造与创意的区别在于 0 和 1 的区别吗？

李：对，创意可能是 1 到 100 的过程，是在别人已有的基础上进行改进和包装。而创造是从无到有的过程，是我们产业感兴趣并想实践的。W 公司很少做事后包装，更多是做开创性和原创性的工作。我们创造看上去很美、很特别的东西，同时探索新的模式和范式。这是思维习惯的不同。如果用一句话总结，创意是一种惊喜，而创造是制造惊喜的方法。创意不可复制，但创造可以，甚至鼓励复制，让更多人享受创造带来的好处。比如喜茶，启发了无数人开设新的奶茶店。

W：我曾参观过您与酒店合作的项目——野岛大酒店，并看过现场的论坛。关于从 0 到 1 的方法论，您是否归纳总结过？

李：有的。我们公司以前设有野狗大学，有一套从策略产出到商业模式落地、创意表达和创新性超媒体表达的方法论。

W：您印象中最成功的社会化创意案例是哪个？能介绍一下吗？

李：可以分成两块来说。首先，W 的所有案例都是在方法论指导下产生的。比如评价其他公司广告时，我们会说创意不错，如银联的"诗歌 POS 机"、胜加的"后浪"、意类的周冬雨等。但谈及 W 的作品时，我们通常会提及"每一步都算数""一成首付弹个车""我们的故事从没钱开始""真是踢不烂"等。这些作品与其他广告公司作品的区别在于，我们真的在给企业做定性的事情，而不只是创意上的包装。比如我们最近的美团案例——"一座城帮我照顾一个人"，它不是一个创意，而是一个大策略，讲透了美团的本地生活。这就是典型的 W 作品的落脚点，与别的公司不同，它落在思想的原点和对商业模式的准确翻译上。第二类作品可以佐证我们的方法论。比如野岛大酒店，它既不是酒店也不是商业艺术展，而是综合性的 W 生态的展现，是 W 想做的所有事情、品牌理念的集中体现。其实，我们是在创造一个互联网时代下的真正品牌和一家以内容为本的文娱集团的内核。W 一定不会是一家广告公司，而是广告界的奈飞，理想形态是广告行业的迪斯尼，或是下一个新的文娱或文创集团、平台。我们一直在经营一家公司，不像其他公司只做所谓的作品。因为 W 本身就是我们方法论最直观的存在，包括我们的野狗文化等。

W：我理解 W 其实更偏向于营销层面，包括策略、战略层面上的思考和专业咨询服务。

李：是的。从公司创建的第一天开始，我们就没有像其他公司一样显性地描述这一点。有人称我们为互联网时代的叶茂中，这个描述虽然未必恰当，但便于理解 W 的核心优势。

W：您在招聘时有什么倾向性吗？我猜您对高校毕业生不太感兴趣吧？

李：刚好相反。我们招聘时有一个清晰的文化——寻找本位田又八（此处可能指某种特定的招聘理念或标准）。我们的招人标准只有一个：服务不得志的创造者。我们一直在寻找的是头号输家，这是 W 的用人原则和培养方式。我们不找最优秀的人，而找第二优秀的人，即被放错地方的年轻人或被误解的天才。我们很欢迎学生，甚至可能比任何地方都更擅长开发一张白纸。因为 W 有超媒体，而且你不一定做广告。如果你来过我们公司，你会发现有一半甚至三分之二以上的人都不是做广告的。比如野岛大酒店就不是一个简单的酒店或商业艺术展。

W：我知道，还有沙龙和各种文化的线下活动。

李：W 的野心比较大且具体。未来 W 一定会以商业为基础，毕竟需要资金和各方面的 B 端（企业）合作。我们也会继续做电影、电视剧、商业艺术展、游戏开发等文化类的创造和整合。所以，我说W希望成为广告行业的奈飞或米未传媒做不到的事情的集合体。W可能在B端收了口之后，在C端（消费者）落下来，变成另外一种新的公司形态。至于它是不是广告公司，我不知道答案，也不觉得这个问题太重要。

W：您公司现在有多少人？

李：上海这边有40多人，加上温哥华和新加坡的分公司，总共有150多人。

W：您对公司人数或运营成本有担心吗？

李：还好。我们公司有一个原则，与很多公司和广告行业的同行可能想得相反。我认为小公司必死，在任何一个行业只有大公司才有未来。但这里的大不是指臃肿的复制型公司，而是指业态大。比如苹果不是一家只卖手机或搞通讯的公司，脸书和谷歌也是如此。我想说的是，业态一定要多元。但如果我只专注于像导演工作室或设计师工作室这样的匠人工作，这样的公司越小越好，因为一大的话出品就会打折扣。而W以商业逻辑为撬动点，以商业战略思考和超媒体运营为核心，未来一定会成长成一家大公司，而且人数越多越好。就像韩信带兵多多益善。

W：三水老师，您公司有投资或融资吗？

李：一直在谈，但我们很谨慎。有些资本一直在关注我们，但W比较谨慎的地方在于，我们的运营状态还比较良性，现在并不突然需要一笔钱去扩充人数。因为现在还在搭框架和创造超媒体矩阵、打造产品结构。W未来一定会做产品，不管是虚拟产品还是内容型产品。所以我们现在还在为这件事情做铺垫。此外，我们公司现在还很年轻，创立才5年多。我觉得可能需要把框架、人才结构和人事结构搭顺了之后，接下来资本进来才会有意义。而且我们虽然员工人数不同（包括国外分公司和办事处），但W的财务是同等级公司中最多的，我们有7个财务。这7个财务所透露的信息是我们的运营很规范,我已经在为可能的一夜之间的膨胀或迅速扩张成多家分公司做准备。

W:至少在财务上是规范的。我认为此行业虽大师辈出,但企业家却极为稀缺。因此,我对于该行业的未来发展前景,尤其是社会创意的潜力,抱有浓厚兴趣。您对此有何看法?

李:以印刷业为例,昔日它仅为教皇及少数贵族所垄断,因其并非产业,而是一种特权。然而,印刷业又是从何时开始衰落的呢?

W:这是否与技术进步有关?

李:确实,技术进步是原因之一。但更重要的是,广告业的最终解释权已不在广告人手中。以往,媒介成本高昂,广告人通过采买媒介掌握话语权。但如今,强势媒体已不复存在,广告业依附于强势媒体的逻辑亦已失效。然而,消亡并不意味着消失,正如印刷业转变为服务业一样,广告业也将经历变革。在此过程中,作者的重要性日益凸显,而广告人的价值感则逐渐削弱。因此,我认为广告业将经历一次衰落,但随后会迎来复兴。我们或许正处于文艺复兴的前夜,最优秀的社会化创意已不再源自广告公司,而是来自新媒体等平台。这也是我决心成为企业家和经纪人的原因。笑果文化、米未传媒等已先行一步,但他们是站在媒体角度。而我则希望站在品牌和商业端,引领这一变革。若我能成功,我们或将成为下一个广告新时代的代表。

W:您用文艺复兴来比喻这个过程,非常贴切。那么,您所举的例子是否更侧重于内容或文化,以及思维方式的改变?

李:我认为,所有行业的颠覆和人员的转变都源于技术大爆发。我们这一代既幸运又悲哀,因为我们见证了中国式技术大爆发的原点。技术大爆发改变了内容组合、传播和排列的方式,呈现出新元素和新材料。而另一个关键条件是第一批打样者的出现。未来广告行业的领袖真会来自广告圈吗?未必。领袖可能源自圈外,但他们的诞生将引领技术大爆发的方向。因此,当我们明确技术发展的原点和外围条件时，只需勇往直前即可。这也是我为何重视技术，并开设 AI 分公司的原因。我作为企业家，要牢牢抓住技术端；而作为经纪人，则是去发掘或创造下一个行业领袖。

W：请问贵公司 AI 技术的研发方向具体是什么？

李：我们的合伙人包括前 JWT（J. Walter Thompson，智威汤逊广告公司）亚太区首席技术官 Angel 和前新加坡哈瓦斯总经理，他们兼具技术与广告背景。目前，我们为中国企业如法拉利亚太、联合利华、安利和友邦保险等提供技术化改造服务，涵盖企业技术平台构建、商用程序开发、大数据分析及 CRM（Customer Relationship Management，客户关系管理）体系编码等年度性服务。我们是一家纯粹的科技创新型企业，与传播无直接关联。举个例子，万事达卡北美和亚太区官网及电商后台服务系统均由我们开发。若找到合适的创意和投资契机，我们有能力迅速开发出类似滴滴这样的产品。目前，我们一方面在等待，另一方面也在筹划，此事已在推进中。需要注意的是，我们所说的技术，并非简单的互动技术或传播技术，而是指技术产品化。这种将技术转化为产品，并改善产品体验的逻辑和思维，是许多广告人所忽视的。传统广告注重传播，而这正是甲方最为看重的。实质上，谷歌、脸书、腾讯、百度，尤其是抖音，都是广告公司，只是模式不同。

W：您对技术与创意的关系持乐观态度，这是显而易见的。

李：我们必须拥抱技术。如果坚持内容为王或创意为王，认为动人的故事、优美的文案和艺术的设计永远会被需要，那么可能会错失时代。正如麦当劳并非土豆或面包夹肉那么简单。

W：我理解您不将自己局限于创意，而是源于对未来的预判。当前广告行业在产品和包装上的衍生多为外围或边缘，而非核心。

李：也不能这么说。传统广告服务仍然重要，但行业需要创新者。W 作为先行者，有责任开辟新路。不能说创新者就否定基础广告服务和原生内容创造的价值。

W：确实，既需要0到1的创造，也需要1到100的创意，特别是在内容生产上。

李：W的使命是服务不得志的创造者。我们寻找的是不满足现状、寻求突破的人才。W的方法论和理念都是自洽的。

W：都是对既有观念的否定与超越。

李：行业里也不缺安于现状的人。您提到企业家精神，这与创意大师的思维确实不同。公司发展到一定程度，需要靠管理运营，而非个人魅力。

W：今天先到这里，我消化一下您的方法论，再与您约时间或去贵公司拜访。

李：当然，欢迎来访。您到公司一看，或许就能更直观地理解我刚才所说的一切。

W：非常感谢，收获颇丰，都是颠覆性的观点。

后 记

从2020年开始，没想到这本书一写居然就是四年过去了，四年太多变化了，时光轮转甚至人非物非啦！疫情三年阻断了面对面沟通与讨论，好在书稿一直在打磨中，急单都熬成慢功夫活了。至今仍不禁想起，起初有幸接触从4A出来做创意热店的行业大咖杨烨炘老师闲聊"人文主义广告"，到动议起笔写"社会大创意"这本书，我带着研究生前前后后采访了许多位活跃于创意相关行业、非常优秀的精英大咖们，毫无限定的交谈、毫无保留的分享，如今看着手边厚厚的采访记录本，强烈感受到这份关乎创意的厚重与深情。

智媒时代营销传播形态日新月异，人工智能和大数据赋能下的内容产业呈现出快速迭代、流量运营、全链路引流等媒介传播新特征，一种基于互联网的、可用数据来训练的、文本生成的深度学习模型——ChatGPT的出现，冲击很大；当我们还在讨论ChatGPT可能挑战影响哪些行业与职业的问题时，Sora一夜之间横空出世，文生视频刷屏，整个内容创意创作行业感受到了OpenAI前所未有的直接威胁。面对当下这个热门话题，我反倒察觉到本书讨论的有关"科技与人文"创意生产问题的必要性和针对性。行业也好，潮流也好，风吹起来的时候，有了风向；风缓下来的时候，一切还是要回到根本，回到人，回到人的本来。

科技赋能，人文融合。人文讲到底还是烟火气、凡人心，小桥流水人家，纸短笔墨情长，而科技真的似风，当下人车流都似风。就在书稿交付给复旦出版社编辑朱老师时，我脑子还一直被一种声音闪问——笃悠悠的各种理论究竟是何用？好像现实更加快了起来，5月14日凌晨 Open AI 召开春季发布会，发布全新旗舰模型 GPT-4o，与现有模型相比，GPT-4o 的反应速度、情感表达和理解能力与真人无异，直呼"丝滑"，可就在第二天，谷歌在 I/O 大会上发布了一系列基于 Gemini 的"AI 全家桶"，Project Astra 作为一个实时、多模式的人工智能助手，展示出超强的与人、与周围环境的交互记忆能力。可以说，Sora 理解了物理世界，GPT-4o 理解了人的情绪和思维，Project Astra 又演绎了"硅基生命将取代碳基生命"，让人惊叹"AI 接管人类社会"。

　　那些相信自己能够免受理论影响、讲求实际的人，通常是一些过时理论的奴隶。约翰·梅纳德·凯恩斯（John Maynard Keynes）曾有过上述表达，在技术迭代飞快的今天，我们可关注的东西是风一样的技术吗？我们还需要关注那些过时的理论吗？凯恩斯的提示是想告诉我们理论学习的力量。在这本书的写作过程中，我努力希望把一个个鲜活的个案与已有的知识理论对应起来，希望探求并归纳出一位位卓越精英们言语表达背后的更深层次的思想精髓，让"社会大创意"产生更多社会应用的场景和优秀作品。我知道业界与学界之间是有一条沟渠的，这一切很难被这种实用目的的价值取向所跨越，理论的有用无用，实务的有为无为，有些空间维度回答不了的问题，可以让时间来检验。好在我们已经开始了这个过程，我带着我的研究生张雅欣、陈男囡、董好婷、边显璞从策划到访谈、专题讨论以及写作编辑，陈冬梅、邵美华、赵亚杰、刘畅、吴一檬等参与中期讨论与写作，在最后出版稿交付阶段，兰勇、黄雨彤、姜楠、周琳峪等反复斟酌、讨论、修改，谢谢小伙伴们！辛苦了！特别感谢杨烨炘老师！他把自己和他的伙伴、朋友圈资源都全情投入进来了，才让我们有幸看见了社会大创意这一片湛蓝美好的天空。特别感谢复旦大学出版社朱枫老师的辛劳付出！

直至今日，所有的付出得以结晶，说句实话，此刻我自己并没有原先想象中的那种兴奋和欢愉，或许是时间拖了太久，也或许是不尽如我本意，更或许是，记起前两天偶然在手机上刷到《我的阿勒泰》成名作家李娟的媒体采访视频，她说"确实有我真实的感情，真实的意愿在里面……可是我在表达这种真实的同时，我精确地去衡量了别人的情感，把握了别人的那种态度。这是一种'算计式'的写作"。"我是一个有缺陷的作者，很大的缺陷。"李娟出人意料的回答显然让记者有点讶异和陌生，可这恰恰暗合了我近些年来有关学人学术解读且认同的观点，人文学科工作者有其可爱之处，似乎他们较少在思维上"画地为牢"，而反观社会科学工作者却时常不自知地落入"耕者有其田"的窠臼里，且以不可爱为其立论生存之道。这个社会，我们需要珍视"可爱"禀赋，同样我们需要尊重"不可爱"的思辨传统。

　　综上，本书创想写作的本身就是"社会大创意"有机组成的一部分。

　　谢了！感恩！

邬盛根
于沪上卢湾顺昌路 279 弄 22 号
2024 年 5 月 11 日

图书在版编目(CIP)数据

智媒时代的社会化创意/邬盛根,杨烨炘著.
上海:复旦大学出版社,2024.11.--(智能媒体传播系列丛书).--ISBN 978-7-309-17649-0
Ⅰ.F713.80
中国国家版本馆 CIP 数据核字第 2024D947N1 号

智媒时代的社会化创意
邬盛根　杨烨炘　著
责任编辑/朱　枫

复旦大学出版社有限公司出版发行
上海市国权路 579 号　邮编:200433
网址:fupnet@fudanpress.com　http://www.fudanpress.com
门市零售:86-21-65102580　团体订购:86-21-65104505
出版部电话:86-21-65642845
上海四维数字图文有限公司

开本 787 毫米×960 毫米　1/16　印张 25.75　字数 346 千字
2024 年 11 月第 1 版
2024 年 11 月第 1 版第 1 次印刷

ISBN 978-7-309-17649-0/F·3070
定价:108.00 元

如有印装质量问题,请向复旦大学出版社有限公司出版部调换。
版权所有　侵权必究